EDIÇÕES BESTBOLSO
O reino de Deus está em vós

Liev Tolstói (1828-1910) nasceu em 1828, em Iásnaia-Poliana, na Rússia. Em 1843, iniciou o curso de letras e direito na Universidade de Kazan. Depois de formado, passou um período em Moscou e logo se alistou na guarnição do Cáucaso, seguindo o irmão, oficial do Exército russo. Seu primeiro livro, *Infância*, foi publicado em 1852 e alcançou grande êxito. Tolstói abandonou a carreira militar na década de 1850 para viver em sua propriedade rural e dedicar-se à literatura. Em 1865, começou a escrever *Guerra e paz*, no qual aborda as guerras napoleônicas e traça um quadro da sociedade russa do início do século XIX. Com o passar do tempo seu interesse se voltou para a religião. Depois da publicação do romance *Ressurreição*, em 1899, Tolstói foi excomungado pela Igreja Ortodoxa Russa. O escritor considerava irracionais alguns dos conceitos mais caros àquela Igreja. Faleceu aos 82 anos, na estação ferroviária de Astapovo, após fugir de casa para isolar-se em um mosteiro. Um dos principais nomes da literatura russa, também é autor de *Anna Karenina*, *A morte de Ivan Ilitch* e *A sonata a Kreutzer*, entre outros.

LIEV TOLSTÓI

O REINO DE DEUS ESTÁ EM VÓS

Tradução de
CELINA PORTOCARRERO

10ª edição

RIO DE JANEIRO – 2025

CIP-BRASIL. CATALOGAÇÃO NA FONTE
SINDICATO NACIONAL DOS EDITORES DE LIVROS, RJ

T598r
Tolstói, Liev, graf, 1828-1910
O reino de Deus está em vós / Liev Tolstói; tradução de Celina Portocarrero.
10ª ed. – 10ª ed. – Rio de Janeiro: BestBolso, 2025.

Tradução de: Il regno di Dio è in voi
ISBN 978-85-7799-232-4

1. História eclesiástica – Sec. XIX. 2. Não resistência. I. Título.

10-3059

CDD: 291
CDU: 2-9

O reino de Deus está em vós, de autoria de Liev Tolstói.
Título número 219 das Edições BestBolso.
Nona edição impressa em dezembro de 2023.
Texto revisado conforme o Acordo Ortográfico da Língua Portuguesa de 1990.

Título original italiano:
IL REGNO DI DIO È IN VOI

Copyright da tradução © by Editora Rosa dos Tempos Ltda.
Direitos de reprodução da tradução cedidos para Edições BestBolso, um selo da Editora Best Seller Ltda. Editora Rosa dos Tempos Ltda. e Editora Best Seller Ltda são empresas do Grupo Editorial Record.

www.edicoesbestbolso.com.br

Design de capa: Rafael Nobre.

Todos os direitos desta edição reservados a Edições BestBolso, um selo da Editora Best Seller Ltda. Rua Argentina, 171 – 20921-380 – Rio de Janeiro, RJ – Tel.: (21) 2585-2000.

Impresso no Brasil

ISBN 978-85-7799-232-4

E conhecereis a verdade, e a verdade vos libertará. (Jo 8,32)

E não temais os que matam o corpo, mas não podem matar a alma. Temei antes aquele que pode destruir a alma e o corpo. (Mt 10,28)

Alguém pagou alto pelo nosso resgate; não vos torneis escravos dos homens. (I Cor 7,23)

O reino de Deus está em vós

ou

O cristianismo apresentado não como uma doutrina mística mas como uma moral nova

1

A doutrina da não resistência ao mal por meio da violência tem sido ensinada pela minoria dos homens desde a origem do cristianismo

Os primeiros comentários provocados por meu livro foram-me endereçados por quakers americanos. Dando-me ciência de sua absoluta concordância de pontos de vista quanto à ilegitimidade, para o cristão, de qualquer guerra e de qualquer violência, os quakers me comunicaram detalhes interessantes sobre sua seita que há mais de duzentos anos pratica a doutrina de Cristo de não resistência ao mal por meio da violência. Simultaneamente, enviavam-me seus jornais, folhetos e livros que tratavam dessa questão, para eles indiscutível desde há muito, e demonstravam o erro da doutrina da Igreja ao admitir as penas capitais e a guerra.

Após provarem, com uma longa série de argumentos fundamentados em experiências, que a religião, edificada sobre a concórdia e o amor ao próximo, não poderia admitir a guerra, isto é, a mutilação e o homicídio, os quakers afirmam que nada contribui tanto para obscurecer a verdade do Cristo e impedi-la de se difundir no mundo quanto o não reconhecimento desse princípio por parte dos homens que se dizem cristãos. E mais:

A doutrina de Cristo que penetrou na consciência dos homens não por meio da espada ou da violência mas pela não resistência ao mal, pela resignação, pela humildade e pelo amor, só pode ser difundida no mundo por meio do exemplo da concórdia e da paz entre seus seguidores.

O cristão, conforme os ensinamentos do próprio Deus, não pode ser guiado, em suas relações com o próximo, senão pelo amor. Assim, não pode existir autoridade alguma capaz de constrangê-lo a agir contrariamente aos ensinamentos de Deus e ao próprio espírito do cristianismo.

A regra da necessidade do Estado não pode obrigar à traição da lei de Deus, exceto para aqueles que, por interesse da vida material, procuram conciliar o inconciliável. Mas para o cristão que crê firmemente que a salvação reside na prática da doutrina de Cristo, essa necessidade não pode ter qualquer importância.

A história dos quakers e o estudo de suas obras – dos trabalhos de Fox e Penn e, sobretudo, dos livros de Dymond (1827) – demonstraram-me não apenas que a impossibilidade de conciliar o cristianismo com a guerra e a violência foi reconhecida desde há muito, mas também que é tão nítida e indiscutivelmente provada, a ponto de não se poder compreender essa união impossível entre a doutrina de Cristo e o uso da força, que foi e continua a ser pregada pelas Igrejas.

Além das informações recebidas dos quakers, obtive, na mesma época, e também vindos dos Estados Unidos, pormenores de uma fonte, para mim absolutamente desconhecida, a respeito do mesmo assunto. O filho de William Lloyd Garrison, o famoso defensor da liberdade dos negros, escreveu-me afirmando que encontrara, em meu livro, as ideias expressas por seu pai em 1838 e, supondo que me interessaria constatá-lo, enviou-me o texto de uma declaração ou manifesto de "não resistência", escrita por seu pai havia cerca de cinquenta anos.

Essa declaração originou-se das seguintes circunstâncias: William Lloyd Garrison, ao tomar parte numa discussão sobre os meios de fazer cessar a guerra na Sociedade para o Estabelecimento da Paz entre os Homens, que existia nos Estados Unidos em 1838, chega à conclusão de que a paz universal não se pode erigir senão sobre o reconhecimento público do mandamento da não resistência ao mal por meio da violência (Mt 5,39) em toda sua amplitude, como o praticam os quakers com os quais Garrison mantinha relações de amizade. Chegando a essa conclusão, ele redige e propõe a essa associação a declaração a seguir, que foi subscrita por vários de seus membros:

Declaração de princípios adotados pela
Convenção da Paz

Boston, 1838

Nós, abaixo-assinados, acreditamos ter o dever, para conosco e para com a causa tão cara a nossos corações, para com o país em que vivemos e para com o mundo inteiro, de proclamar a nossa fé, expressando os princípios que professamos, a finalidade por nós buscada e os meios que temos intenção de usar para chegar a uma revolução benéfica, pacífica e geral.

Eis os nossos princípios:

Não reconhecemos qualquer governo humano. Não reconhecemos senão um só rei e legislador, um juiz e líder da humanidade. Nossa pátria é o mundo inteiro; nossos compatriotas são todos os homens. Amamos todos os países como nosso próprio país, e os direitos de nossos compatriotas não nos são mais caros do que os de toda a humanidade. Por isso, não admitimos que o sentimento de patriotismo possa justificar a vingança de uma ofensa ou de um mal feito ao nosso país.

Entendemos que o povo não tem o direito de se defender dos inimigos externos, nem de atacá-los. Concebemos, ainda, que os indivíduos isolados não possuem esse direito em suas relações recíprocas, não podendo a unidade ter direitos maiores do que os da coletividade. Se o governo não deve se opor aos conquistadores estrangeiros que visam a ruína de nossa pátria e a destruição de nossos concidadãos, da mesma forma não pode opor a violência aos indivíduos que ameaçam a tranquilidade e a segurança pública.

O dogma ensinado pelas Igrejas, de que todos os países da Terra são criados e aprovados por Deus, e de que as autoridades, que existem nos Estados Unidos, na Rússia, na Turquia etc. emanam de Sua vontade, não é apenas estúpido, como também blasfematório. Esse representa nosso Criador como um ser parcial, que estabelece e encoraja o mal. Ninguém pode afirmar que as autoridades existentes, em qualquer país que seja, ajam com seus inimigos segundo a doutrina e o exemplo de Cristo. Nem mesmo seus atos podem ser agradáveis a Deus. Não podem, portanto, ter sido estabelecidos por Ele, e devem ser derrubados, não pela força, mas pela regeneração moral dos homens.

Reconhecemos como anticristãs e ilegais todas as guerras – ofensivas ou defensivas – e, também, as organizações para a guerra, quaisquer que sejam: arsenais, fortalezas, navios de guerra, exercícios permanentes, monumentos comemorativos de vitórias, troféus, solenidades de guerra, conquistas através da força, enfim, reprovamos igualmente como anticristã qualquer lei que nos obrigue ao serviço militar.

Em consequência, consideramos impossível para nós não apenas qualquer serviço ativo no Exército, mas também qualquer função que nos dê a missão de manter os homens no bem por meio da ameaça de prisão ou da condenação à morte. Excluímo-nos, então, de todas as instituições governamentais, repelimos qualquer política e recusamos todas as honrarias e todos os cargos de autoridade.

Não nos reconhecendo o direito de exercer funções nas instituições governamentais, recusamos também o direito de eleger para esses cargos outras pessoas. Consideramos que não temos o direito de recorrer à justiça para nos fazer ser restituído o que nos foi tirado e acreditamos que, em vez de fazer uso da violência, estamos obrigados a "deixar também o manto àquele que nos roubou a veste". (Mt 5,40)

Preconizamos que a lei criminal do Antigo Testamento – olho por olho, dente por dente – foi anulada por Jesus Cristo e que, segundo o Novo Testamento, todos os fiéis devem perdoar seus inimigos, em todos os casos, sem exceção, e não se vingar. Extorquir dinheiro à força, prender, mandar para a cadeia ou condenar à morte não se constitui, evidentemente, em perdão, e sim em vingança.

A história da humanidade está cheia de provas de que a violência física não contribui para o reerguimento moral e de que as más inclinações do homem somente podem ser corrigidas por meio do amor; de que o mal não pode desaparecer senão por meio do bem; de que não se deve contar com a força do próprio braço para se defender do mal; de que a verdadeira força do homem está na bondade, na paciência e na caridade; de que só os pacíficos herdarão a Terra e de que aqueles que com a espada ferirem pela espada perecerão.

Por isso, tanto para garantir com mais segurança a vida, a propriedade, a liberdade e a felicidade dos homens, quanto para seguir a vontade Daquele que é o Rei dos reis e o Senhor dos senhores, aceitamos de todo o coração o princípio fundamental da não resistência ao mal por meio do mal, porque acreditamos firmemente que esse princípio, que atende a todas as circunstâncias possíveis da nossa existência e, ao mesmo tempo, exprime a vontade de Deus, deve finalmente triunfar.

Não pregamos uma doutrina revolucionária. O espírito da doutrina revolucionária é um espírito de vingança, de violência e de morte, sem temor a Deus e sem respeito à personalidade humana, e não queremos nos deixar penetrar senão pelo espírito do Cristo. Nosso princípio fundamental de não resistência ao mal por meio do mal não nos permite participar de insurreições, nem de rebeliões, nem de atos de violência. Submetemo-nos a todas as regras e a todas as exigências do governo, exceto àquelas que sejam contrárias aos mandamentos do Evangelho. Não resistiremos de outra forma a não ser submetendo-nos passivamente às punições que poderão ser infligidas devido à nossa doutrina.

Suportaremos todas as agressões sem deixar de, por nosso lado, combater o mal onde quer que o encontremos, no alto ou no baixo, no terreno político, administrativo ou religioso, e procuraremos atingir, servindo-nos de todos os meios possíveis, a fusão de todos os reinos terrestres num só reino de Nosso Senhor Jesus Cristo. Consideramos como verdade indiscutível que tudo aquilo que seja contrário ao Evangelho deve ser definitivamente destruído. Acreditamos, como o profeta, que virá um tempo em que as espadas serão transformadas em relhas e as lanças, em foices, e que devemos trabalhar sem demora, na medida de nossas forças, para a concretização dessa profecia. Em consequência, aqueles que fabricam, vendem ou se servem de armas contribuem para os preparativos da guerra e se opõem, pela mesma razão, ao poder pacífico do Filho de Deus na Terra.

Após a exposição de nossos princípios, especificaremos, agora, as medidas que propomos para alcançar nosso objetivo.

Esperamos vencer "por meio da loucura da pregação". Procuraremos difundir nossas ideias entre todos os homens, de qualquer nação, religião ou classe social. Para tanto, organizaremos palestras públicas, difundiremos programas e opúsculos, constituiremos sociedades e enviaremos petições a todas as autoridades públicas.

Em suma, nos empenharemos, com todos os meios de que dispusermos, para produzir uma revolução radical nas opiniões, nos sentimentos e nos costumes da nossa sociedade, em tudo o que concerne à ilegitimidade do uso da violência contra os inimigos internos ou externos. Empreendendo essa grande obra, compreendemos perfeitamente que nossa sinceridade talvez nos prepare cruéis provações.

Nossa missão pode nos expor a muitos ultrajes e a muitos sofrimentos, e também à morte. Seremos incompreendidos, ridicularizados e caluniados. Uma tempestade se erguerá contra nós. O orgulho e a hipocrisia, a ambição e a crueldade, os chefes de Estado e os poderosos, tudo pode se voltar contra nós. Não foi de outro modo tratado o Messias a quem procuramos imitar, na medida de nossas forças. Mas tudo isso não nos amedronta. Não colocamos nossa esperança nos homens, mas no Nosso Senhor Onipotente. Se recusamos qualquer proteção humana, é porque nos sustentamos apenas em nossa fé, mais poderosa do que tudo.

Não nos maravilharemos com as provações e ficaremos felizes por haver merecido compartilhar dos sofrimentos de Cristo.

Assim, então, entregamos nossas armas a Deus, confiantes em Sua palavra de que aquele que abandonar campos e casas, irmão e irmã, pai e mãe, mulher e filhos, para seguir Cristo, receberá cem vezes mais e herdará a vida eterna.

Acreditando firmemente, apesar de tudo o que poderia cair sobre nós, no indubitável triunfo, em todo o mundo, dos princípios expostos nesta declaração, aqui pomos nossas assinaturas, confiando no bom-senso e na consciência dos homens, mas, ainda mais, no poder divino, ao qual nos reportamos.

Posteriormente a esta declaração, Garrison fundou a Sociedade da Não Resistência e uma revista intitulada Não Resistente, na qual expunha a própria doutrina em toda sua importância e com todas as suas consequências, tal como formulada em sua declaração. Informações quanto ao destino dessa sociedade e da revista me foram fornecidas pela excelente biografia de W. L. Garrison, em quatro volumes, escrita por seu filho.

Nem a sociedade nem a revista tiveram grande duração. A maior parte dos colaboradores de Garrison no trabalho de libertação dos negros desistiu de prosseguir nessa campanha, receando indispor os adeptos da mesma com os princípios radicais da revista; assim, sociedade e revista não tardaram a desaparecer.

Seria possível crer que a profissão de fé de Garrison, de tão grande eloquência, tivesse impressionado fortemente o público e, tornando-se conhecida no mundo inteiro, fosse objeto de um profundo exame. Nada de parecido aconteceu. Ela não só é desconhecida na Europa, mas também praticamente ignorada pelos norte-americanos que, entretanto, professam um culto profundo à memória de Garrison.

A mesma indiferença estaria reservada a outro defensor do princípio da não resistência ao mal por meio da violência, o norte-americano Adin Ballou, morto recentemente e que durante cinquenta anos lutou por essa doutrina.

Para demonstrar o quanto tudo o que se refere a essa questão é ignorado, citarei o filho de Garrison. À minha pergunta relativa à existência de sociedades de não resistência ou adeptos dessa doutrina, respondeu-me que tal sociedade se havia dissolvido e que não mais existia partidário algum da doutrina, até onde ele sabia. Ora, no momento em que me escrevia, vivia ainda em Hopedale, Massachusetts, Adin Ballou, que havia colaborado com a obra de Garrison e dedicado cinquenta anos de sua vida à propaganda falada e escrita da doutrina da não resistência.

Mais tarde recebi uma carta de Wilson, discípulo e colaborador de Ballou, e entrei em contato com o próprio Ballou. Escrevi; respondeu-me e enviou-me suas obras. Eis um trecho:

> Jesus Cristo é meu Senhor e meu patrão [disse Ballou em um de seus estudos que demonstra a inconsequência dos cristãos que admitem o direito de defesa e da guerra].
>
> Prometi abandonar tudo e a Ele seguir até à morte, na alegria ou na dor. Mas sou cidadão da República Democrática dos Estados Unidos, à qual prometi ser fiel e sacrificar minha vida, se for o caso, pela defesa de sua Constituição. O Cristo me ordena que faça aos outros aquilo que desejo que seja feito a mim mesmo. A Constituição dos Estados Unidos exige de mim que faça a dois milhões de escravos [na época havia escravos, hoje pode-se francamente trocar essa palavra por "operários"] exatamente o contrário do que eu gostaria que fosse feito comigo mesmo, isto é, ajudar a mantê-los na escravidão. E, apesar disso, continuo a eleger ou a

ser elegível, ajudo a gerir os negócios do Estado, estou também inteiramente pronto para aceitar qualquer cargo governamental. E isso não me impede de ser cristão! Continuo a praticar a minha religião, não encontro a menor dificuldade de cumprir, ao mesmo tempo, meus deveres para com Cristo e com o Estado!

Jesus Cristo me proíbe de resistir àqueles que cometem o mal e arrancar-lhes olho por olho, dente por dente, sangue por sangue, vida por vida.

Meu governo exige de mim exatamente o contrário e constrói sua defesa contra os inimigos internos e externos sobre o patíbulo, sobre o fuzil e sobre a espada, e o país é amplamente provido de forças, arsenais, navios de guerra e soldados.

Não existe meio de destruição que pareça excessivamente caro! E achamos muito fácil praticar o perdão das ofensas, amar nossos inimigos, abençoar aqueles que nos amaldiçoam e fazer o bem àqueles que nos odeiam!

Temos, para isso, um clero permanente que reza por nós e invoca as bênçãos de Deus sobre nossas santas carnificinas.

Vejo perfeitamente tudo isso (a contradição entre a doutrina e os atos) e continuo a praticar a minha religião e a servir o país, e me glorifico por ser, ao mesmo tempo, um cristão e um servo devoto e fiel do governo. Não quero admitir esse louco conceito de não resistência ao mal, não posso renunciar à minha parcela de influência e abandonar o poder apenas aos homens imorais. A Constituição diz que o governo tem o direito de declarar a guerra, e eu consinto, e o apoio, e nem por isso deixo de ser cristão!

Também a guerra é um dever cristão! Não será, talvez, praticar um ato cristão matar centenas de milhares dos próprios semelhantes, violentar mulheres, destruir e incendiar cidades e cometer toda espécie de crueldade?

É tempo de abandonar todo esse sentimentalismo pueril! Eis o verdadeiro meio de perdoar as ofensas e amar os nossos inimigos. Porque, sendo feitos em nome do amor, nada é mais cristão do que esses massacres.

Em outro opúsculo, intitulado *Quantos homens são necessários para transformar um crime num ato justo*, afirma:

> Um homem sozinho não deve matar: se ele matou, é um réu, um homicida. Dois, dez, cem homens, se matarem, serão também homicidas. Mas o Estado ou o povo podem matar, quanto queiram, e seu ato não será um homicídio, e sim uma ação gloriosa. Trata-se somente de reunir o maior número possível de pessoas e a matança de dezenas de homens se transforma numa ocupação inocente. E quantos homens são necessários para isso? Eis a questão. Um indivíduo não pode roubar e saquear, mas um povo inteiro pode.
>
> Por que um, dez, cem homens não devem infringir as leis de Deus, enquanto uma grande quantidade pode?

Eis, agora, o catecismo de Ballou, composto para seus fiéis:

CATECISMO DA NÃO RESISTÊNCIA*

Pergunta – De onde foi tirada a expressão "não resistência"?
Resposta – Da frase: "Não resistais ao mal". (Mt 5,39)
 P – O que exprime essa sentença?
 R – Exprime uma alta virtude cristã ensinada por Cristo.

---

*A tradução [para o russo] foi livre, com algumas omissões.

P – Devemos aceitar a expressão "não resistência" em seu sentido mais amplo, ou seja, que ela significa que não devemos opor qualquer resistência ao mal?

R – Não. Ela deve ser compreendida no sentido exato do mandamento de Cristo, isto é, não pagar o mal com o mal. É preciso resistir ao mal com todos os meios justos, mas não por meio do mal.

P – De onde se deduz que o Cristo tenha ordenado a não resistência nesse sentido?

R – Das palavras que ele pronunciou a esse respeito: "Ouvistes o que foi dito: Olho por olho e dente por dente. E eu vos digo: Não te oporás ao malvado; assim, se alguém te bate na face direita, oferece-lhe a esquerda. E se alguém quer brigar contigo, e tirar-te o manto, deixa-lhe também a veste."

P – De que fala o Cristo ao dizer: "Ouvistes o que foi dito?"

R – Dos patriarcas e dos profetas e do que eles disseram e que está escrito no Antigo Testamento que os israelitas chamam geralmente de a Lei e os Profetas.

P – A que mandamento o Cristo faz alusão com as palavras "Vos foi dito"?

R – Ao mandamento com o qual Noé, Moisés e outros profetas dão o direito de fazer um mal pessoal àqueles que vos fizeram mal para punir e para suprimir as más ações.

P – Cite esses mandamentos.

R – "Quem versa o sangue do homem, pelo homem terá seu sangue versado." (Gn 9,6)

"Quem ferir a outro e causar sua morte, será morto. Mas se houver dano grave, então darás vida por vida, olho por olho, dente por dente, mão por mão, pé por pé, queimadura por queimadura, ferimento por ferimento, golpe por golpe." (Ex 21,12.23.24.25).

"Se um homem golpear um ser humano, quem quer que seja, deverá morrer. Se um homem ferir o próximo, desfigurando-o, como ele fez, assim se lhe fará. Fratura por fratura, olho por olho, dente por dente." (Lv 24,17.19.20)

"Juízes investigarão cuidadosamente. Se a testemunha for uma testemunha falsa, e tiver caluniado seu irmão, então, vós a tratareis conforme ela própria maquinava tratar seu próximo. Que teu olho não tenha piedade; vida por vida, olho por olho, dente por dente, mão por mão, pé por pé." (Dt 19, 18.19 e 21)

"Eis os mandamentos de que fala Jesus.

"Noé, Moisés e os profetas ensinam que aquele que mata, mutila ou martiriza seu semelhante, pratica o mal.

"Para se opor a esse mal e para suprimi-lo querem que aquele que o praticou seja punido com a morte, com a mutilação ou com qualquer outro castigo. Querem pagar ofensa com ofensa, homicídio com homicídio, sofrimento com sofrimento, o mal com o mal. Mas Cristo desaprova tudo isso. 'Eu vos digo: não vos oponhais ao mal, não pagueis ofensa com ofensa, nem mesmo se deveis suportá-la novamente', escreve ele no Evangelho. O que era lícito, está proibido. Tendo compreendido qual gênero de resistência ensinavam Noé, Moisés e os profetas, sabemos igualmente o que significa não resistência ensinada por Cristo."

P – Então, os antigos admitiam a resistência à ofensa com a ofensa?

R – Sim, mas Jesus a proibiu. O cristão não tem, em caso algum, o direito de tirar a vida ou de atingir com um castigo aquele que lhe fez mal.

P – Pode ele matar ou ferir para se defender?

R – Não.

P – Pode ele levar acusações diante dos tribunais para obter a punição do ofensor?

R – Não, porque o que ele faz por intermédio dos outros é o que realmente faz.

P – Pode ele combater um exército contra os inimigos de fora ou contra os rebeldes internos?

R – Não, é claro. Ele não pode tomar qualquer parte na guerra, nem mesmo na organização da guerra. Não pode usar armas mortais, não pode resistir à ofensa com a ofensa, seja sozinho ou unido a outros, aja por si ou por intermédio dos outros.

P – Pode ele, voluntariamente, reunir e armar soldados para o serviço do Estado?

R – Ele não pode fazer nada disso, se quiser ser fiel às leis do Cristo.

P – Pode ele, com benevolência, dar dinheiro ao governo que é sustentado pelas Forças Armadas, pela pena de morte e pela violência?

R – Não, a menos que esse dinheiro se destine a um objetivo em especial, justo por si mesmo e cujos fins e meios sejam bons.

P – Pode ele pagar impostos a tal governo?

R – Não, ele não deve voluntariamente pagar impostos; mas não deve resistir ao recolhimento de impostos. O imposto decretado pelo governo é recolhido independentemente da vontade de contribuintes. O homem não pode escapar dele sem recorrer à violência, e o cristão, não podendo usar de violência, deve oferecer a sua propriedade às arrecadações do poder.

P – Pode um cristão ser eleitor, juiz ou agente do governo?

R – Não, a participação nas eleições, na justiça, na administração, nos faz participar da violência governamental.

P – Qual a principal virtude da doutrina da não resistência?

R – A possibilidade de cortar o mal pela raiz em nosso próprio coração, assim como no de nossos semelhantes. Essa doutrina reprova o que perpetua e multiplica o mal no mundo. Aquele que ataca seu próximo, ou que o ofende, provoca sentimentos de ódio, origem de todo o mal. Ofender o próximo porque ele nos ofendeu, com o propósito de repelir o mal, é reprovar uma má ação, é despertar ou pelo menos liberar, encorajar o demônio que pretendemos repelir. Satanás não pode ser expulso por Satanás, a mentira não pode ser purificada pela mentira e o mal não pode ser vencido pelo mal.

"A verdadeira não resistência é a única resistência ao mal. Ela degola o dragão. Destrói e faz desaparecer por completo os maus sentimentos."

P – Mas se a ideia da doutrina é justa, ela é, afinal, exequível?

R – Tão exequível como todo bem ordenado pela Sagrada Escritura. O bem, para ser feito em qualquer circunstância, exige renúncia, privações, sofrimentos e, em casos extremos, o sacrifício da própria vida. Mas aquele que preza mais sua vida do que o cumprimento da vontade de Deus já está morto para a única vida verdadeira. Tal homem, querendo salvar sua vida, a perderá. Ademais, em geral, onde a não resistência requer o sacrifício de uma só vida ou de alguma felicidade essencial à vida, a resistência requer milhares de sacrifícios semelhantes.

A não resistência conserva, a resistência, destrói.

É muito menos perigoso agir com igualdade do que com injustiça, suportar a ofensa do que resistir a ela com violência. Em nossa vida atual, isso é também mais seguro. Se todos os homens se abstivessem de resistir ao mal com o mal, a felicidade reinaria sobre a Terra.

P – Mas, se somente alguns agissem desse modo, o que seria deles?

R – Ainda que um só homem agisse assim e que todos os outros concordassem em crucificá-lo, não seria mais glorioso para ele morrer pelo triunfo do amor do que viver e carregar a coroa dos Césares encharcada com o sangue dos imolados? Mas, fosse um só homem ou fossem mil homens a ter decidido não resistir ao mal com o mal, estivesse ele entre os bárbaros ou entre os selvagens, estaria muito mais livre da violência do que com aqueles que se apoiam na violência. O bandido, o assassino, o ladino o deixariam em paz, dando preferência aos que resistem com armas.

"Aquele que golpeia com a espada perecerá pela espada, enquanto aqueles que buscam a paz, que vivem fraternalmente, que perdoam e esquecem as ofensas, desfrutam, habitualmente, de paz durante a vida e são abençoados após a morte.

"Se, então, todos os homens observassem o mandamento da não resistência, não haveria mais ofensa, nem delito. Se, ainda que por pouco, eles fossem a maioria, estabeleceriam logo o poder do amor e da benevolência também sobre os ofensores, sem nunca usar de violência. Se fossem apenas uma minoria importante, sempre exercitariam uma ação moralizadora e regeneradora sobre a humanidade que todos os castigos cruéis seriam anulados; a violência e o ódio cederiam lugar à paz e ao amor. E ainda que não fossem senão uma pequena minoria, raramente teriam que sofrer algo pior do que o desprezo do mundo, e, entretanto, o mundo, sem se aperceber e sem agradecimentos, tornaria-se progressivamente melhor e mais sábio, a partir da influência dessa pequena minoria oculta. Mesmo admitindo que alguns membros dessa minoria fossem perseguidos até a morte, essas vítimas da verdade deixariam atrás de si a sua doutrina já consagrada pelo sangue do martírio.

"A paz esteja com aqueles que procuram a paz, e que o amor vencedor permaneça a herança imorredoura de todas as almas que se submetem livremente à lei de Cristo: 'Não resistais ao mal.'"

Adin Ballou

Durante cinquenta anos Ballou escreveu e publicou livros que se referiam, sobretudo, à não resistência. Nessas obras, notáveis pela lucidez de pensamento e pela beleza do estilo, a questão é examinada sob todos os ângulos possíveis. Ele faz da observância desse mandamento um dever para todo cristão que crê na Bíblia como em uma revelação divina. Passa em revista todas as objeções... tanto as tratadas no Antigo e no Novo Testamentos – como, por exemplo, a expulsão dos mercadores do Templo – quanto as independentes da Escritura, e as refuta vitoriosamente, mostrando o sentido prático da não resistência. Assim, um capítulo inteiro de sua obra é dedicado ao exame de casos especiais. Reconhece que só um caso, no qual a não resistência não pudesse ser admitida, bastaria para provar a falsidade dessa regra. Mas, examinando essas ocasiões excepcionais, demonstra que exatamente então é útil e sábio conformar-se a esse preceito. Digo tudo isso para melhor evidenciar o interesse que têm esses trabalhos para os cristãos. Pareceria que devessem conhecer a missão de Ballou e ter admitido ou refutado os princípios. Mas não é assim.

Mais ainda do que meu relacionamento com os quakers, a obra de Garrison, a sociedade da não resistência por ele fundada e sua declaração provaram-me que desde há muito foi constatada a derrogação do cristianismo do Estado à lei de Cristo sobre a questão de não se opor ao mal por meio da violência e que muitas pessoas trabalharam e trabalham ainda para demonstrar essa evidência. Ballou confirmou-me esta opinião. Mas o destino de Garrison e sobretudo o destino de Ballou, desconhecido por todos, apesar dos cinquenta anos de trabalho obstinado e incessante, convenceram-me de que existe uma espécie de conspiração do silêncio, tácita, mas formal, contra todas essas tentativas.

Ballou morreu em agosto de 1890, e um jornal norte-americano, que traz um título cristão (*Religio-philosophical Journal* – edição de 23 de agosto), dedicou-lhe um obituário. Nessa oração fúnebre laudatória foi dito que Ballou era o chefe espiritual da comunidade, que pronunciou de oito a nove mil sermões, uniu em matrimônio mil casais e escreveu cerca de quinhentos artigos e estudos, mas nem uma só palavra foi pronunciada a respeito da missão à qual dedicou sua vida. Nem a expressão "não resistência" foi mencionada.

Como tudo o que pregam os quakers há duzentos anos, como a obra de Garrison, sua declaração, a fundação de sua sociedade e de sua revista, fica parecendo que também os trabalhos de Ballou nunca existiram.

Como exemplo admirável dessa ignorância das obras que visam explicar a não resistência e confundir aqueles que não reconhecem esse mandamento, pode-se citar o destino do livro do tcheco Kheltchitsky, que só recentemente foi conhecido e ainda não publicado.

Pouco depois da publicação da tradução alemã de meu livro, recebi uma carta de um professor da Universidade de Praga, que me informava sobre a existência de uma obra inédita do tcheco Kheltchitsky, do século XV, intitulada *A rede da fé*. Nessa obra, dizia-me o professor, Kheltchitsky expressou, há quatro séculos, a propósito do cristianismo verdadeiro ou falso, ideias semelhantes às de meu livro *Minha religião*. Acrescentava meu correspondente que a obra de Kheltchitsky estava prestes a ser publicada pela primeira vez, em língua tcheca, em uma publicação da Academia do Silêncio de Pittsburg. Não conseguindo obter essa obra, procurei tudo o que era conhecido a respeito de Kheltchitsky e recolhi algumas informações em um livro alemão, que me foi aconselhado pelo mesmo professor de Praga, a *História da literatura tcheca*, de Pypine. Eis o que diz este último:

> *A rede da fé* é a doutrina do Cristo que deve tirar o homem das obscuras profundezas do oceano da vida e de suas mentiras. A verdadeira fé está na crença das palavras de Deus, mas houve um tempo em que os homens consideravam a verdadeira fé uma heresia. É por esse motivo que a razão deve demonstrar em que consiste a verdade, se alguém a ignora. A noite a ocultou dos homens. Estes não mais reconhecem a verdadeira lei do Cristo.
>
> Para explicar essa lei, Kheltchitsky lembra a organização primitiva da sociedade cristã, organização que hoje seria, diz ele, considerada pela Igreja Romana como uma terrível heresia.
>
> Essa Igreja primitiva foi o ideal da organização social baseada na liberdade, na igualdade e na fraternidade, que são até hoje, segundo Kheltchitsky, os fundamentos do cristianismo. Se a sociedade voltasse à sua doutrina pura, a existência dos reis e dos papas se tornaria inútil: a lei única do amor bastaria para a ordem social.
>
> Historicamente, Kheltchitsky localiza o início da decadência do cristianismo no tempo de Constantino Magno, a quem o papa Silvestre induziu a abraçar o cristianismo sem obrigá-lo a renunciar aos princípios e costumes pagãos. Constantino, por sua vez, deu ao papa a riqueza e o poder temporal. Desde aquele tempo os dois poderes reuniram seus esforços e visaram somente o desenvolvimento de sua grandeza material.

Os doutores, os sábios e os padres não mais pensaram em outra coisa senão em subjugar o mundo e em armar os homens uns contra os outros, para a matança e o roubo. Eles foram os responsáveis pelo desaparecimento da doutrina evangélica da religião e da vida. Kheltchitsky repele totalmente o direito da guerra e das execuções capitais; todo guerreiro, ainda que "cavalheiro", nada mais é do que um assassino e um bandido.

O mesmo é dito no livro alemão, que contém, ainda, algumas particularidades biográficas e muitas citações da correspondência de Kheltchitsky.

Ciente, então, em que consistia a doutrina de Kheltchitsky, esperei com ansiedade a publicação de *A rede da fé* nas memórias da Academia. Mas, passou-se um ano, depois dois, e três, sem que a obra viesse a público. Só em 1888 soube que a edição, já iniciada, havia sido suspensa. Obtive as provas de tudo o que já havia sido composto e encontrei, em cada parágrafo, uma obra estupenda.

Essa obra foi muito bem resumida por Pypine. A ideia fundamental de Kheltchitsky é que o cristianismo, unindo-se ao poder sob Constantino e continuando a desenvolver-se nessas condições, corrompeu-se por completo e deixou de ser o que era. O título de *A rede da fé* foi dado por Kheltchitsky a seu livro porque, havendo usado como epígrafe o versículo do Evangelho que conclamava os discípulos a se tornarem pescadores de homens, dá sequência a esse paralelo e diz: "Cristo, por meio de seus discípulos, envolveu o mundo inteiro na 'rede da fé'; mas os peixes grandes, tendo rasgado as malhas da rede, escaparam, e pelo buraco que fizeram passaram também os peixes pequenos, de modo que a rede ficou quase vazia. Os peixes grandes que rasgaram a rede são os governantes: imperadores, papas, reis, que sem abandonar o poder aceitaram não o cristianismo, mas sua aparência."

Kheltchitsky ensina a doutrina que foi e é até hoje pregada pelos "não resistentes", pelos menonitas, pelos quakers e, nos tempos antigos, pelos bogomilos, pelos paulicianos e por tantos outros. Ele ensina que o cristianismo, que exige de seus adeptos a resignação, a submissão, a doçura, o perdão das ofensas, que se ofereça a face direita àquele que bateu na esquerda e o amor aos inimigos, não pode se conciliar com a violência, condição essencial do poder.

O cristão, segundo Kheltchitsky, não só não pode ser comandante ou soldado, mas sequer fazer parte de qualquer administração; não pode ser comerciante nem proprietário de terras: não pode ser senão um artesão ou um agricultor.

Esse livro é uma das raras obras que escaparam aos autos de fé, entre as que fustigaram o cristianismo oficial, e é isso que o torna tão interessante.

Mas, além de seu interesse, esse livro, de qualquer ponto de vista que o examinemos, é um dos mais notáveis produtos do pensamento, tanto pela profundidade das opiniões, como pela extraordinária energia e pela beleza da linguagem popular na qual é escrito. E, no entanto, permanece apenas como manuscrito há mais de quatro séculos e continua a ser ignorado, exceto pelos especialistas.

Seria de se esperar que esse tipo de obra – a dos quakers, de Garrison, de Ballou, de Kheltchitsky –, que afirma e demonstra, tomando por base o Evangelho, que o mundo entende mal a doutrina do Cristo, provocasse o interesse, a agitação, o murmúrio, as discussões, tanto entre os pastores quanto entre as ovelhas. Referindo-se à própria essência da doutrina cristã, essas obras deveriam ser examinadas e reconhecidas como justas, ou, então, refutadas e rechaçadas. Mas isso não acontece.

O mesmo fato se repete em relação a todas essas obras. Pessoas com as mais diversas opiniões, tanto os fiéis como – e isto é surpreendente – os livres-pensadores, todos parecem obedecer a uma palavra de ordem de silenciar a seu respeito, e tudo aquilo que os homens fazem para explicar o verdadeiro sentido da doutrina do Cristo permanece oculto ou esquecido.

ENTRETANTO, AINDA MAIS surpreendente é a obscuridade na qual permaneceram duas obras, de cuja existência só tomei conhecimento quando publiquei meu livro. São elas a obra de Dymond, *On War* [Sobre a guerra], publicada pela primeira vez em Londres em 1824, e a obra de Daniel Musser, *Sobre a não resistência*, escrita em 1864. É verdadeiramente estranho que essas obras tenham permanecido desconhecidas, porque, sem falar de seu valor, tratam tanto da teoria da não resistência quanto de sua aplicação prática na vida e do cristianismo em suas relações com o serviço militar; o que, hoje, é sobremaneira importante devido ao serviço militar obrigatório.

As pessoas talvez se perguntem: qual deve ser a atitude daquele cidadão cuja religião é inconciliável com a guerra, mas do qual o governo exige o serviço militar?

Esta pergunta parece essencial, e o serviço militar obrigatório confere à resposta uma importância especial. Todos ou quase todos os homens cristãos e todos os homens adultos são chamados às armas. Como pode, então, um homem, na qualidade de cristão, responder a essa exigência? Eis o que responde Dymond:

Seu dever é recusar, com doçura, mas firmemente, o serviço militar.

Certos homens, sem raciocínio bem definido, concluem, não se sabe bem de que maneira, que a responsabilidade pelas medidas governamentais cabe inteiramente àqueles que governam, isto é, que os governantes e os reis decidam o que é o bem e o que é o mal para seus súditos, e que o dever destes é apenas obedecer. Creio que este modo de pensar nada faz senão ofuscar a consciência. "Não posso participar dos conselhos do governo, portanto, não sou responsável por seus delitos." É verdade que não somos responsáveis pelos erros dos governantes, mas somos responsáveis pelos nossos erros, e os cometidos por nossos governantes transformam-se em nossos se, sabendo que são erros, participamos de sua execução. Aqueles que acreditam que seu dever é obedecer ao governo e que a responsabilidade dos delitos que cometem recai inteiramente sobre o soberano, estão bastante enganados. Estes dizem: "Submetemos nossos atos à vontade alheia e nossos atos não podem ser maus ou bons. Em nossos atos não pode haver o mérito de uma boa ação, nem a responsabilidade de uma má ação, já que são alheios à nossa vontade."

Devemos notar que essas mesmas ideias são desenvolvidas nas instruções dadas aos soldados e que devem por eles ser decoradas. Nelas é dito que somente o comandante será responsável pelas consequências de suas ordens. Mas isso não é verdade. O homem não pode fugir da responsabilidade dos atos que comete. Eis por que: se o comandante ordena que mateis o filho do vosso vizinho, vosso pai, vossa mãe, ireis obedecer-lhe? E, se não lhe obedecerdes, todos os raciocínios caem por terra, porque, se há caso em que podeis não obedecer, onde encontrareis o limite até o qual deveis fazê-lo? Não existe para vós outro limite senão aquele estabelecido pelo cristianismo; e respeitá-lo é algo, ao mesmo tempo, sábio e fácil.

Portanto, acreditamos que o dever de cada homem que considere a guerra como inconciliável com sua religião é recusar, suave mas firmemente, o serviço militar. Aqueles que assim agirem irão se recordar que cumprem um grande dever. De sua fidelidade à religião depende (tanto quanto isso pode depender dos homens) o destino da paz da humanidade. Professem e defendam sua convicção, não apenas com palavras, mas, se necessário, com sofrimento. Se acreditais que o Cristo tenha condenado a matança, não atendais aos raciocínios nem às ordens dos homens que vos ordenam tomar parte em algo semelhante.

Com essa firme recusa a participar da violência, merecereis a bênção daqueles que escutam e seguem essas ordens, e chegará um dia em que o mundo vos louvará como artífices da regeneração humana.

O livro de Musser tem o título *Non-resistance asserted* ou *Kingdom of Christ and kingdom of this world separated*, 1864 [Afirmação da não resistência ou Separação do reino de Deus do reino terrestre].

Esse livro foi escrito por ocasião da Guerra de Secessão, quando o governo norte-americano impôs o serviço militar a todos os cidadãos. Isto é também importante, na atualidade, pelos assuntos que aborda em relação à recusa ao serviço militar. No prefácio, diz o autor:

> Sabe-se que nos Estados Unidos muitos negam a necessidade da guerra. Estes são chamados os cristãos *não resistentes*, ou *defenceless* [sem defesa]. Recusam-se a defender o próprio país, a usar armas e a combater contra os inimigos a pedido do governo. Até pouco tempo essa razão religiosa foi respeitada pelo governo, e aqueles que a invocaram eram liberados do serviço militar. Mas, no início da Guerra de Secessão, a opinião pública indignou-se com essa situação. É natural que os cidadãos que, para a defesa de sua pátria, consideravam um dever submeter-se às durezas e aos perigos da vida militar, tenham visto com desprezo aqueles que, evitando essas obrigações, usufruíam há muito, em igualdade

de condições, da proteção e das vantagens do Estado que se recusavam a defender no momento de perigo. E é também natural que considerassem a atitude desses homens como algo monstruoso, irracional e inexplicável.

Inúmeros oradores e escritores rebelaram-se contra a doutrina da não resistência e tentaram provar sua falsidade, fosse por meio de raciocínio, fosse por meio da Sagrada Escritura. Há uma lógica, e em muitos casos esses escritores têm razão, quando se trata daquelas pessoas que, recusando-se às durezas do serviço militar, não recusam as vantagens do serviço social; mas eles não têm razão quando se trata do próprio princípio da não resistência.

Antes de tudo, o autor estabelece para os cristãos o dever da não resistência pelo fato de que o mandamento é, nitidamente e sem equívoco possível, expresso por Cristo: "Julgai vós mesmos se é justo obedecer ao homem em vez de Deus", como reportaram Pedro e João. Portanto, todo homem que quer ser cristão tem apenas uma conduta a manter, a recusa, quando desejarem mandá-lo à guerra, pois Cristo disse: "Não resistais ao mal por meio da violência."

Eis por que o autor considera a questão, a princípio, resolvida. Quanto à outra questão, relativa às pessoas que, não recusando as vantagens a elas dadas por um governo baseado na violência, ainda assim se recusam ao serviço militar, o autor a estuda em detalhes e chega à conclusão de que, caso o cristão que segue as leis de Cristo se recuse a ir à guerra, não pode tomar parte alguma na administração governamental, no Poder Judiciário ou no poder eletivo. Não pode sequer recorrer à autoridade, à polícia ou à justiça para regularizar seus problemas pessoais.

Mais adiante o autor examina as relações existentes entre o Antigo e o Novo Testamentos e mostra o que significa o Estado para os não cristãos. Expõe as objeções feitas à doutrina da não resistência e as rebate; enfim, assim conclui: "Os cristãos não precisam do governo e, portanto, não são obrigados a obedecer-lhe e, menos ainda, a participar dele."

Cristo escolheu, fora do mundo, seus discípulos: eles não almejam as satisfações e a felicidade terrenas; almejam, sim, a vida eterna. O espírito no qual vivem os torna satisfeitos e felizes em qualquer condição. Se o mundo lhes é tolerante, estão contentes; se não são deixados em paz, vão-se para outros países, porque são peregrinos na Terra e não se fixam em lugar algum. Acreditam que cabe aos mortos "enterrar seus mortos"; no que lhes diz respeito, nada devem fazer senão "seguir seu mestre".

Sem examinar se a definição do dever do cristão em relação à guerra é ou não justa, definição estabelecida nos dois livros, não se pode negar a possibilidade prática nem a urgência de uma solução para esse problema.

Centenas de milhares de homens, os quakers, os menonitas, os nossos dukhobors, molokanes e uma quantidade de pessoas que não pertencem a qualquer seita definida, consideram a violência, e, por conseguinte, o serviço militar como inconciliáveis com o cristianismo. Eis por que a cada ano, entre nós, na Rússia, alguns recrutados recusam o serviço militar, fundamentando-se em sua convicção religiosa. E o que faz o governo? Libera-os? Obriga-os a marchar e os pune, em caso de recusa? Não.

Em 1818, o governo assim regulamentou. Eis um extrato de jornal, que quase ninguém conhece na Rússia, de Nicolau Nicolaiewic Muraviev-Karsky, suprimido pela censura:

Tíflis, 2 de outubro de 1818

Hoje, pela manhã, o comandante disse-me que foram mandados recentemente para a Geórgia cinco camponeses da comarca de Tambov. Esses homens foram recrutados pelo Exército, mas se recusam a se submeter ao serviço militar. Foram já muitas vezes punidos com o *knut** e com o bastão; mas abandonaram sem resistência seus corpos às mais cruéis torturas e à morte, para não serem soldados. "Deixai-nos ir", disseram, "não nos façais mal e não o faremos a ninguém. Todos os homens são iguais e o czar é um homem como nós. Por que lhe pagaremos impostos? Por que iremos expor nossas vidas na guerra para matar homens que não nos fizeram mal algum? Podereis cortar-nos em pedaços, mas não mudareis nossas ideias. Não vestiremos a farda e não comeremos na gamela. Aquele que tiver piedade de nós, dará esmola; nada temos que pertença ao czar e dele nada queremos ter." Eis o que dizem esses mujiques. Garantem que na Rússia muitos pensam da mesma forma. Foram conduzidos quatro vezes à frente do conselho de ministros, e finalmente decidiu-se submeter a questão ao soberano, que determinou, como medida de punição, mandá-los para a Geórgia, ordenando ao general-comandante que lhe fizesse um relatório mensal sobre os progressos da conversão deles a ideias mais sadias.

Se conseguiu submetê-los? Não se sabe; e é também desconhecido o próprio fato, a respeito do qual foi mantido o mais profundo segredo.

Assim agia o governo há 75 anos; assim continuou a agir na maior parte dos casos, cuidadosamente ocultados do povo; assim age ainda hoje,** exceto para com os alemães menonitas que vivem na comarca de Kherson, cuja recusa ao serviço militar é respeitada, e dessa maneira servem somente no corpo da guarda florestal.

---

*Espécie de chicote russo. (*N. do E.*)
**O período a que o autor se refere é o que se passa entre a publicação da 1ª edição deste livro, em 1894, e a sua morte, em 1910. (*N. do E.*)

Porém, nos mais recentes casos de recusa ao serviço militar fundamentada em convicções religiosas, por homens que não pertencem à seita dos menonitas, as autoridades regulamentam da maneira como explicarei em seguida.

Antes de tudo, adotam-se todas as medidas coercitivas que hoje são usadas para "corrigir" o recalcitrante e convertê-lo às ideias "sadias", e é mantida secreta qualquer instrução referente a tal espécie de assunto. No que concerne a um desses refratários, sei que em 1884, em Moscou, dois meses após sua recusa, o caso havia se transformado em volumoso dossiê, conservado no mais profundo segredo nos arquivos do ministério.

Começa-se, geralmente, por mandar o recalcitrante aos padres, que para sua vergonha procuram sempre induzi-lo à submissão. Mas essa exortação, em nome de Cristo, a renegar Cristo, permanece, na maior parte das vezes, sem efeito.

Então, entregam-no aos guardas. Estes, em geral, não encontrando em seu caso qualquer razão política, mandam-no embora. Então são os doutores, os médicos, que dele se ocupam e os mantêm em observação num manicômio.

Em todo esse ir e vir, o infeliz, privado de liberdade, sofre todo tipo de humilhação e sofrimento, como um delinquente condenado (o fato repetiu-se quatro vezes). Quando os médicos o deixam sair do manicômio, começa uma longa série de manobras ocultas e pérfidas que visam impedi-lo de partir, a fim de que não leve o mau exemplo aos que pensam como ele. Evita-se, também, deixá-lo entre os soldados, porque estes poderiam aprender com ele que sua convocação para o Exército está longe de ser o cumprimento das leis de Deus, como são levados a crer.

O mais cômodo, para o governo, seria simplesmente cortar a cabeça do refratário, surrá-lo até a morte ou suprimi-lo de qualquer outro modo, como outrora se fazia. Desgraçadamente, é impossível condenar à morte abertamente um homem pelo motivo de ser ele fiel à doutrina que nós próprios professamos. Por outro lado, é da mesma forma impossível deixar em paz um homem que se recusa a obedecer. Então, o governo esforça-se para obrigar, pelo sofrimento, esse homem a renegar Cristo, ou suprime-o secretamente por um meio qualquer, de forma que ninguém conheça seu suplício ou seu exemplo. Todo tipo de astúcia foi adotado para submeter os refratários a todos os tipos de tortura: deportação para algum país distante; processo por indisciplina; prisão; incorporação aos batalhões de punição, onde se pudesse torturá-lo livremente; ou a rotulação de "loucos" e internação num manicômio. Assim, um foi deportado para Tashkent, com o pretexto de mandá-lo para o exército de Tashkent; um outro foi mandado para Omsk; um terceiro foi julgado por rebelião e encarcerado; um quarto, enfim, foi trancado num manicômio.

Por toda parte a mesma história se repete! Não só o governo, mas também a maioria dos liberais, dos livres-pensadores, parece haver adotado a palavra de ordem de desviar cuidadosamente a atenção de tudo aquilo que foi dito, escrito, feito e que ainda se faz para revelar a inconciliabilidade entre a violência em sua forma mais terrível, mais grosseira, mais clara – o militarismo, isto é, a organização da morte – e a doutrina, não direi cristã, mas simplesmente humanitária, que a sociedade pretende professar.

Assim, as informações que recebi sobre até que ponto o verdadeiro significado da doutrina de Cristo foi explicado por muito tempo, e cada vez mais se explica, e qual seja, em relação a esta explicação e ao seguimento da doutrina, a atitude das classes superiores e dirigentes – não só na Rússia, mas também na Europa e nos Estados Unidos – convenceram-me de que, nessas classes, existe uma hostilidade consciente contra o verdadeiro cristianismo, e essa hostilidade se traduz, principalmente, na conspiração do silêncio em que são envolvidas todas as suas manifestações.

2
Opiniões dos fiéis e dos livres-pensadores sobre a não resistência ao mal por meio da violência

Os comentários que recebi sobre o desejo de se ocultar, apagar, de se fazer silêncio em relação às ideias que procurei exprimir em meu livro, me levaram a reavaliá-lo.

Ao ser publicado, como eu já esperava, o livro foi proibido. Segundo a lei, deveria ser queimado. Mas, por outro lado, foi discutido pelas autoridades; uma enorme quantidade de cópias e litografias circulou e diversas traduções foram editadas no exterior.

E, logo depois, apareceram as críticas, religiosas ou não, que o governo não só tolerou como encorajou. Desse modo, a impugnação de um livro que supostamente ninguém conheceria foi discutida nas academias como tema para obras teológicas.

As críticas a meu livro, russas ou estrangeiras, dividem-se em duas categorias: as críticas religiosas de escritores que se consideram fiéis e as críticas dos livres-pensadores.

Começo pelas primeiras.

Acuso, em meu livro, os doutores da Igreja de ensinarem uma doutrina claramente contrária aos preceitos de Cristo expostos no Sermão da Montanha, sobretudo, ao mandamento da não resistência ao mal e de, com isso, retirarem da doutrina de Cristo toda a sua importância.

Os teólogos admitem o ensinamento, presente no Sermão da Montanha, da não resistência ao mal por meio da violência como revelação divina; então, já decididos a discutir meu livro, por que não respondem eles, antes de tudo, ao ponto principal da acusação? Deveriam dizer francamente se reconhecem ou não como obrigatórios para os cristãos a doutrina do Sermão da Montanha e o mandamento da não resistência ao mal por meio da violência. Em vez de responderem, como frequentemente fazem, que "por um lado não se pode por certo negar, mas, por outro lado, não se pode por certo afirmar... tanto mais que... etc...", eles deveriam responder com clareza à pergunta que formulo em meu livro. Cristo pedia realmente a seus discípulos que aceitassem os preceitos do Sermão da Montanha? Então, pode ou não o cristão participar da justiça, seja como juiz, seja como acusador, o que se constitui numa apelação à força? Pode ele ou não, permanecendo cristão, participar da administração, isto é, usar da força contra seus semelhantes? E, enfim, pergunta mais importante, a que, com o serviço militar obrigatório, interessa hoje a todos: pode o cristão, contrariamente à indicação tão precisa de Cristo, servir o Exército e assim cometer homicídio ou preparar-se para tal?

Estas perguntas foram formuladas clara e francamente, e mereciam respostas igualmente claras e francas. Mas nada semelhante se encontra em todas as críticas provocadas por meu livro, nem mesmo, aliás, em todas as que responderam aos escritos por meio dos quais se conclamam os doutores da Igreja às verdadeiras prescrições do Evangelho, escritos dos quais a história está repleta, desde os tempos de Constantino.

Por ocasião de meu livro, censuraram-me pela interpretação errada de uma ou outra passagem da Bíblia; porque não reconheço a Trindade, a Redenção e a imortalidade da alma, comentaram meu desvio. Analisaram-se muitos aspectos, mas nada a respeito daquilo que, para todos os cristãos, se constitui na principal, na essencial pergunta de vida: como conciliar a doutrina claramente expressa pelo Senhor e contida no coração de cada um de nós – perdão, humildade, paciência, amor a todos, amigos ou inimigos – com a exigência da guerra e de sua violência contra os nossos compatriotas e contra os estrangeiros?

As aparentes respostas dadas a esta pergunta podem ser agrupadas em cinco categorias. Reuni aqui não apenas o que encontrei nas críticas a meu livro, mas também tudo o que foi escrito sobre esse assunto no passado.

O primeiro e mais grosseiro gênero de respostas consiste na afirmação audaciosa de que a violência não está em contradição com a doutrina de Cristo, que é autorizada e até mesmo ordenada pelo Antigo e Novo Testamentos.

As respostas desse tipo provêm, em sua maioria, de pessoas que se encontram no topo da hierarquia administrativa ou religiosa e que estão, por isso, absolutamente certas de que ninguém ousaria contradizê-las ou, por outro lado, dariam ouvidos a quem o fizesse. Devido à embriaguez do poder, esses homens perderam totalmente a noção do que é o cristianismo (em cujo nome ocupam suas posições), e tudo o que nele se encontra de realmente cristão lhes parece herético, enquanto tudo aquilo que, na Sagrada Escritura, pode ser interpretado no sentido anticristão e pagão parece-lhes o verdadeiro sentido do cristianismo.

Procurando confirmar a afirmação de que o cristianismo não está em contradição com a violência, invocam, com a maior audácia, as passagens mais equivocadas do Antigo e do Novo Testamentos, interpretando-as no sentido menos cristão como, por exemplo, a execução de Ananias e Safira, a de Simão Mago etc. Citam tudo o que lhes parece justificar a violência, como a expulsão dos mercadores do templo e as palavras: "Mas eu vos digo que o Dia do Juízo será mais suportável para a Terra de Sodoma que para vós." (Mt 11,24)

Consoante a opinião desses homens, um governo cristão não tem, em absoluto, o dever de deixar-se guiar pelo espírito da caridade, pelo perdão às ofensas e pelo amor aos inimigos.

É inútil refutar tal tese, pois aqueles que a defendem refutam a si mesmos, ou melhor, separam-se de Cristo, imaginando seu próprio Cristo e seu próprio cristianismo, em vez daquele por cujo nome existem a Igreja e a posição por eles ocupada. Se todos soubessem que a Igreja reconhece um Cristo vingador, implacável e guerreiro, ninguém seria partidário dessa instituição e ninguém defenderia suas doutrinas.

O segundo meio – um pouco menos grosseiro – consiste em reconhecer que Cristo ensinava, é verdade, a dar a face e o manto, e que esta é, realmente, uma elevada moral..., mas... uma vez que, sobre a Terra, existe um grande número de malfeitores, é preciso mantê-los pela força, para que não se veja perecerem os bons e até mesmo o mundo inteiro. Encontrei pela primeira vez este argumento em São João Crisóstomo, e demonstro sua falsidade em meu livro *Minha religião*.

Esse argumento não tem valor porque, se permitimos a nós declarar, não importa quem, um malfeitor fora da lei, destruímos toda a doutrina cristã segundo a qual somos todos iguais e irmãos, na qualidade de filhos de um só Pai Celeste.

E mais, ainda que Deus houvesse permitido a violência contra os malfeitores, sendo impossível determinar de modo absolutamente certo a distinção entre o malfeitor e aquele que não é, aconteceria que os homens e a sociedade se considerariam mutuamente malfeitores: coisa que hoje existe. Enfim, supondo que fosse possível distinguir com segurança um malfeitor daquele que não é, não se poderia encarcerá-lo, torturá-lo e condená-lo à morte numa sociedade cristã, porque não haveria nela ninguém para cometer tais atos, sendo qualquer violência proibida ao cristão.

O terceiro meio de responder – mais sutil que os precedentes – consiste na afirmação de que o preceito da não resistência ao mal por meio da violência é certamente obrigatório para o cristão, mas somente enquanto o mal não ameaça senão a ele. Isto, porém, deixa de ser obrigatório quando o mal é dirigido contra seus semelhantes. Nesse caso, não só o cristão não deve se conformar ao preceito mas, ao contrário, deve opor-se à violência usando da violência. Esta afirmação é absolutamente arbitrária e é impossível encontrar-lhe confirmação em toda a doutrina de Cristo. Esta interpretação faz mais do que restringir o preceito: é sua negação absoluta. Se cada homem tem o direito de usar a violência para repelir um perigo que ameaça seu semelhante, muda a questão: não se trata mais de saber se a violência é proibida ou permitida, mas de saber qual a definição do que pode representar perigo para outrem. E se meu raciocínio particular pudesse decidir a questão, eu diria que não existe um só caso de violência que não possa ser explicado pelo perigo alheio. Queimaram e condenaram à morte bruxos; condenaram à morte aristocratas e girondinos; condenaram à morte também seus inimigos, porque os que ocupavam o poder consideravam-nos um perigo para a nação.

Se essa importante restrição, que aumenta a importância do preceito, tivesse estado na mente de Cristo, estaria formulada em algum lugar. Ela não se encontra nas prédicas nem na vida do Mestre. Mas, ao contrário, o que se vê é uma advertência contra tal restrição, tão falsa quanto sedutora. Isso ressalta, com especial clareza, o relato do raciocínio feito por Caifaz, que justamente censura essa restrição. Ele reconhece que é injusto condenar Jesus, inocente, mas vê o perigo não para si, mas para todo o povo. Por isso, diz: "É melhor que morra um só homem do que todo o povo." O mesmo ensinamento sobressai ainda com mais nitidez das palavras ditas a Pedro quando este tentou se opor à violência dirigida a Jesus. (Mt 26,52) Pedro não defendia a si mesmo, mas a seu Mestre divino e adorado. Mas Cristo proibiu-o, dizendo: "Guarda tua espada no seu lugar, pois todos que pegam a espada, pela espada morrerão."

Ademais, a violência para defender o semelhante de outra violência nunca é justificada, porque, não tendo sido ainda cometido o mal que se quer impedir, é impossível que se possa adivinhar qual mal será maior, se aquele que se está prestes a cometer ou aquele que se quer impedir. Condenamos à morte um delinquente para dele livrar a sociedade, e nada nos prova que esse delinquente não mudaria amanhã de conduta e que sua execução não seria uma crueldade inútil. Mandamos para a prisão um membro da sociedade, a nosso ver perigoso, mas amanhã esse indivíduo poderia deixar de ser uma ameaça e, então, sua prisão seria inútil. Vejo um bandido perseguir uma jovem. Tenho nas mãos um fuzil. Mato-o. Salvo a jovem; mas a morte ou o ferimento do bandido é fato certo, enquanto o que teria acontecido com a jovem me é desconhecido. Que mal imenso deve resultar, e na realidade resulta, do direito reconhecido pelos homens de prevenir os delitos que poderiam ocorrer! Da Inquisição às bombas de dinamite, das execuções capitais às torturas de dezenas de milhares de delinquentes ditos políticos, 99 por cento desses casos são fundamentados em tal raciocínio.

A quarta categoria de respostas, ainda mais sutis, consiste na afirmação de que o preceito da não resistência ao mal por meio da violência, longe de ser negado, é, pelo contrário, formalmente reconhecido como todos os outros; mas que um significado absoluto não lhe deve ser atribuído, como fazem os sectários.

Fazer dele uma condição *sine qua non* da vida cristã, à imitação de Garrison, Ballou, Dymond, dos menonitas, dos quakers e como fazem os irmãos morávios, os valdeses, os albigenses, os bogomilos, os paulicianos, é um sectarismo limitado. Esse preceito não tem maior ou menor importância do que todos os outros, e o homem que infringe, devido a sua fraqueza, não importa qual mandamento, inclusive o da não resistência, não deixa de ser cristão, se tem fé.

Esta astúcia é muito hábil e inúmeras pessoas, que desejam ser enganadas, a ela sucumbem sem dificuldade. Consiste isto em transformar a negação consciente do preceito numa infração ocasional. Mas basta comparar a atitude dos ministros da Igreja diante desse preceito e sua atitude frente àqueles que realmente o reconheçam para se convencer da diferença que fazem entre um e outros.

Eles, sem dúvida, reconhecem, por exemplo, o preceito contra a luxúria; assim, jamais admitem que a luxúria não seja um mal; nunca apontam uma ocorrência em que o preceito contra o adultério poderia ser infringido e sempre ensinam que devemos evitar as tentações da luxúria. Nada parecido em relação ao preceito da não resistência. Todos os padres reconhecem casos onde esse preceito pode ser violado, e assim ensinam. E não só ensinam a evitar as tentações das quais a primeira é o juramento, mas eles próprios o pronunciam. Em acontecimento algum aprovam a violação de qualquer outro mandamento; enquanto, em relação à não resistência, professam abertamente que não há necessidade de seguir à risca essa interdição; que não é necessário a ela resignar-se sempre e que, aliás, existem circunstâncias, situações, que exigem justamente o contrário, isto é, nas quais se deve julgar, fazer guerra, condenar à morte. De modo que, quando tratam do preceito da não resistência, o mais comum é que ensinem como não se deve conformar com ele. A observância desse preceito é, dizem eles, muito difícil; é este o apanágio da perfeição. Como não seria difícil observá-lo, na realidade, se sua violação, longe de ser reprovada, é, ao contrário, encorajada, visto que são abertamente abençoados os tribunais, as prisões, os canhões, os fuzis, o Exército e as batalhas? Não é, então, verdade que esse mandamento seja, como os outros, reconhecido pelos ministros da Igreja.

Estes não o reconhecem, simplesmente, por não ousar admiti-lo, e procuram dissimular este ponto de vista.

Tal é a quarta maneira de reagir.

O quinto modo, o mais hábil, o mais adotado e o mais forte, consiste em evitar responder, fingindo considerar essa questão como já há muito resolvida, e da maneira mais clara e mais satisfatória, de tal forma que não se deva mais falar nela. Esta resposta é adotada por todos os escritores religiosos que são instruídos demais para desconhecerem as leis da lógica. Sabendo que é impossível explicar a contradição existente entre a doutrina de Cristo, que nós, e toda a nossa classe social, professamos por palavras, e que, falando a respeito, só se consegue torná-la mais evidente, eles contornam a dificuldade com maior ou menor habilidade, simulando acreditar que a questão da conciliação da doutrina cristã com a violência já foi resolvida e, absolutamente, não existe.*

A maior parte dos críticos religiosos que se ocuparam do meu livro adotou este argumento. Poderia citar dezenas dessas apreciações nas quais, sem exceção, ele foi sempre repetido. Fala-se de tudo, menos do assunto principal do livro. Como exemplo característico desse tipo de crítica, citarei o artigo do célebre e arguto escritor e pregador inglês Farrar, grande mestre, como todos os teólogos sábios, da arte de subterfúgios e reticências. Esse artigo foi publicado na revista norte-americana *Forum* do mês de outubro de 1888.

Depois de conscienciosa e rapidamente resumir meu livro, diz Farrar:

> Tolstoi chegou à conclusão de que o mundo foi grosseiramente enganado quando se assegurou aos homens que a doutrina de Cristo de não resistir ao mal por meio do mal é conciliável com a guerra, com os tribunais, com as execuções capitais, com o divórcio, com o juramento, com o patriotismo e, em geral, com a maior parte das instituições sociais e políticas. Ele

---

*Conheço um só estudo – não uma crítica no sentido exato da palavra – que trata do mesmo assunto. Tem como alvo o meu livro e se afasta um tanto dessa definição geral. É o opúsculo de Trótski: O *Sermão da Montanha* (Kazan). O autor reconhece que o preceito da não resistência ao mal por meio da violência quer dizer exatamente isto, como também o preceito sobre o juramento. Ele não nega, como os outros, o significado da doutrina de Cristo; infelizmente, ele não tira desse reconhecimento as deduções inevitáveis que daí derivam e aparecem, de forma naturalíssima, quando, como ele, temos em vista a doutrina de Cristo. Se não devemos opor-nos ao mal com a violência, nem prestar juramento, cada um deve se perguntar: "E o serviço militar? E o juramento?" E é exatamente a estas perguntas que o autor não responde. Ora, é preciso responder a essas perguntas, ou, se não se pode, evite-se provocar tais perguntas.

acredita, hoje, que o reino de Cristo existirá quando os homens seguirem os cinco mandamentos de Cristo, ou seja: 1º – Viver em paz com todos os homens; 2º – Levar uma vida pura; 3º – Não jurar; 4º – Nunca resistir ao mal; 5º – Abandonar qualquer fronteira entre as nações.

Tolstoi nega a origem divina do Antigo Testamento, das Epístolas e de todos os dogmas da Igreja, como a Trindade, a Redenção, a descida do Espírito Santo e a ordenação, e não reconhece senão as palavras e os preceitos de Cristo.

Mas é, então, acertada tal interpretação da doutrina de Cristo? São os homens obrigados, e como ensina Tolstoi, a observar os cinco mandamentos de Cristo?

Diante desta pergunta essencial, a única que levou o autor a escrever o artigo sobre meu livro, que podemos esperar? Que ele nos diga que essa interpretação da doutrina de Cristo é justa e que é preciso a ela obedecer, ou, então, que é inexata, e que ele assim prove e nos dê uma explicação mais acertada para as palavras que compreendo tão mal? Nada disso. Farrar restringe-se a exprimir a "convicção" de que "Tolstoi, ainda que guiado pela mais nobre sinceridade, caiu no erro das interpretações restritas do significado do Evangelho e do pensamento e da vontade de Cristo". Em que consiste esse erro? Ele não explica, apenas diz: "É impossível, nesse artigo, aprofundar-me nesta demonstração, porque já ultrapassei o número de páginas que me foi fixado."

E conclui, com admirável tranquilidade de espírito:

> Porém, se o leitor se sente atormentado pelo pensamento de que deva, como cristão, a exemplo de Tolstoi, renunciar às condições habituais de sua vida e viver como um simples artesão, acalme-se e pense na máxima: *Securus Judicat Orbis Terrarum*.*

---

*O mundo inteiro julga com segurança.

Salvo algumas exceções, toda a cristandade, desde o tempo dos apóstolos até nossos dias, chegou à conclusão de que o objetivo de Cristo era dar aos homens um grande princípio, mas não destruir as bases das instituições de todas as sociedades humanas, que se fundamentam na sanção divina e na necessidade. Se eu tivesse tido a missão de provar a impossibilidade da doutrina do comunismo, que Tolstoi apoia sobre paradoxos divinos (sic), que não podem ser interpretados senão sobre princípios históricos, de acordo com todos os métodos da doutrina de Cristo – isso teria demandado um espaço maior do que aquele que tenho à minha disposição.

Que pena! Ele não tinha espaço! E como é estranho que há 15 séculos ninguém tenha espaço para provar que o Cristo em quem acreditamos não tenha dito o que disse. E se poderia, entretanto, tê-lo feito, caso se houvesse desejado. É verdade que não vale a pena provar o que todos sabem. Basta dizer: *Securus Judicat Orbis Terrarum*.

Tal é, sem exceção, a argumentação de todos os crentes literatos que compreendem, por conseguinte, a falsidade de sua situação. Sua única tática consiste em se apoiar na autoridade da Igreja, em sua antiguidade e seu caráter sacro para intimidar o leitor e dissuadi-lo da ideia de ler o Evangelho e de estudar a fundo a questão. E a coisa funciona. Quem poderia supor, de fato, que aquilo que os arquidiáconos, os bispos, os arcebispos, os santos sínodos e os papas repetem com tanta segurança e tanta solenidade, século após século, não é senão uma pérfida mentira, e que eles caluniam o Cristo com o objetivo de garantir para si mesmos as riquezas de que precisam para levar uma vida agradável em prejuízo dos outros? Sua falsidade tornou-se hoje tão evidente que seu único meio de mantê-la é o de intimidar o público com sua audácia e desenvoltura.

O mesmo ocorre há anos nas sessões de recrutamento. Em uma mesa veem-se diante do *zertzal* – o símbolo da autoridade do czar –, sentados nos lugares de honra, sob o retrato do imperador, alguns velhos dignitários, todos cobertos de condecorações, conversando livre e negligentemente, escrevendo, chamando homens à sua presença, ordenando. A seu lado, em batina de seda, uma grande cruz no peito, cabelos brancos caídos por sobre a estola, um venerável padre senta-se a uma mesa sobre a qual estão uma cruz de ouro e um Evangelho de ângulos dourados. Chamam Ivan Petrov. Um adolescente malvestido, sujo, assustado, aproxima-se com o rosto descomposto, olhos irrequietos e febris e diz gaguejando, à meia-voz: "Eu... a lei... como cristão... não posso..."

– O que ele diz? – pergunta com impaciência o presidente, piscando, segurando a orelha e levantando a cabeça do livro.

– Fala em voz alta! – grita o coronel cujos galões brilham.

– Eu... eu... como cristão...

Por fim, entende-se que o jovem se recusa ao serviço militar, porque é cristão.

– Não diga asneiras. Abra os braços. Doutor, poderia medi-lo. Está bem?

– Está bem.

– Padre, faça-o prestar juramento.

Não somente ninguém está perturbado, mas nem sequer se dá atenção ao que balbucia aquele pobre adolescente assustado.

– Todos têm algo a dizer, como se tivéssemos tempo para escutá-los. Restam ainda muitos recrutas a examinar!

O recrutado parece querer acrescentar algo:

– Isto é contra a lei de Cristo.

– Sai, sai! Não precisamos de ti para saber o que está conforme a lei e o que não está. Sai! Vai-te embora! Padre, catequiza-o. Passemos a um outro: Vassili Nikitine!

E o jovem é conduzido para fora, trêmulo.

E ninguém suspeita – nem os guardas, nem Vassili Nikitine, que é introduzido no local naquele momento, nem uma só pessoa dentre as que assistiram a esta cena – que aquelas poucas palavras incoerentes, pronunciadas pelo jovem e rapidamente reprimidas, contêm a verdade, enquanto os solenes discursos dos funcionários e do padre, calmos e seguros, nada são do que mentira e enganação!

Os artigos de Farrar produzem a mesma impressão. O mesmo ocorre com todos os discursos retóricos, com tratados e livros que vêm a público tão logo a verdade apareça em algum lugar, para revelar a mentira imperante. Sem perda de tempo, escritores e oradores, verborrágicos ou hábeis, elegantes ou solenes, levantam e tratam de questões à margem do assunto, tendo, por outro lado, o cuidado de silenciar a respeito do tema em si.

É este o quinto método de reputação, o mais eficaz para ocultar a contradição em que se colocou o cristianismo oficial, professando a doutrina de Cristo na teoria, mas negando-a na prática.

Aqueles que tentam se justificar pelo primeiro método, afirmando aberta e brutalmente que o Cristo tenha autorizado a violência, as guerras, as matanças, afastam-se conscientemente da doutrina evangélica. Aqueles que se defendem pelo segundo, terceiro e quarto métodos emaranham-se em sua própria contradição, e é fácil convencê-los da mentira; mas os últimos, que não raciocinam ou não se dignam raciocinar, que se escondem atrás de sua grandeza, que aparentam acreditar que todas essas questões tenham sido resolvidas há muito tempo, por eles ou por outros, e não dão mais lugar a dúvidas, esses supostos impassíveis permanecerão serenos enquanto os homens estiverem submetidos à sugestão hipnótica dos governos e da Igreja. Assim foi, em relação a meu livro, a atitude dos teólogos, que professam a religião cristã.

Não poderiam ter tido outra. Eles estão presos pela contradição em que se encontram – a fé na divindade do Mestre e a negação de suas palavras mais claras –, contradições às quais se querem subtrair a qualquer custo.

Por conseguinte, não se poderia esperar deles uma argumentação independente sobre a própria essência da questão, sobre modificações das condições da existência que resultariam na aplicação da doutrina de Cristo à ordem atual. Eu esperava esse tipo de raciocínio por parte dos críticos livres-pensadores que não estão presos à fé e podem julgar livremente; esperava ver os livres-pensadores considerarem Cristo não apenas como fundador de uma religião de salvação pessoal (como entendem os partidários da Igreja), mas também como um reformador que derruba as antigas bases da sociedade e constrói novas, uma reforma ainda não concluída, e cuja efetivação prossegue a cada dia.

Este conceito da doutrina de Cristo é o de meu livro. Para meu grande assombro, entre as inúmeras críticas a ele feitas, não se encontrou uma única, russa ou estrangeira, que tenha tratado o tema sob este ponto de vista, isto é, considerando a doutrina de Cristo como uma doutrina filosófica, moral e social (segundo a expressão dos doutores).

Os livres-pensadores russos não viram em meu livro nada além do preceito da não resistência ao mal, e (provavelmente pela comodidade da objeção) compreenderam esse preceito no sentido absoluto, ou seja, como a interdição de qualquer luta contra o mal. Eles o atacaram com furor e demonstraram vitoriosamente, durante vários anos, que a doutrina de Cristo é falsa, uma vez que proíbe a oposição ao mal. Os críticos refutaram essa suposta doutrina de Cristo com tanto maior sucesso quanto sabiam muito bem, antecipadamente, que sua argumentação não seria relevada ou retificada, já que, havendo a censura proibido o livro, proibia, da mesma forma, qualquer artigo a seu favor.

É algo notável que entre nós, onde não se pode dizer uma só palavra sobre a Sagrada Escritura sem que se intrometa a censura, esse preceito de Cristo clara e formalmente expresso (Mt 5,39) foi, durante anos, falsamente interpretado, criticado, condenado e ridicularizado em todas as revistas.

Os livres-pensadores russos, ignorando, sem dúvida, o que foi feito a respeito do exame da questão de não resistência ao mal por meio da violência, fazendo até mesmo, aliás, crer que eu houvesse inventado pessoalmente essa regra, atacavam-na, falsificavam-na e refutavam-na com o máximo ardor. Buscavam argumentos, há longo tempo examinados e rejeitados sob todos os aspectos, para provar que o homem deve necessariamente defender (com violência) todos os fracos e todos os oprimidos, e que, portanto, a doutrina da não resistência ao mal é uma doutrina imoral.

Para os críticos russos, toda a importância da pregação de Cristo aparece como um suposto impedimento voluntário de certa ação direta contra tudo o que ele considerava, então, como um mal. De tal modo que o princípio da não resistência ao mal por meio da violência foi atacado por dois campos opostos: pelos conservadores, porque esse princípio teria impedido a resistência ao mal causado pelos revolucionários, sua perseguição e sua execução capital; e pelos revolucionários, porque esse princípio impedia a resistência ao mal causado pelos conservadores, e sua queda.

Os conservadores indignavam-se porque a doutrina da não resistência impedia a enérgica repressão dos elementos revolucionários que poderiam comprometer o bem-estar da nação; os revolucionários indignavam-se porque essa doutrina os impedia de derrubar os conservadores que comprometiam o bem-estar da nação. É notável que os revolucionários atacassem o princípio da não resistência ao mal por meio da violência, que é também o mais terrível, o mais perigoso para qualquer despotismo, pois, desde que o mundo existe, todas as violências – da Inquisição à fortaleza de Schlüsselburg* – fundamentaram-se e fundamentam-se ainda no princípio contrário.

Ademais, os críticos objetavam ainda que a aplicação do preceito da não resistência à vida prática afastaria a humanidade do caminho da civilização, por ela seguida.

Ora, o caminho da civilização seguido pelos povos europeus é, em sua opinião, precisamente aquele que toda a humanidade deve sempre seguir.

Tal é o caráter principal das críticas russas.

As críticas estrangeiras eram concebidas com o mesmo espírito, mas diferiam bastante nas objeções. Estas se diferenciavam das críticas russas não só pelo sentido íntimo, mas também por mais urbanidade e menos paixão na forma.

Falando, a propósito de meu livro, da doutrina evangélica em geral, tal como é estabelecida no Sermão da Montanha, os críticos estrangeiros afirmam que essa doutrina não é, para dizer a verdade, a do cristianismo (que, em suas opiniões, é representado pelo catolicismo ou pelo protestantismo), mas apenas uma série de encantadoras e impraticáveis utopias *Du charmant docteur*, como dizia Renan, admissíveis para os habitantes meio-selvagens que viviam na Galileia há 1.800 anos, ou, ainda, para os meio-selvagens russos – Sutaiev, Bondarev e o místico Tolstoi –, mas absolutamente não aplicáveis às sociedades europeias possuidoras de grande cultura.

Os livres-pensadores estrangeiros tentaram, de maneira bastante delicada, dar a impressão de que a minha convicção de que a humanidade seria capaz de conformar-se com a ingênua doutrina do Sermão da Montanha devia-se à minha falta de saber, à minha ignorância da história e de todas as vãs tentativas feitas no passado para pôr em prática na vida os princípios dessa doutrina; e, ainda, que eu desconhecia o alto grau

---

*Prisão para condenados políticos. (*N. do E.*)

de civilização a que chegaram hoje as nações europeias, com os canhões Krupp, com a pólvora sem fumaça, com a colonização da África, com a administração da Irlanda, com o Parlamento, com o jornalismo, com as greves, com as Constituições, com a Torre Eiffel.

Assim escreveram o senhor De Vogue, o senhor Leroy-Beaulieu, Mathieu Arnold; assim escreveram o norte-americano Savage, Ingersoll – o popular livre-pensador e orador também norte-americano – e tantos outros.

"A doutrina de Cristo não é praticável porque não corresponde a nosso século industrial", dizia ingenuamente Ingersol, exprimindo assim, com muita franqueza e clareza, a opinião das pessoas cultas e refinadas sobre a doutrina de Cristo. Ela não é prática em nosso século industrial! Como se a ordem de nosso século industrial, tal qual existe, fosse sagrada e não pudesse ser modificada! Seria como se bêbados respondessem, ao conselho de se tornarem mais sóbrios, que tal conselho não teria cabimento devido a seu estado de embriaguez.

As opiniões de todos os críticos, russos ou estrangeiros, apesar das diferenças de tom e forma, conduzem, em substância, ao mesmo estranho mal-entendido, ou seja: que a doutrina de Cristo, da qual um dos princípios é a não resistência ao mal por meio da violência, não nos é possível, pois nos obrigaria a modificar toda a nossa vida.

A doutrina de Cristo não é possível porque, se fosse seguida, nosso modo de viver como é, hoje, não poderia continuar. Em outras palavras, se tivéssemos começado a viver bem como nos ensina Cristo, não teríamos podido continuar a viver mal como fazemos e como nos habituamos. Quanto à questão da não resistência ao mal, ela não só não pode ser discutida, como o simples fato de tal prescrição no Evangelho é já prova suficiente da impossibilidade de toda a doutrina.

Parece, contudo, necessário dar alguma solução a essa questão, porque ela é a base de tudo o que é de nosso interesse.

Nisso consiste a dificuldade. Como resolver o antagonismo entre pessoas, algumas das quais consideram um mal aquilo que outras consideram um bem e vice-versa? Porque declarar como mal o que assim considero, apesar da afirmação de meu adversário, que declara ser o mesmo um bem, não é uma resposta. Não podem existir senão duas soluções: ou encontrar um critério verdadeiro, indiscutível, do que se chama mal, ou não resistir ao mal com o mal.

A primeira solução foi tentada no princípio dos tempos históricos e, como sabemos, não deu qualquer resultado satisfatório. A segunda solução é não resistir com o mal ao que classificamos como sendo o mal, até que tenhamos encontrado um critério certo: e isto foi o que nos ensinou Cristo.

Pode-se considerar a solução de Cristo insatisfatória, pode-se substituí-la por outra, melhor, dando um critério que determina para todos o que é o mal. Pode-se achar simplesmente inúteis essas questões, como fazem os povos selvagens; mas não se pode, como fazem os críticos que tratam do estudo da doutrina evangélica, aparentar a crença de que essas questões não existem ou que já tenham sido resolvidas pelo direito reconhecido a certos homens ou a certas classes de homens (sobretudo se delas fazemos parte) de definirem o mal e de a ele resistirem usando da violência. Tal atribuição, sabemos todos, nada resolve, pois sempre se encontram homens que se negam a reconhecer esse direito a outros homens.

Os críticos leigos na doutrina cristã ou nada entendem da questão, ou fundamentam seus argumentos numa definição arbitrária do mal, definição que a eles parece indiscutível. De tal modo que os estudos sobre meu livro, leigos ou religiosos, mostraram-me simplesmente que a maior parte dos homens não compreende não só a palavra de Cristo, mas sequer as questões às quais ela corresponde.

3
O cristianismo mal compreendido pelos fiéis

As informações que recebi após a publicação de meu livro, tanto sobre o modo de compreender a doutrina de Cristo, em seu verdadeiro significado, por uma minoria de pensadores, quanto sobre as críticas, religiosas ou leigas, por ele provocadas e nas quais se nega a possibilidade de compreender a doutrina de Cristo em seu significado literal, convenceram-me de que, enquanto para a minoria essa doutrina, longe de deixar de ser compreensível, revelava-se cada vez mais clara, para a maioria seu significado se tornava sempre mais obscuro. Essa obscuridade chegou a tal ponto que os homens não mais compreendem as noções mais simples, expressas no Evangelho com as mais simples palavras.

Os ensinamentos de Cristo não são entendidos em seu verdadeiro, simples e direto sentido, ainda hoje, tendo a luz da doutrina de Cristo penetrado até os recônditos da consciência humana, quando, conforme as Suas palavras, o que se dizia ao pé do ouvido pode ser gritado de cima dos telhados; quando essa doutrina se mescla a todas as manifestações da vida doméstica, econômica, social, política e internacional, seria inexplicável que permanecesse incompreendida se para tanto não houvesse causas especiais.

Uma dessas causas é que tanto fiéis como ateus estão firmemente convencidos de que compreenderam, há muito tempo, tão completa, positiva e definitivamente a doutrina evangélica, que não é possível atribuir-lhe um significado diverso daquele que lhe é dado. E sua interpretação errônea é fortalecida pela antiguidade da tradição. O rio mais copioso não pode acrescentar uma gota d'água a um copo já cheio.

Pode-se explicar ao homem mais ignorante as coisas mais abstratas, se ele ainda não tem noção alguma sobre elas; mas não se pode explicar a coisa mais simples ao homem mais inteligente, se ele está firmemente convencido de saber muito bem o que se lhe quer ensinar.

A doutrina de Cristo apresenta-se aos homens de nosso tempo como uma doutrina perfeitamente conhecida desde há muito em seus mínimos detalhes, e que não pode ser compreendida de modo diverso do que o é atualmente.

O cristianismo é, assim, para os fiéis, uma revelação sobrenatural, milagrosa, de tudo o que é dito no Credo. Para os livres-pensadores é uma manifestação esgotada do desejo que têm os homens de crer no sobrenatural, um fenômeno histórico que encontrou sua expressão definitiva no catolicismo, na ortodoxia, no protestantismo, e que para nós não possui mais qualquer significado prático. A importância da doutrina é ocultada dos fiéis da Igreja e dos livres-pensadores da ciência.

Comecemos a falar dos primeiros.

Há 1.800 anos, em meio ao mundo romano, surge uma nova doutrina, estranha, nada semelhante a nenhuma das que a haviam precedido e atribuída a um homem, Cristo.

Essa doutrina era inteiramente nova (tanto na forma como na substância) para o mundo judaico que a tinha visto nascer e, sobretudo, para o mundo romano, onde era pregada e propagada.

Em meio às complicadíssimas regras religiosas do mundo judaico – onde, segundo Isaías, havia regra sobre regra – e à legislação romana, levada a um alto grau de perfeição, surge uma nova doutrina que negava não apenas todas as divindades, como também todas as instituições humanas e suas necessidades. Em troca de todas as regras das antigas crenças, essa doutrina não oferecia senão um modelo de perfeição interna, de verdade e de amor na pessoa do Cristo e, como consequência da perfeição interna, a perfeição externa, preconizada pelos profetas: o reino de Deus, no qual todos os homens, não mais sabendo odiar, serão unidos pelo amor, e no qual o leão estará frente ao cordeiro. Em vez de ameaças de castigo para as infrações das regras ditadas por antigas leis religiosas ou civis, em vez de atrair recompensas por sua observância, essa doutrina atraía apenas por ser a verdade.

"Se alguém quiser cumprir Sua vontade, saberá se minha doutrina é de Deus ou se falo de mim mesmo." (Jó 7,17)

"Vós, porém, procurais matar-me, a mim que vos falei a verdade", (Jó 8,40) "e a verdade vos fará livres. Não devemos obedecer a Deus senão com a verdade. Toda a doutrina será revelada e compreendida pelo espírito da verdade. Façam o que Deus lhes manda e conhecerão a verdade." (Jó 8,36)

Nenhuma outra prova da doutrina foi apresentada além da verdade, a adequação da doutrina com a verdade. Toda a doutrina consistia na busca da verdade e em sua observação, na efetivação cada vez mais perfeita da verdade e do desejo de se aproximar dela, sempre mais, na vida prática. Segundo essa doutrina, não é por meio de práticas que o homem se torna justo. Os corações elevam-se à perfeição interna por intermédio de Cristo, modelo de verdade, e à perfeição externa pela efetivação do reino de Deus. O cumprimento da doutrina está no caminho da estrada indicada, na busca da perfeição interna pela imitação de Cristo, e da perfeição externa graças ao estabelecimento do reino de Deus. A maior ou menor felicidade do homem depende, segundo essa doutrina, não do grau de perfeição que ele pode alcançar, mas do seu caminho mais ou menos rápido para essa perfeição.

O ímpeto para a perfeição do publicano Zaqueu, da pecadora, do ladrão na cruz é, segundo essa doutrina, uma felicidade maior que a virtude imóvel do fariseu. A ovelha desgarrada é mais querida ao coração do pastor do que 99 ovelhas não desgarradas; o filho pródigo, a moeda perdida e reencontrada, são mais caros a Deus do que tudo o que nunca foi perdido.

Cada situação, segundo essa doutrina, não é mais que uma etapa para o caminho da perfeição interna e externa realizável. Eis por que ela não tem importância. A felicidade não consiste senão em aspirar sempre à perfeição; a pausa em qualquer grau de perfeição é a pausa da felicidade.

"A mão esquerda ignora o que faz a direita." "O lavrador que toma do arado e olha para trás não é digno do reino dos céus." "Não vos alegreis se os demônios vos obedecem, procurai que vosso nome seja inscrito no céu." "Sede perfeitos como vosso Pai Celeste." "Buscai o reino de Deus e sua verdade."

O cumprimento da doutrina não consiste senão no caminhar incessante em direção à posse da verdade cada vez mais alta, de sua atuação cada vez maior no próprio ser por meio de um amor sempre mais ardente e, fora do ser, na atuação perfeita do reino de Deus.

É evidente que essa doutrina, nascida no meio judaico e pagão, não podia ser aceita pela maioria dos homens, acostumados a uma vida totalmente diversa daquela por ela exigida. A doutrina não podia ser compreendida em todo o seu significado nem mesmo por aqueles que a haviam aceitado, porque era contrária a todos os antigos conceitos de vida.

Somente após uma série de mal-entendidos, erros, explicações restritas, retificadas e completadas por muitas gerações, o princípio do cristianismo ficou mais claro para os homens. O conceito evangélico influenciou os do judaísmo e do paganismo, e, por sua vez, essas correntes deixaram sua marca no cristianismo. Mas o conceito cristão, mais vivo, penetrava dia a dia, mais e mais no judaísmo e no paganismo agonizantes e aparecia cada vez mais puro, libertando-se dos maus elementos a que estava misturado. Os homens compreendiam melhor o sentido cristão, usavam-no sempre mais em suas vidas.

Mais envelhecia a humanidade, quanto mais claro via a doutrina de Cristo; por outro lado, não pode ser diferente em qualquer doutrina social.

As sucessivas gerações corrigiam os erros das gerações precedentes e aproximavam-se mais a cada dia do verdadeiro sentido da doutrina. Assim foi desde os primeiros tempos do cristianismo. Desde o princípio apareceram alguns homens que afirmavam ser o seu modo de explicar a doutrina o único exato, e provaram a exatidão de suas interpretações por meio de fenômenos sobrenaturais.

Essa é a razão principal de ter sido a doutrina, primeiro, mal compreendida e, depois, desvirtuada.

Admitiu-se que a doutrina de Cristo foi transmitida aos homens não como todas as outras verdades, mas por um caminho especial, sobrenatural. De modo tal que é demonstrada não por sua lógica e por seu acordo com as necessidades da vida humana, mas pelo caráter milagroso de sua transmissão.

Esta suposição, nascida do entendimento imperfeito da doutrina, teve como resultado a impossibilidade de ser mais bem compreendida.

Isso ocorreu desde os primeiros tempos, quando a doutrina era interpretada de forma tão incompleta e, frequentemente, tão falsa, como vemos nos Evangelhos e nos Atos. Quanto menos era compreendida, tanto mais misteriosa e mais era necessário dar provas exteriores de sua verdade. O preceito: "Não faças aos outros o que não queres que te seja feito" não precisa ser demonstrado com a ajuda de milagres e não exige um ato de fé, porque é convincente por si mesmo e satisfaz simultaneamente a inteligência e o instinto humanos, enquanto a divindade de Cristo precisava ser provada com milagres absolutamente incompreensíveis.

Quanto mais obscura era a noção da doutrina de Cristo, mais elementos milagrosos eram nela infiltrados; quanto mais nela se infiltrava o maravilhoso, tanto mais ela se afastava de seu sentido e se tornava obscura; quanto mais precisava afirmar com força sua infalibilidade, mais se tornava incompreensível.

Desde os primeiros tempos pode-se observar no Evangelho, nos Atos e nas Epístolas como a não compreensão do sentido exato da doutrina fazia nascer a necessidade de provas milagrosas.

Isso teve início, segundo os livros dos Atos, na reunião em que os Apóstolos examinaram, em Jerusalém, a questão do batismo dos não circuncidados e daqueles que comiam carnes sacrificadas.

A única maneira de expor a questão mostrava que os que estavam tratando dela não compreendiam a doutrina de Cristo, que exclui qualquer cerimônia exterior: abluções, purificações, jejum, sábado. Lê-se textualmente no Evangelho: "Não é aquilo que entra na boca que macula, e sim o que sai do coração." Eis por que a questão do batismo dos não circuncidados não pôde nascer senão entre homens que amavam o Mestre e sentiam a grandeza de Sua doutrina, mas que ainda não a compreendiam com clareza.

Assim, uma confirmação exterior de sua interpretação era, para aqueles homens, tão necessária quanto essa interpretação era falsa. E para resolver essa questão que provava, assim como era colocada, quão incompreendida era a doutrina, foram pronunciadas naquela assembleia as palavras terríveis e funestas:

"Pareceu bem ao Espírito Santo e a nós..." (At 15,28)

Pela primeira vez os apóstolos afirmam, externamente, a exatidão de algumas de suas decisões, isto é, apoiando-se na milagrosa participação do Espírito Santo, ou seja, de Deus.

Mas a afirmação de que o Espírito Santo, isto é, Deus, tenha falado por meio dos apóstolos devia também ser provada; e foi, então, dito que, no dia de Pentecostes, o Espírito Santo havia descido sob forma de línguas de fogo sobre aqueles que assim o afirmaram (na narrativa, a descida do Espírito Santo precede essa deliberação, mas os Atos foram escritos muito tempo depois). Mas era também preciso confirmar a descida do Espírito Santo para aqueles que não viram as línguas de fogo (ainda que seja incompreensível que uma língua de fogo acesa sobre a cabeça de um homem demonstre ser verdade absoluta aquilo que esse homem está para dizer); e, então, foi necessário recorrer a novos milagres: curas maravilhosas, ressurreições, mortes, enfim, todos os falsos milagres de que está cheio o livro dos Atos, e que não só não podem convencer ninguém da verdade da doutrina, mas, ao contrário, devem levantar dúvidas. Esse modo de afirmar a verdade tinha como consequência afastar a doutrina de seu sentido primitivo e torná-la tanto mais incompreensível quanto mais se acumulavam as narrativas dos milagres.

Foi o que aconteceu desde os primeiros tempos e continuou posteriormente, chegando, em nossos tempos, aos dogmas da transubstanciação e da infalibilidade do papa, dos bispos e da Escritura, isto é, até a exigência de uma fé cega, incompreensível até o absurdo, não em Deus, não em Cristo, nem mesmo na doutrina, mas em uma pessoa, como no catolicismo, ou em várias pessoas, como na ortodoxia, ou num livro, como no protestantismo. Quanto mais se propagava o cristianismo, mais se englobava um sem-número de pessoas despreparadas, e menos era compreendido. Quanto mais se afirmava energicamente a infalibilidade da interpretação oficial, menos possível se tornava penetrar no verdadeiro sentido da doutrina. Já ao tempo de Constantino ela reduzia-se a uma síntese confirmada pelo poder secular – síntese das discussões que ocorreram no concílio –, o símbolo da fé, onde isto é dito: "Creio nisto... nisto... nisto, e finalmente numa Igreja universal, sagrada e apostólica, ou seja, na infalibilidade das pessoas que se dizem a Igreja." De tal modo que tudo foi feito para o que o homem não creia mais nem em Deus, nem em Cristo tal como eles se revelaram, mas somente no que a Igreja ordena que se acredite.

Mas a Igreja é sagrada. Mas a Igreja foi fundada por Cristo. Deus não podia deixar aos homens a liberdade de interpretar sua doutrina arbitrariamente; por isto, ele instituiu a Igreja. Todas estas máximas são a tal ponto falsas e privadas de fundamento que se tem vergonha de refutá-las.

Em lugar algum aparece qualquer indício (exceto nas afirmações da própria Igreja) de que Deus ou Cristo tenha fundado algo que se assemelhe ao que hoje se entende pela palavra "Igreja". Existe, no Evangelho, uma indicação contrária à Igreja como autoridade externa, indicação das mais claras e das mais evidentes de que não se deve chamar ninguém de Mestre ou Pai. Mas menção alguma é feita à instituição daquilo que os fiéis chamam de Igreja.

A palavra "igreja" é usada duas vezes no Evangelho; primeiramente, no sentido de uma assembleia para resolver uma questão dúbia; depois, junto a palavras obscuras sobre pedra, Pedro e as portas do inferno. Destas duas menções à palavra "igreja", não havendo outro significado além da palavra "assembleia", deduziu-se o que hoje entendemos por Igreja. Mas Cristo não poderia absolutamente fundar a Igreja, isto é, o que hoje entendemos por esta palavra, porque nada que se possa assemelhar ao conceito atual de Igreja, com sua afirmação de infalibilidade, encontra-se nas palavras de Cristo, nem no pensamento dos homens daqueles tempos.

O simples fato de que aquilo que se formou a seguir tenha sido nomeado com uma palavra empregada por Cristo não permite afirmar que Cristo tenha fundado a única, a verdadeira Igreja.

Ademais, se ele realmente houvesse estabelecido uma instituição como a Igreja, sobre a qual são baseadas toda a doutrina e toda a fé, o teria feito em termos tão precisos quanto cristalinos e, em vez de cercar essa Igreja única e verdadeira, por milagres usados em superstições, cercaria-a por sinais a tal ponto evidentes que dúvida alguma seria possível quanto a sua realidade. Mas nada parecido existe e, como de outras vezes, existem ainda hoje diferentes Igrejas, cada uma delas intitulando-se única e verdadeira.

O catecismo católico diz: "A Igreja é a Sociedade dos fiéis, estabelecida por Nosso Senhor Jesus Cristo, espalhada por sobre toda a Terra e submissa à autoridade de pastores legítimos, principalmente o Nosso Santo Padre, o papa", entendendo-se por "pastores legítimos" uma instituição humana que tem por chefe seu papa e se compõe de determinadas pessoas ligadas entre si por uma determinada organização.

O catecismo ortodoxo grego diz: "A Igreja é uma sociedade, fundada na Terra por Jesus Cristo, reunida num só todo, por uma só doutrina e pelos sacramentos, sob a direção e sob a égide da hierarquia estabelecida por Deus", entendendo-se por "hierarquia estabelecida por Deus" precisamente a hierarquia grega, composta de tais ou tais pessoas, que se encontram em tais ou tais lugares.

O catecismo luterano diz: "A Igreja é o santo cristianismo ou a reunião de todos os fiéis sob o Cristo, seu chefe, e na qual o Espírito Santo, por intermédio do Evangelho e dos Sacramentos, oferece e comunica a salvação divina", dando a entender que a Igreja Católica abandonou o verdadeiro caminho, e que a verdadeira tradição é conservada pelo luteranismo.

Para os católicos, a Igreja divina coincide com o clero romano e o papa; para os fiéis da Igreja ortodoxa grega, a Igreja encarna-se na hierarquia do clero russo;* e para os luteranos, na reunião dos homens que reconhecem a Bíblia e o catecismo de Lutero.

Em geral, falando da origem do cristianismo, os homens pertencentes a uma das Igrejas existentes empregam a palavra no singular, como se nunca houvesse existido e não exista senão uma só Igreja. Mas isto não é exato. A Igreja, instituição que afirma possuir a verdade indiscutível, não surgiu senão no momento em que não mais estava só, em que já existiam pelo menos duas.

Enquanto os fiéis concordavam não foi necessário que sua sociedade única se constituísse em Igreja; somente quando esses homens se dividiram em partidos opostos, negando-se mutuamente, cada qual sentiu a necessidade de afirmar sua ortodoxia, atribuindo-se a posse exclusiva da verdade. O conceito de uma Igreja única foi consequência do fato de que cada um de seus participantes, em desacordo, declarando ser o outro cismático, reconheceu como infalível apenas sua própria Igreja.

Se conhecemos a existência de uma Igreja que no ano de 51 decidiu admitir os não circuncidados, é porque havia outra, de judaizantes, que havia decidido não admiti-los.

---

*A definição de Igreja feita por Khomiakov, que goza de certo crédito entre os russos, não muda, se com ele reconhecermos que a única e verdadeira Igreja é a ortodoxa. Khomiakov afirma que Igreja é a reunião dos homens (sem distinção de pastores ou ovelhas), unidos no amor; que só aos homens unidos no amor é revelada a verdade (amemo-nos uns aos outros), e que essa Igreja é aquela: primeiro, que reconhece o símbolo de Niceia, e, segundo, que, depois da separação das Igrejas, não reconhece nem o papa nem os novos dogmas. Mas, depois, esta definição torna-se ainda mais difícil de compreender, como quer Khomiakov, a Igreja unida no amor, na Igreja que reconhece o símbolo de Niceia e a verdade pregada por Fócio.

De modo que a afirmação de Khomiakov – de que essa Igreja unida no amor, portanto, Santa, seja precisamente aquela constituída pela hierarquia grega – é ainda mais arbitrária do que a afirmação dos católicos e dos velhos ortodoxos. Admitindo-se o conceito de Igreja, tal como nos foi dito por Khomiakov, tudo o que se pode dizer seria que se teria muito prazer em fazer parte dela. Mas não existe sinal algum do qual se possa deduzir se um homem faz ou não parte dela, porque tal conceito não se pode traduzir por qualquer caráter externo.

Se hoje existe uma Igreja Católica, convencida de sua infalibilidade, é porque existem Igrejas greco-russas, ortodoxas, protestantes, cada uma das quais afirma sua própria infalibilidade, negando, em consequência, as outras. Assim, essa Igreja única não é senão uma palavra ilusória, sem qualquer realidade.

Essas numerosas sociedades que afirmam, cada uma por conta própria, ser a Igreja universal fundada por Cristo e serem as outras cismáticas e heréticas não existiram e realmente não existem a não ser como fenômenos históricos.

O catecismo das Igrejas mais difundidas: católica, ortodoxa e protestante, o afirma abertamente.

O catecismo católico: "Quem são os que estão fora da Igreja?" "Os infiéis, os hereges e os cismáticos."

Os cismáticos são aqueles que se chamam ortodoxos; os protestantes são reconhecidos como hereges. De modo que, segundo o catecismo católico, na Igreja existem apenas católicos.

No catecismo chamado ortodoxo lemos: "Sob o nome de Igreja única de Cristo, entende-se somente a Igreja ortodoxa, que permanece em plena concordância com a Igreja universal. Quanto à Igreja romana e outras confissões (aos luteranos e aos outros esse catecismo não dá nem mesmo o nome de Igreja), não podem ser compreendidas na Igreja universal, pois dividiram-se em si mesmas."

Segundo esta definição, os católicos e os protestantes estão fora da Igreja, e só os ortodoxos fazem parte dela.

O catecismo luterano diz, por sua vez: "A verdadeira Igreja é reconhecida pela palavra de Deus ensinada clara e puramente, sem intervenções humanas, e pelos sacramentos nela estabelecidos fielmente, a exemplo da doutrina de Cristo."

Segundo esta definição, todos aqueles que acrescentaram algo à doutrina de Cristo e dos Apóstolos, como fizeram as Igrejas católica e grega, estão fora da Igreja, e só os protestantes fazem parte dela.

Os católicos afirmam que o Espírito Santo manifesta-se constantemente em sua hierarquia; os ortodoxos também o afirmam. Os arianos afirmaram-no (com o mesmo direito das Igrejas que hoje reinam). Cada tipo de protestantes: os luteranos, a Igreja reformada, os presbiterianos, os metodistas, os mórmons e os seguidores de Swedenborg, afirmam também que o Espírito Santo só se manifesta entre eles.

Se os católicos afirmam que o Espírito Santo, no momento da separação das Igrejas ariana e grega, abandonou essas Igrejas cismáticas, e só permaneceu na única Igreja verdadeira, com os mesmos direitos podem afirmar os protestantes das mais variadas correntes que, com a separação de sua Igreja da Igreja Católica, o Espírito Santo abandonou esta última e passou para sua Igreja. Aliás, assim fazem.

Cada Igreja tem como base de sua fé a tradição ininterrupta transmitida desde os tempos de Cristo e dos Apóstolos. De fato, cada confissão cristã proveniente de Cristo deveria, necessariamente, chegar à geração presente por meio de certas tradições. Mas isso não prova que essas tradições sejam indiscutíveis e excluam todas as outras.

Cada galho da árvore vem da raiz sem interrupção, mas disto não se pode deduzir que cada ramo seja o único galho.

Cada Igreja apresenta as mesmas provas de sua continuidade na tradição, e os mesmos milagres em apoio a sua ortodoxia. Assim, a definição exata e absoluta do que é a Igreja só pode ser uma: a Igreja é uma reunião de homens que afirmam serem os únicos de posse da verdade. Essas sociedades, transformadas em sequência com a contribuição do poder civil em potentes instituições, foram o obstáculo principal à propagação da verdadeira inteligência da doutrina de Cristo.

Não poderia ter sido diferente. A característica principal da doutrina de Cristo, a que a distingue de todas as outras, é que aqueles que a aceitaram tendem sempre a compreendê-la mais e a pô-la em prática, enquanto a Igreja afirma a inteligência definitiva da doutrina e seu cumprimento.

Por mais que nos possa parecer estranho, a nós que fomos educados na doutrina errônea da Igreja como instituição cristã e no desprezo pela heresia, o fato é que apenas no que foi chamado de heresia houve o verdadeiro movimento, isto é, o verdadeiro cristianismo, que só deixou de ser assim quando essas heresias interromperam seu movimento e tornaram-se imóveis na forma fixa de uma Igreja.

O que é, de fato, a heresia? Leiam todas as obras teológicas que tratam desse assunto (que é o primeiro a ser definido, porque cada teologia fala da doutrina verdadeira em meio a doutrinas errôneas, isto é, heréticas) e não encontrarão em lugar algum nem mesmo uma aparência de definição de heresia.

A argumentação sobre esse tema do erudito historiador do cristianismo E. de Pressensé, em sua *História do dogma*, com a epígrafe: *Ubi Christus, ibi Ecclesia* (Paris, 1869),* é um exemplo dessa total ausência de qualquer definição da palavra "heresia". Eis o que ele diz no prefácio dessa obra:

> Sei que nos é contestado o direito de qualificar assim [isto é, de chamar heresia] as tendências que tão vivamente foram combatidas pelos primeiros padres. A própria definição de heresia parece um atentado à liberdade de consciência e de pensamento. Não podemos participar desse escrúpulo, porque nem mesmo ele nos levaria a tirar do cristianismo qualquer caráter especial...

E após ter dito que depois de Constantino a Igreja realmente abusava de seu poder de considerar como hereges aqueles que não concordavam com ela, e que os perseguia, diz ele, fazendo um breve histórico dos primeiros tempos:

---

*Onde está o Cristo, está a Igreja. (N. do E.)

A Igreja é uma livre associação; separar-se dela só pode ser vantajoso. A polêmica contra o erro não tem outros pretextos senão o pensamento e o sentimento. Um tipo doutrinal uniforme não foi ainda elaborado; as divergências secundárias produzem-se no Oriente e no Ocidente com total liberdade; a teologia não está, de modo algum, ligada a fórmulas invariáveis. Se no seio dessa diversidade aparece um fundo comum de crenças, não temos nós o direito de ver, não um sistema formulado e composto por representantes de uma autoridade de escola, mas a própria fé, em seu mais seguro instinto e em sua manifestação mais espontânea? Se essa mesma unanimidade, que se revela nas crenças essenciais, aí está para rechaçar tais ou tais tendências, não temos nós o direito de concluir que essas tendências estavam em flagrante desacordo com os princípios fundamentais do cristianismo? Não se transformará essa presunção em certeza se reconhecermos, na doutrina universalmente rechaçada pela Igreja, os traços característicos de uma religião do passado? Para dizer que o gnosticismo e o ebionismo são as formas legítimas do pensamento cristão é preciso dizer audaciosamente que não existe pensamento cristão nem caráter específico onde se possa reconhecê-lo. Com o pretexto de ampliá-lo, diluem-no. Ninguém, nos tempos de Platão, teria ousado cobrir com seu nome uma doutrina que não tivesse dado origem à teoria das ideias; e teriam provocado merecidos sarcasmos da Grécia querendo fazer de Epicuro ou de Zenão um discípulo da Academia. Reconhecemos então que, se existe uma religião ou uma doutrina que se chama cristianismo, essa doutrina pode ter suas heresias.

A argumentação do autor diz, em resumo, que todo raciocínio discordante dos dogmas professados em qualquer tempo é uma heresia. Mas em uma época e em um lugar quaisquer, os homens certamente professavam algo, e essa crença em algo, em algum lugar, em um tempo qualquer, não pode ser o critério da verdade.

Tudo se relaciona a isso: desde que *Ubi Christus, ibi Ecclesia*, então Cristo está onde nós estamos.

Cada pretensa heresia que não reconhece como verdadeiro senão o que ensina pode encontrar uma explicação na história da Igreja, apoderar-se por conta própria de todos os argumentos de Pressensé e considerar a sua fé como o único e verdadeiro cristianismo: assim fizeram e fazem todas as heresias. Tudo é reconhecido ao *Ubi Christus, ibi Ecclesia,* e o Cristo está onde nós estamos.

A única definição de heresia é o nome dado por uma reunião de homens a toda argumentação que refuta parte da doutrina professada por essa sociedade. O significado mais especial frequentemente atribuído à palavra heresia é o de uma opinião que derruba a doutrina estabelecida pela Igreja e sustentada pelo poder temporal.

Existe uma obra importante, notável, mas pouco conhecida, de Gottfried Arnold, *Unpartheyische Kirchen und Ketzer-Historie* [História imparcial das igrejas e das heresias], de 1699, que trata desse tema e demonstra a ilegitimidade, o arbítrio, o absurdo e a credulidade da palavra "heresia" no sentido de reprovação. Esse livro é um ensaio de descrição histórica do cristianismo, sob a forma de história das heresias.

Na introdução, o autor coloca uma série de pontos: 1º – Dos que formam os hereges; 2º – Dos que se transformam em hereges; 3º – Dos motivos de heresia; 4º – Dos modos de se criarem hereges; 5º – Do objetivo e das consequências da fomentação da heresia. Cada um destes pontos provoca inúmeras perguntas, às quais o autor responde com citações de teólogos célebres, deixando, porém, ao leitor o cuidado de tirar a conclusão sobre o conjunto de seu livro.

Como exemplo dessas perguntas que contêm parte das respostas, desejo citar as seguintes: no quarto ponto, relativo aos modos de se criar hereges, encontra-se esta pergunta (a 7ª): "Toda a história não nos demonstra, talvez, que os maiores produtores de hereges foram precisamente aqueles doutores a quem o Pai ocultou seus mistérios, isto é, os hipócritas, os fariseus e os juristas, ou seja, homens absolutamente privados de fé e de moral?" Perguntas 20ª e 21ª: "Nos tempos corruptos do cristianismo, os hipócritas e os invejosos não rechaçaram talvez aqueles homens especialmente dotados por Deus, os quais, nos tempos do cristianismo puro, teriam sido altamente honrados?" "E, ao contrário, os homens que nos tempos da decadência do cristianismo elevaram-se acima dos outros e declararam-se propagadores do cristianismo puro não teriam sido, nos tempos dos apóstolos e dos discípulos do Cristo, reconhecidos como hereges e cínicos anticristãos?"

Exprimindo entre outras coisas, nestas perguntas, a ideia de que a expressão verbal da fé, exigida pela Igreja, e da qual qualquer afastamento era considerado heresia, não pode nunca conter inteiramente o próprio conceito de fiel, e que, por consequência, esta exigência da expressão da fé por meio de determinadas palavras provocava heresias, ele diz (pergunta 31ª): "E se os atos e pensamentos de Deus parecem ao homem tão grandes e tão profundos que ele não pode encontrar palavras correspondentes para exprimi-los, devemos considerá-lo herege, por não poder traduzir exatamente o que sente?"

E na pergunta 33ª: "E não é por esse motivo que nos primeiros tempos do cristianismo não existiam heresias, pois os homens julgavam-se uns aos outros não pelas palavras, mas sim pelo coração e pelos atos, havendo plena liberdade de exprimir seus pensamentos sem receio de serem acusados de heresia?" "A Igreja [diz ele em sua 34ª pergunta] não usava, talvez, o meio mais fácil e mais ordinário, tornando suspeitas as pessoas das quais o clero queria se desfazer, e atirando sobre elas o manto da heresia?"

"Embora seja verdade [diz ele mais adiante] que aqueles chamados hereges pecavam e erravam, não resulta de forma menos real e menos evidente, dos inúmeros exemplos aqui citados [isto é, na história da Igreja e das heresias], que existisse um homem sincero e consciencioso de certa influência que, por inveja ou qualquer outro motivo, tenha sido desacreditado pelos partidários da Igreja."

Da mesma forma, há quase dois séculos já não se compreendia o significado da palavra "heresia", e esta mesma opinião reina, entretanto, até hoje. Por outro lado, esta opinião não pode deixar de existir enquanto existir o conceito de Igreja. A heresia é o reverso da Igreja. Onde existe a Igreja deve existir a heresia. A Igreja é uma sociedade de homens que pretendem possuir a verdade absoluta; a heresia é a opinião daqueles que não reconhecem a indiscutibilidade dessa verdade.

A heresia é uma manifestação do movimento, uma revolta contra a inércia dos princípios da Igreja, uma tentativa de concessão viva da doutrina. Todos os passos em direção à inteligência e à efetivação da doutrina foram dados por hereges: Tertuliano e Orígenes, Santo Agostinho e Lutero, Huss e Savonarola, Kheltchitsky e outros eram hereges. Não poderia ter sido diferente.

O discípulo de Cristo, cuja doutrina consiste na penetração progressiva do pensamento evangélico, em sua observância, cada vez maior, no caminho para a perfeição, não pode afirmar, por conta própria ou por conta de outrem, exatamente por ser discípulo de Cristo, conhecer por inteiro Sua doutrina e observá-la. Menos ainda pode afirmá-lo em nome de toda uma assembleia.

Qualquer que seja o grau de compreensão e perfeição que tenha atingido, o discípulo de Cristo sente sempre a insuficiência de seu entendimento e de sua observância, e se inclina para uma penetração e uma obediência cada vez maiores. Eis por que a afirmação – em seu nome, ou em nome de uma sociedade – de nos encontrarmos de posse do total entendimento e da perfeita observância da doutrina de Cristo seria uma renúncia ao espírito da própria doutrina.

Por mais estranho que possa parecer, cada Igreja, como Igreja, sempre foi e não pode deixar de ser uma instituição, não só alheia, mas diretamente oposta à doutrina de Cristo. Não foi sem motivo que Voltaire a chamou de infame. Não é sem motivo que todas, ou quase todas as pretensas seitas cristãs, reconheceram e reconhecem a Igreja na grande pecadora profetizada no Apocalipse. Não é sem motivo que a história da Igreja é a história das maiores crueldades e dos piores erros da humanidade.

As Igrejas, enquanto Igrejas, não são instituições que têm por base um princípio cristão, ainda que um tanto desviado do caminho certo, como pensa um grande número de pessoas. As Igrejas, enquanto Igrejas, como sociedades afirmadoras de sua infalibilidade, são instituições anticristãs. Não só nada existe em comum entre as Igrejas e o cristianismo, exceto o nome, como seus princípios são absolutamente opostos e hostis. As primeiras representam o orgulho, a violência, a sanção arbitrária, a imobilidade e a morte; o segundo representa a humildade, a penitência, a submissão, o movimento e a vida.

Não se pode servir ao mesmo tempo a estes dois senhores: é preciso escolher um ou outro.

Os servidores das Igrejas de todos os credos procuram, sobretudo nestes últimos tempos, apresentar-se como partidários do progresso no cristianismo. Fazem concessões, querem corrigir os abusos que se introduziram na Igreja e dizem que não se pode negar, devido a esses abusos, o próprio princípio da Igreja cristã que, sozinha, pode reunir todos em um só todo e ser a intermediária entre os homens e Deus. Mas isto é um erro. Não só as Igrejas nunca uniram ninguém, como sempre foram uma das principais causas do desacordo entre os homens, do ódio, das guerras, das inquisições, das noites de São Bartolomeu etc.;

e nunca as Igrejas serviram de intermediárias entre os homens e Deus, o que é, aliás, inútil e proibido por Cristo, que revelou sua doutrina diretamente a cada homem. Elas introduzem, ao contrário, fórmulas mortas no lugar de Deus e, longe de mostrá-lo aos homens, escondem-no. Nascidas da ignorância, a qual conservam com sua imobilidade, as Igrejas não fazem mais que perseguir e se recusar a reconhecer a justa compreensão da doutrina. Procuram escondê-la, mas isto é impossível; porque, cada avanço que damos, ao seguir o caminho indicado por Cristo, é um passo rumo a sua destruição.

Ao ouvir ou ler os sermões ou artigos nos quais os escritores religiosos dos novos tempos e de todos os credos falam de virtude e de verdade cristã, ao ouvir ou ler as hábeis argumentações, as exortações, as profissões há séculos elaboradas e que, às vezes, têm aparência de sinceridade, estaremos inclinados a duvidar da possibilidade de as Igrejas terem sido hostis ao cristianismo. "Mas é impossível que homens como Crisóstomo, Fénelon, Botler e outros pregadores do cristianismo lhe sejam hostis." Somos tentados a dizer: "As Igrejas podem ter se afastado do cristianismo, caído no erro, mas não lhe podem ser hostis." Porém, ao examinar o fruto para julgar a árvore, como ensinou Cristo, e ao ver que os frutos eram ruins, que a corrupção do cristianismo foi a consequência de seus atos, não podemos deixar de reconhecer que, por melhores que tenham sido os homens, a obra da Igreja para a qual eles colaboraram não foi uma obra verdadeiramente cristã. A bondade e o mérito de todos esses servidores das Igrejas foram as virtudes dos homens, não as virtudes da obra a que eles serviam. Todos esses homens virtuosos, como Francisco de Assis e Francisco de Sales, como nosso Tikhon Zadonski, Tomás de Kempis etc., eram bons, apesar de seus serviços a uma obra hostil ao cristianismo, e teriam sido ainda melhores e mais dignos se não tivessem caído no erro ao qual serviram.

Mas por que falar do passado, por que julgar o passado que pode ser mal ou pouco conhecido? As Igrejas, com seus princípios e suas ações, não fazem parte do passado; estão, hoje, diante de nós, e podemos julgá-las segundo seus atos e sua ação sobre os homens.

Em que, então, consiste a ação das Igrejas atualmente? Como influenciam os homens? O que fazem as Igrejas junto a nós, junto aos católicos e junto aos protestantes de todos os credos? Quais são as consequências de sua ação?

A ação de nossa Igreja russa, chamada ortodoxa, é visível a todos. É um grande fato, que não se pode ocultar nem discutir.

Em que consiste a ação dessa Igreja russa, dessa imensa instituição animada por vida intensa e composta por um exército de meio milhão de homens que custam ao povo dezenas de milhões?

A ação dessa Igreja consiste em incutir, por todos os meios possíveis, nos cem milhões de homens desta nação russa, as antigas crenças que foram uma vez professadas por homens absolutamente estranhos a nosso povo, nas quais ninguém mais crê, muitas vezes nem mesmo aqueles cuja missão é protegê-las. Arraigar no povo fórmulas do clero bizantino sobre a Trindade, a mãe de Deus, os sacramentos, as graças, que nenhum sentido fazem mais para os homens de nosso tempo, constitui uma parte da ação da Igreja russa. A outra parte de sua ação é o apoio, fornecido pela *idolatria,* no sentido literal da palavra: veneração das santas relíquias, das santas imagens e sacrifícios que lhes são ofertados para a obtenção da realização dos próprios desejos.

Não falarei do que diz e escreve o clero russo, com uma tintura de erudição e liberalismo, nas revistas religiosas, mas falarei do que faz, realmente, o clero, na imensa extensão da terra russa em meio a um povo de cem milhões de almas. O que se ensina com intensidade ao povo, e por toda parte, com o mesmo zelo? O que dele se exige em virtude da suposta fé cristã?

Começarei do princípio, isto é, do nascimento da criança. Quando do nascimento da criança, ensina-se que é preciso fazer, para o recém-nascido e para a mãe, uma prece de purificação, porque sem essa prece aquela mãe é impura. Com tal propósito, o padre toma em seus braços a criança e pronuncia as palavras sacramentais diante das imagens dos santos que o povo chama francamente de deuses. Assim, ele purifica a mãe. Então, é sugerido e mesmo exigido, dos pais, com ameaças de punições, que batizem a criança, isto é, que a façam ser mergulhada pelo padre na água, três vezes seguidas, com a leitura de palavras incompreensíveis acompanhadas por atos ainda mais incompreensíveis: unção de várias partes do corpo, corte dos cabelos; os padrinhos sopram e cospem no demônio imaginário. Tudo isto deve purificar a criança e fazer dela um cristão. Ensina-se, assim, aos pais, que é preciso fazer a criança comungar, isto é, fazê-la engolir, sob forma de pão e vinho, uma partícula do corpo de Cristo, o que terá como consequência fazer penetrar nela toda a graça divina etc. É, então, dito que, à medida que ela crescer, será preciso ensiná-la a rezar. Rezar quer dizer colocar-se diante de um quadro sobre o qual estão desenhados o rosto de Cristo, da Virgem ou dos santos e, com os dedos postos de determinada maneira, tocar a fronte, os ombros, o abdômen, pronunciando palavras eslavas, entre as quais as mais usadas são: "Santa Virgem..., Virgem, alegra-te etc."

Ensina-se, então, que à vista de uma igreja ou de uma imagem sacra é preciso fazer aquele mesmo sinal da cruz. Depois ensina-se que durante as festas (as festas são: o dia em que nasceu Cristo – ainda que ninguém conheça a data deste acontecimento –, o dia em que foi circuncidado, o dia em que morreu a Virgem, o dia em que foi carregada a cruz, o dia em que o inocente viu a aparição etc.) é preciso vestir as melhores roupas, ir à igreja, comprar velas e colocá-las defronte as imagens dos santos, dar bilhetinhos e lembrancinhas, dar pãezinhos nos quais são feitos cortes triangulares e, depois, rezar inúmeras vezes pela saúde e felicidade do czar e dos arcebispos e por si e seus próprios negócios, e por fim beijar a cruz e a mão do padre. Além dessas orações, ensina-se ainda que é preciso, pelo menos uma vez por ano, confessar-se e comungar. Confessar significa ir à igreja e contar os próprios pecados ao padre, supondo que essa confissão a um estranho nos purifique por completo: e, então, comer numa colher um pedaço de pão com vinho, o que purifica ainda mais.

É ensinado também que, se o homem e a mulher desejam que sua união carnal seja santa, devem ir à igreja, colocar sobre suas cabeças coroas de metal, beber determinada bebida, andar três vezes em volta de uma mesa com acompanhamento de cânticos e, então, a união carnal do homem e da mulher se tornará santa e em tudo diferente das outras.

Para a vida, ensinaram-se as seguintes regras: não comer carne nem beber leite em determinados dias; assistir aos ofícios e rezar pelos mortos em outros determinados dias; convidar o padre nas festas e dar-lhe dinheiro, e, várias vezes por ano, retirar da igreja as imagens e carregá-las sobre os ombros pelos campos e pelas casas. Enfim, ensina-se ao homem a obrigação de comer, no momento da morte, numa colherinha, pão com vinho e, ainda mais válido, se lhe ainda resta tempo, untar-se com óleo. Isto lhe garante a felicidade na vida futura. Após a morte, ensina-se aos parentes do finado que, para a saúde de sua alma, é útil colocar-lhe entre as mãos uma folha de papel na qual está escrita uma oração; e também útil ler sobre o corpo do morto determinado livro e pronunciar seu nome na igreja, em determinados dias. Em tudo isto consiste a fé obrigatória.

Mas, se alguém quer tomar especial cuidado com sua alma, é ensinado que, de acordo com essa crença, a garantia mais segura da felicidade da alma no outro mundo é dar dinheiro às igrejas e aos conventos, o que obriga os homens santos a rezar pelo doador. As peregrinações aos conventos e o beijo nas imagens milagrosas e nas relíquias são ainda outros meios de purificar a alma. Segundo esta crença, as imagens milagrosas concentram em si uma força, uma graça e uma santidade especiais; tocá-las ou beijá-las, acender velas e ajoelhar-se diante delas em muito contribui para a salvação, assim como as missas celebradas em seu favor.

E esta crença, e não outra, esta crença chamada ortodoxa, isto é, fé verdadeira, é que é ensinada ao povo como cristianismo, há muitos séculos e ainda hoje.

E não se diga que os padres ortodoxos compreendem de outro modo o sentido da doutrina e que essas são fórmulas antigas que não se acha necessário destruir. Não é verdade. Em toda a Rússia, hoje, só esta fé é ensinada, por todo o clero russo, com especial cuidado. Nada mais existe. Escreve-se e fala-se de outra coisa nas capitais mas, entre os cem milhões de almas do povo, nada de diferente é feito, nada além disto é ensinado. Os ministros da Igreja discutem entre si aquela outra coisa, mas ensinam apenas esta.

As prostrações diante das relíquias e das imagens sacras fazem parte da teologia, do catecismo. São ensinadas, teórica e praticamente, ao povo, com pompa, com solenidade, com autoridade e com violência; hipnotizando-o, obrigam-no a acreditar nelas, e assim essa fé é zelosamente preservada de qualquer tentativa de emancipação do povo dessas superstições dignas de selvagens.

Como eu disse quando publiquei meu livro, a doutrina de Cristo e suas próprias palavras a respeito da não resistência ao mal por meio da violência foram, na minha presença, por muitos anos, objeto de zombaria, de ironia geral; e os ministros da Igreja não só não se opunham a essas blasfêmias, como até encorajavam-nas. Experimentai falar desrespeitosamente do ridículo ídolo que pessoas embriagadas carregam, em Moscou, de maneira sacrílega, sob o nome de ícone de Iverski. Um grito de indignação rapidamente se levantará dentre os próprios ministros da Igreja ortodoxa. Prega-se somente o culto externo da idolatria.

E não se diga que um não impede o outro; que uma coisa deve ser feita e que outra não deve ser abandonada.

"Portanto, fazei e observai tudo quanto vos disserem. Mas não imiteis as suas ações, pois dizem mas não fazem." (Mt 23,3) Isto foi dito dos fariseus que observavam todas as regras exteriores da religião; e por isto as palavras: "Fazei e observai tudo quanto vos disserem" referem-se aos atos de caridade e de beneficência, enquanto as palavras: "Mas não imiteis as suas ações, pois dizem mas não fazem" referem-se à sua observância das cerimônias e à não observância das obras de Deus. Estas palavras têm um significado totalmente oposto ao que querem atribuir-lhes os ministros da Igreja, que as interpretam como uma ordem de observância das cerimônias. O culto exterior e o culto do bem e da verdade dificilmente se conciliam; aliás, excluem-se mutuamente. Assim faziam os fariseus, e o mesmo acontece ainda hoje entre os cristãos da Igreja.

Se o homem pode obter a salvação pela expiação, pelos sacramentos e pelas orações, as boas obras não mais lhe são necessárias.

O Sermão da Montanha ou o Credo: não se pode crer em ambos; e os partidários da Igreja escolheram o último. O Credo é ensinado e lido como oração nas igrejas, enquanto o Sermão da Montanha é excluído até mesmo das leituras das passagens do Evangelho, a tal ponto que os fiéis nunca o ouvem, salvo nos dias em que o Evangelho é lido por inteiro. E não poderia ser diferente.

Homens que creem num Deus malvado e insensato, que amaldiçoou a raça humana e mandou seu filho ao sacrifício e uma parte dos homens à tortura eterna não podem crer num Deus de amor. O homem que crê em Deus-Cristo que julga e pune ruidosamente os vivos e os mortos não pode crer num Cristo que ordena dar a face ao ofensor, não julgar, perdoar e amar os próprios inimigos. O homem que crê no caráter divino do Antigo Testamento e na santidade de Davi, que em seu leito de morte delega a missão de matar o velho que o ofendeu, a quem ele não pode matar pessoalmente por estar ligado a um juramento (1 Rs 2,8), e muitas outras vilanias das quais o Antigo Testamento está cheio, não pode crer no sagrado amor de Cristo. O homem que crê na doutrina e nos sermões da Igreja relativos à conciliação do cristianismo com as execuções capitais e a guerra não pode mais acreditar na humanidade de todos os homens.

E, sobretudo, o homem que acredita na salvação pelo caminho da expiação e dos sacramentos não pode mais concentrar todos os seus esforços na observância da doutrina moral de Cristo.

O homem a quem a Igreja ensinou essa doutrina sacrílega, ou seja, que ele não pode encontrar em si a salvação e que existe outro meio de obtê-la, recorrerá necessariamente a esse meio, e não à sua própria força, na qual não pode confiar sem pecado, como lhe é afirmado. A doutrina da Igreja, qualquer que seja, com suas expiações e seus sacramentos, exclui a doutrina de Cristo (sobretudo a Igreja ortodoxa, com sua idolatria).

"Mas, se poderá objetar, o povo sempre acreditou, e ainda acredita, dessa forma. Toda a história do povo russo assim o prova. Não se pode tirar suas tradições."

É uma falsidade. O povo realmente professou, por algum tempo, algo parecido com o que hoje professa a Igreja; mas não era, na verdade, a mesma coisa.

Ao lado da idolatria das imagens, das relíquias, existiu sempre no povo uma compreensão profundamente moral do cristianismo, que nunca existiu na Igreja e que só é encontrada em seus melhores representantes. Mas o povo, apesar de todos os obstáculos a ele colocados neste sentido pelo Estado e pela Igreja, já percorreu, há muito, a etapa grosseira desse conceito. O que demonstra isso, por outro lado, é o espontâneo e geral desenvolvimento das seitas racionalistas que hoje proliferam na Rússia, e contra as quais lutam, com tão pouco sucesso, os ministros da Igreja. O povo segue adiante na penetração do código moral e vivo do cristianismo. E é, então, que aparece a Igreja, não para trazer seu apoio a esse movimento, mas para inculcar ainda mais no povo um antigo paganismo, de formas petrificadas, e para novamente empurrá-lo para as trevas das quais com tanta dificuldade tenta sair.

"Não ensinamos ao povo nada de novo, mas apenas aquilo em que ele crê, e de uma forma mais perfeita", dizem os ministros da Igreja. Este modo de agir assemelha-se ao que consistiria em amarrar um pintinho que cresce e fechá-lo na casca de onde saiu.

A primeira pergunta, a primeira dúvida que se apresenta ao russo quando este começa a refletir refere-se às imagens milagrosas e, sobretudo, às relíquias: é verdade que são incorruptíveis e fazem milagres? Centenas de homens se fazem esta pergunta, mas se detêm diante da solução, principalmente devido ao fato de que os arcebispos, os bispos e todos os homens de alta posição beijam as relíquias e as imagens milagrosas. Perguntai aos arcebispos e aos grandes personagens por que o fazem e nos responderão que o fazem para dar o exemplo ao povo. E o povo assim faz porque eles o fazem.

A Igreja russa, apesar do verniz superficial de modernidade e refinamento do caráter sacro que seus membros começam hoje a introduzir em suas obras, em seus artigos, suas revistas religiosas e seus sermões, não tem outro objetivo senão manter o povo numa idolatria selvagem e grosseira e difundir a superstição e a ignorância, obscurecendo a compreensão da doutrina evangélica que sobrevive no povo ao lado da superstição.

Lembro-me de um dia ter visto, na livraria do convento Optin, um velho camponês analfabeto escolhendo alguns livros religiosos para o filho. Um frade recomendava-lhe a história das relíquias, das festas, das aparições das imagens, o livro dos salmos etc. Perguntei ao velho se ele possuía um Evangelho.

– Não.

– Dê-lhe, então, um Evangelho em russo – disse eu ao frade.

– Não serve para eles – respondeu o frade.

Eis, em poucas palavras, toda a ação de nossa Igreja.

Mas isto só acontece na bárbara Rússia, objetará um leitor europeu ou norte-americano. E esta opinião será justa, mas só enquanto houver um governo que ajude a Igreja na Rússia em sua missão de desmoralização e embrutecimento.

É bem verdade que em parte alguma da Europa existe um governo tão despótico e que tão bem se ponha de acordo com a Igreja atual. A participação do poder na desmoralização do povo russo é também muito grande. Mas seria injusto crer que a Igreja russa se distingue no que quer que seja de qualquer outra Igreja em sua influência sobre o povo.

As Igrejas são as mesmas por toda parte, e se as Igrejas católica, anglicana, luterana não têm nas mãos um governo assim tão dócil, não é, certamente, porque não o desejam.

A Igreja, qualquer que seja – católica, anglicana, luterana, presbiteriana –, não pode deixar de não visar o mesmo objetivo da Igreja russa, isto é, encobrir o verdadeiro sentido da doutrina de Cristo e substituí-la por um ensinamento que a nada obrigue e que, sobretudo, justifique a existência de bonzos nutridos à custa do povo.

Não é o que faz o catolicismo, quando proíbe a leitura do Evangelho, quando exige uma submissão cega aos chefes da Igreja e ao papa infalível? Ensina o catolicismo algo diferente do que ensina a Igreja russa? O mesmo culto externo, as mesmas relíquias, os mesmos milagres, as mesmas estátuas milagrosas, a Madona e as procissões, os mesmos raciocínios afetados e nebulosos sobre o cristianismo nos livros e nos sermões; na verdade, o mesmo encorajamento à mais vulgar idolatria.

E o mesmo não ocorre nas Igrejas anglicana, luterana e em cada protestantismo que tem uma Igreja? As mesmas exigências de fé nos dogmas expressos no século IV, e que perderam qualquer sentido para os homens de nosso tempo, as mesmas práticas de idolatria, se não às relíquias e aos ícones, ao menos ao dia de sábado e aos textos da Bíblia. Sempre a mesma tendência a esconder as verdadeiras exigências do cristianismo e substituí-las por um culto externo e pelo *cant*, que não obriga a nada, como definem tão bem os ingleses, que lhe são especialmente afeiçoados. No protestantismo, essa tendência é, sobretudo notável porque não tem o pretexto da antiguidade. E acaso não se dá o mesmo no calvinismo regenerado, no evangelismo que deu origem ao Exército de Salvação?

Assim como as diferentes doutrinas de Igreja são semelhantes no que se refere à doutrina de Cristo, é igualmente semelhante seu procedimento.

Sua situação é tal que elas não podem deixar de envidar todos os seus esforços para ocultar a doutrina de Cristo, de cujo nome se servem. A incompatibilidade de todos os credos eclesiásticos com a doutrina de Cristo é tal que são feitos esforços especiais para dissimulá-la perante os homens. Qual é, na realidade, a situação de um adulto, não digo instruído, mas que haja assimilado, ainda que superficialmente, as noções que flutuam no ar sobre geologia, física, química, cosmografia e história, quando, pela primeira vez, examina com consciência as crenças que lhe foram inculcadas na infância e que as Igrejas consagram? Que crenças! Deus criou o mundo em seis dias, a luz antes do sol, Noé reuniu todos os animais na arca etc., Jesus é Deus-filho que tudo criou transitoriamente, desceu à Terra por causa do pecado de Adão, ressuscitou, subiu ao céu, onde está sentado à direita do Pai, e voltará por sobre as nuvens para julgar o mundo etc.

Todas estas noções elaboradas pelos homens do século IV, e que, naquela época, faziam para eles certo sentido, não fazem mais, hoje em dia. Os homens de nosso tempo podem repetir com os lábios essas palavras, mas não podem acreditar nelas, porque afirmações como estas – Deus vive no céu, o céu abriu-se e uma voz desceu e disse algo, Cristo ressuscitou e subiu para algum lugar no céu e voltará sobre as nuvens etc. – não fazem sentido algum para nós.

O homem que considerava o céu como uma abóboda sólida e limitada poderia crer ou não crer que Deus houvesse criado o céu, que este se tivesse aberto, que Cristo tivesse ascendido; mas, para nós, que sentido pode ter tudo isso? Os homens de nosso tempo somente podem crer que é preciso crer; e assim fazem. E, no entanto, não podem crer no que para eles não faz sentido.

Mas se todas essas expressões devem ter um sentido alegórico, sabemos, em primeiro lugar, que os partidários da Igreja não estão propositalmente de acordo e que a maioria insiste no entendimento da Sagrada Escritura em seu sentido literal e, em segundo lugar, que todas essas interpretações, muito diferentes umas das outras, em nada se apoiam.

Mas, ainda que os homens quisessem se esforçar para acreditar na doutrina das Igrejas da forma como é ensinada, a difusão da instrução e do Evangelho oporiam à sua crença um obstáculo intransponível.

Bastaria ao homem de nosso tempo comprar por três moedas o Evangelho e ler as palavras claras de Cristo: palavras que não requerem qualquer comentário, como aquelas ditas à samaritana, isto é, que o Pai precisa de fiéis, não em Jerusalém, nem neste ou naquele monte, mas de fiéis no espírito e na verdade; ou como as que afirmam que o cristão deve orar, não como um pagão num templo, mas secretamente, em retiro, e que o discípulo de Cristo a ninguém deve chamar de Pai ou Mestre; bastaria ler estas palavras para se convencer indiscutivelmente que os pastores das Igrejas que chamam a si mesmos de Mestres, contrariamente à doutrina de Cristo, e que discutem entre si, não têm autoridade alguma, e que aquilo que ensinam não é o cristianismo.

E mais: se o homem moderno continuasse a acreditar em milagres e a não ler o Evangelho, suas únicas relações com os homens de outras crenças, relações tornadas tão fáceis em nosso tempo, o fariam duvidar da verdade da sua fé. Era fácil, para um homem que não podia ver seus semelhantes de outra crença, acreditar que a sua fosse a única verdadeira; enquanto basta a um homem que reflete, para duvidar de sua fé, ser colocado em contato com outros homens, bons ou maus, de outros credos, que discutem e condenam reciprocamente suas próprias crenças. Em nossa época, somente o homem absolutamente ignorante ou indiferente a todas as questões da vida iluminadas pela religião pode conservar a fé na Igreja.

Quanta astúcia e quantos esforços não devem pôr em prática as Igrejas, porque, apesar das condições desfavoráveis à fé, elas podem ainda construir templos, cantar missas, pregar, ensinar, fazer adeptos e, sobretudo, ser regiamente pagas por isso na pessoa de todos os seus padres, pastores, intendentes, superintendentes, abades, arquidiáconos, bispos e arcebispos! Esforços enormes, sobre-humanos, são necessários, e as Igrejas os fazem com energia sempre maior. Entre nós, na Rússia (sem falar dos outros meios), adota-se simplesmente a brutal violência do poder para a submissão à Igreja. Os homens que se negam às práticas exteriores ao culto e não o escondem são punidos sem qualquer processo, ou são privados de seus direitos. Ao contrário, os homens que praticam todas as formas exteriores da fé são recompensados e conquistam novos direitos.

Assim agem os ortodoxos; mas todas as Igrejas, sem exceção, empregam, para esse fim, todos os meios, entre os quais hoje está, em primeiro lugar, o que se chama hipnotismo.

São utilizadas todas as artes, da arquitetura à poesia, para influenciar a alma e para entorpecer a inteligência, e essa influência é contínua. A necessidade de hipnotizar os homens pode ser especialmente notada no Exército de Salvação, que adota métodos novos, aos quais nós não estamos ainda acostumados, como as trompas, os tambores, os cânticos, as bandeiras, as roupas, as procissões, o baile, as lágrimas e outros métodos dramáticos.

Mas tudo isso não nos impressiona senão por se tratar de procedimentos novos. Não seriam, talvez, análogos os antigos procedimentos dos templos, com sua iluminação especial, o esplendor dos dourados, as velas, os coros, os órgãos, os sinos, os pregadores lamurientos etc.?

Mas, apesar de todo o poder dessa hipnose, não consiste nisto a ação mais infausta da Igreja. Esta reside em sua tendência para enganar as crianças, aquelas mesmas crianças das quais disse Jesus: "Ai daquele que tocar num só destes pequeninos!" Desde o primeiro despertar de sua consciência, começa-se a mentir à criança; ensinam-lhe solenemente ideias em que seus próprios educadores não creem; e isto é feito com tanta habilidade e tanta constância que essas crenças tornam-se para ela, com o passar do tempo, uma segunda natureza. Tem-se o cuidado de enganá-la sobre a questão mais importante da vida, e quando essa mentira criou em sua mente raízes tão profundas que é impossível erradicá-las, abre-se diante da criança o mundo da ciência e da realidade, que de modo algum podem conciliar-se com as crenças nela inculcadas, e deixa-se a ela o trabalho de se desenredar, como puder, dessas contradições.

Como fosse investigado o problema de desviar a inteligência sadia do homem, a fim de que não pudesse sair da contradição dos dois conceitos opostos nele inculcados desde a infância, não seria possível inventar algo mais poderoso do que o sistema de educação adotado em nossa sociedade dita cristã.

O que as Igrejas fazem dos homens é terrível, mas ao examinar bem sua situação reconhece-se que não podem agir de outra maneira. As Igrejas encontram-se em um dilema: devem escolher o Sermão da Montanha ou o Credo de Niceia. Um exclui o outro. Se o homem crê sinceramente no Sermão da Montanha, o Credo de Niceia perde fatalmente todo o sentido e todo o valor e, com o Credo de Niceia, a Igreja e seus representantes. E, se ele acredita nesse Credo, isto é, na Igreja, naqueles que se intitulam seus representantes, o Sermão da Montanha torna-se inútil para ele. É por isto que as Igrejas não podem deixar de fazer todos os esforços imagináveis para obscurecer o sentido do Sermão da Montanha e atrair para si os homens. É somente graças à ação intensiva das Igrejas, neste sentido, que sua influência pôde ser mantida até agora.

Se a Igreja detivesse, até mesmo por um breve momento, essa influência sobre as massas, por meio do hipnotismo, e sobre as crianças, por meio da mentira, os homens logo compreenderiam a doutrina evangélica, o que aniquilaria as Igrejas e sua influência. E é por isso que as Igrejas não interrompem sua ação por um só momento. E é essa ação que impede que a maioria dos homens supostamente cristãos entenda a doutrina de Cristo.

4

O cristianismo mal compreendido pelos cientistas

Falarei, agora, de outro suposto conceito do cristianismo, que impede a compreensão de seu sentido verdadeiro – o conceito científico.

Os partidários da Igreja deram ao cristianismo uma interpretação que consideram como única verdadeira.

Os cientistas examinaram o cristianismo tal como é professado pelas diversas Igrejas e, supondo que elas lhe dão seu significado absoluto, consideram-no como uma doutrina religiosa que já teve seu tempo. Para melhor compreender como seria impossível, com essa opinião, penetrar na doutrina de Cristo, é indispensável conhecer o lugar que ocuparam e ocupam, na realidade, as religiões em geral e o cristianismo em particular, na vida da humanidade, como também a importância que lhes é atribuída pela ciência.

Do mesmo modo que o indivíduo isolado não pode viver sem ter uma ideia de sua razão de ser e sem subordinar, às vezes inconscientemente, suas ações ao objetivo que dá a sua existência, assim também os grupos de homens que vivem em iguais condições, como as nações, não podem deixar de dar uma razão determinante a seus fins comuns e aos esforços que lhe são consequentes. Do mesmo modo que o homem isolado, envelhecendo, muda necessariamente seu conceito de vida e encontra para sua existência um sentido diferente do percebido por ele quando criança, assim as sociedades e as nações mudam necessariamente, segundo suas idades, seus conceitos de vida e a ação que daí deriva.

A diferença entre o indivíduo e a humanidade está em que o indivíduo pode aproveitar indicações de homens que viveram antes dele e já ultrapassaram a idade em que ele está, enquanto a humanidade não pode receber tais indicações, porque caminha por uma estrada ainda inexplorada e não encontra a quem perguntar como deve encarar e agir nas novas condições em que se encontra e nas quais ninguém jamais se encontrou.

Entretanto, assim como o pai de família não pode continuar a encarar a vida como encarava na infância, a humanidade, após várias mudanças – densidade da população, relações estabelecidas entre as nações, aperfeiçoamento dos meios de luta contra a natureza, acúmulo do saber –, não pode continuar a encarar a vida como antes. Ela precisa de um novo conceito de existência, conceito do qual resulta a nova atividade, adequado ao novo estado em que ingressou.

A essa necessidade responde a faculdade especial da humanidade de produzir homens que venham dar à vida humana um novo sentido, donde resulta uma ação totalmente diversa da antiga. O estabelecimento desses novos conceitos e da nova ação que daí resulta é aquilo que se chama *religião*.

Por isso a religião não é, como acredita a ciência, um fenômeno que em tempos idos acompanhou o desenvolvimento da humanidade, e que não mais se renovou, mas sim um fenômeno próprio da vida humana e ainda hoje absolutamente natural à humanidade como em qualquer outra época. Em segundo lugar, sendo sempre a religião a definição da ação no futuro e não do passado, é claro que o estudo dos fenômenos passados não pode, em caso algum, alcançar todo o sentido da religião.

A essência de qualquer doutrina religiosa não está no desejo de uma expressão simbólica das forças da natureza, nem no terror que suas forças inspiram, nem num desejo de maravilhas, nem nas formas exteriores com as quais se manifesta, como creem os cientistas. A essência da religião está na faculdade que têm os homens de profetizar e indicar o caminho que deve seguir a humanidade, numa direção diferente da seguida no passado e da qual resulta uma ação absolutamente diferente da humanidade.

Essa faculdade de prever o caminho da humanidade pertence mais ou menos a todos os homens, mas sempre, em todos os tempos, existiram homens nos quais isto se manifestou com uma força especial, e que, exprimindo lúcida e exatamente o que sentiam vagamente todos os outros, estabeleceram um novo conceito de vida, de onde resultou uma nova ação para muitos séculos ou por milhares de anos.

Conhecemos três desses conceitos de vida. Dois já passaram pela humanidade, e atravessamos hoje o terceiro, no cristianismo. Esses conceitos são três, e apenas três, não porque tenhamos arbitrariamente reunido diversos, mas porque as ações de todos os homens têm sempre seu princípio num desses três conceitos de vida, e porque só podemos compreender a vida dessas três maneiras.

Esses três conceitos são: primeiro, vida pessoal ou animal; segundo, vida social ou pagã; terceiro, vida universal ou divina.

De acordo com o primeiro conceito, a vida do homem está compreendida apenas em sua personalidade: a meta de sua vida é a satisfação da vontade desta personalidade. Consoante o segundo conceito, a vida do homem está compreendida não somente em sua personalidade, mas num complexo e numa graduação de personalidades: a família, a tribo, o clã, o Estado. O objetivo da vida consiste na satisfação da vontade deste complexo de personalidades. Segundo o terceiro conceito, a vida do homem não está compreendida nem em sua personalidade, nem num complexo ou numa graduação de personalidades, mas no princípio e na fonte da vida: Deus.

Estes três conceitos de vida servem de base a todas as religiões que existem e existiram.

O selvagem não reconhece a vida senão nele mesmo, em suas necessidades pessoais; a felicidade de sua vida concentra-se apenas em si. A maior felicidade para ele é a satisfação mais completa de seus próprios apetites. O que impulsiona sua vida é seu prazer pessoal. Sua religião consiste em cativar a divindade e em prostrar-se diante dos deuses imaginários, que ele imagina existirem para uma finalidade pessoal.

O pagão social reconhece a vida não apenas nele próprio, mas num conjunto de indivíduos: a família, a tribo, o povo, o Estado – e sacrifica a este conjunto sua própria felicidade. O estímulo de sua vida é a glória. Sua religião consiste na glorificação dos chefes: os antepassados, chefes de tribo, soberanos – e na adoração dos deuses que protegem, exclusivamente, sua família, sua tribo, seu povo, seu Estado.*

O homem, pelo conceito divino da vida, já reconhece a vida, não em sua personalidade ou numa associação de personalidades (família, tribo, povo, pátria ou Estado), mas na fonte da vida eterna, isto é, em Deus, e para cumprir a vontade de Deus ele sacrifica sua felicidade pessoal, doméstica e social. O estímulo de sua vida é o amor e sua religião é a adoração do princípio de tudo: Deus.

Toda a história da humanidade não é senão uma passagem gradual do conceito de vida pessoal animal ao conceito social, e deste ao conceito divino. Toda a história dos povos antigos, que durou milhões de anos e termina com a história de Roma, é a história da substituição do conceito social e racional pelo conceito animal e pessoal. A história do mundo, desde a época da Roma imperial e da aparição do cristianismo, é a história que atravessamos ainda hoje, da substituição do conceito nacional pelo conceito divino.

Este último conceito (e a doutrina cristã que dele deriva) dirige toda a nossa vida e é a base de todas as nossas ações, tanto práticas quanto científicas. Os homens da suposta ciência, estudando-o só em suas manifestações externas, consideram-no coisa ultrapassada que, para nós, não tem mais valor.

Segundo esses cientistas, essa doutrina, que consiste apenas em dogmas – a Trindade, a Redenção –, em seus milagres, sua Igreja, seus sacramentos etc., não é senão uma das numerosas

---

*Só porque baseamos, neste conceito da vida pagã ou social, diversas formas de vida – a vida de família, de tribo, de povo, de Estado, e também a vida de toda a humanidade, teoricamente representada pelos positivistas –, não conseguimos que a unidade deste conceito de vida seja destruída. Todas essas diferentes formas de vida baseiam-se numa noção única: a de saber que a personalidade não é um objetivo suficiente para a vida e que o sentido da vida só pode ser encontrado na associação dos indivíduos.

religiões que a humanidade fez nascer e que termina seu tempo hoje, após ter representado seu papel à luz da ciência e da civilização.

Ocorre, agora, o que acontece na maioria dos casos e dá origem a grandes erros – que homens de grau intelectual inferior deparam com fenômenos de ordem superior e que, em vez de se colocarem num ponto de vista suficientemente elevado para julgá-los com sinceridade, explicam-nos de seu ponto de vista inferior, e com audácia tanto maior quanto menos compreendem do que se trata.

Para a maior parte dos doutores que examinam a doutrina moral viva de Cristo de um ponto de vista inferior do conceito social da vida, essa doutrina não é mais do que uma espécie de amálgama sem coesão, de ascetismo hindu, de doutrinas estoicas e neoplatônicas e de utópicos sonhos antissociais que não têm qualquer importância séria para nosso tempo; e, para eles, tudo se concentra nas manifestações externas: o catolicismo, o protestantismo, os dogmas e a luta contra o poder secular. Definindo o significado do cristianismo segundo manifestações similares, eles assemelham-se a surdos que julgam o valor e a importância da música pelos movimentos dos músicos.

Disto resulta que todos esses homens, a começar por Kant, Strauss, Spencer e Renan, não entendem as palavras de Cristo, não percebem por que elas foram ditas. Então, sem compreender sequer a pergunta a que respondem, não tendo o cuidado de penetrar em seu sentido, negam-se simplesmente, sem disposições favoráveis, a reconhecer que a doutrina tenha um sentido razoável. E quando se dignam serem benevolentes, corrigem-na do alto de sua doutrina, supondo que Cristo queria dizer exatamente o que eles pensam, mas que não soube fazê-lo. Os doutores tratam a doutrina como os presunçosos tratam as palavras dos interlocutores, que consideram como inferiores, dizendo: "Mas, na verdade, quisestes dizer isto e aquilo." E suas retificações têm, sempre, o objetivo de reconduzir o conceito superior divino ao conceito inferior social.

Diz-se, em geral, que a doutrina moral do cristianismo é boa, mas exagerada. Para que se torne praticável, é preciso retirar-lhe todo o supérfluo, que não se concilia com as condições de nossa existência. "Porque a doutrina que pede demais é irrealizável e não vale a que só exige dos homens o possível, compatível com suas forças", pensam e afirmam os eruditos comentaristas do cristianismo, repetindo o que afirmavam e não podiam deixar de afirmar aqueles que, não o compreendendo, crucificaram o Mestre: os judeus.

Diante do julgamento dos doutores do nosso tempo, a lei judaica – dente por dente, olho por olho –, isto é, a lei do castigo justo, conhecida pela humanidade cinco mil anos antes da lei do amor pela qual Cristo a substituiu. Eles consideram que tudo aquilo que foi feito pelos homens que compreenderam corretamente a doutrina de Cristo e viveram segundo esse conceito, tudo o que foi feito e dito por todos os verdadeiros cristãos, todos os militantes da doutrina evangélica, tudo o que hoje transforma o mundo sob o sopro do socialismo e do comunismo, tudo isso é um exagero que não merece ser mencionado.

Os homens há 18 séculos instruídos no cristianismo convenceram-se, na pessoa de seus representantes autorizados, os doutores, que a doutrina cristã é uma doutrina de dogmas. Quanto a sua aplicação prática, trata-se de um mal-entendido, um exagero que compromete as verdadeiras e legítimas exigências da moral humana; e aquela doutrina de justiça que Cristo rejeitou e substitui pela sua própria nos é muito mais satisfatória.

O preceito da não resistência ao mal por meio da violência parece aos doutores um exagero e também um absurdo. É melhor rejeitá-lo, pensam, sem perceber que não discutem a doutrina de Cristo, mas sim o que acreditam ser a doutrina de Cristo.

Não percebem que dizer que o preceito da não resistência ao mal por meio da violência é um exagero da doutrina de Cristo equivale a dizer que, na definição do círculo, a afirmação da igualdade dos raios é um exagero. Eles fazem o que faria um homem que, não tendo qualquer noção do que seja um círculo, afirmasse ser exagero dizer que todos os pontos da circunferência são igualmente distantes do centro. Aconselhar a repelir ou atenuar o axioma da igualdade dos raios do círculo é não compreender o que é o círculo. Aconselhar a repelir ou atenuar, na doutrina de Cristo, o preceito de não resistência ao mal por meio da violência é não compreender a doutrina.

E aqueles que assim se comportam não a entendem de fato. Não compreendem que essa doutrina é a atuação prática de um novo conceito de vida, conceito correspondente à nova fase em que a humanidade já entrou há 1.800 anos, e do qual resulta a definição de nova vida.

Eles não concordaram que o Cristo tenha querido dizer o que disse; ou supõem que foi por impulso, por falta de raciocínio e de cultura que ele disse o que se encontra no Sermão da Montanha e em outros lugares.*

---

*Eis, por exemplo, uma argumentação característica deste gênero, num artigo da revista americana *Arena* (outubro 1890) intitulado "New basis of church life" [Novas bases da vida eclesiástica]. Raciocinando sobre o significado do Sermão da Montanha, e, sobretudo, sobre a não resistência ao mal, o autor, não estando, como seguidores da Igreja, obrigado a ocultar-lhes o significado, diz: "Cristo realmente pregou o mais completo comunismo e a anarquia, mas é preciso saber ver o Cristo em seu significado histórico e psicológico. Como todos os pregadores da humanidade, o Cristo, entusiasmado, atingia exageros utópicos em sua doutrina. Cada passo à frente na perfeição moral da humanidade é sempre dirigido por homens que nada veem além de sua missão. Cristo, sem que se possa reprová-lo, tinha o temperamento típico de tais reformadores. Por isso, devemos lembrar que seus ensinamentos não devem ser tomados ao pé da letra como uma completa filosofia da vida. Devemos analisar suas palavras com respeito, mas com um espírito de crítica que busca a verdade etc." Cristo teria ficado feliz por falar com acerto, mas não sabia se exprimir com tanta lucidez e exatidão como nós, no espírito de crítica. Por isso, o corrigimos. Tudo o que ele disse sobre a doçura, o sacrifício, a pobreza, a indiferença do amanhã, tudo isso disse por acaso, não sabendo exprimir-se cientificamente.

Por isso, vos digo: Não vos preocupeis por vossa vida, quanto ao que havereis de comer, nem com vosso corpo, quanto ao que havereis de vestir. Não é a vida mais do que o alimento e o corpo mais do que a roupa?

Olhai as aves do céu: não semeiam, nem colhem, nem ajuntem em celeiros. E, no entanto, vosso Pai celeste as alimenta. Ora, não valeis vós mais do que elas?

Quem dentre vós, com as suas preocupações, pode prolongar, por pouco que seja, a duração da sua vida?

E com as roupas, por que andais preocupados? Aprendei dos lírios do campo, como crescem, e não trabalham nem fiam.

E, no entanto, eu vos asseguro que nem Salomão, em todo o seu esplendor, se vestiu como um deles.

Ora, se Deus veste assim a erva do campo, que existe hoje e amanhã será lançada ao forno, não fará ele muito mais por vós, homens fracos na fé?

Por isso, não andeis preocupados, dizendo: Que iremos comer? Ou: que iremos beber? Ou: que iremos vestir?

De fato, são os gentios que estão à procura de tudo isso: o vosso Pai celeste sabe que tendes necessidade de todas essas coisas.

Buscai, em primeiro lugar, o Reino de Deus e a sua justiça, e todas essas coisas vos serão acrescentadas.

Não vos preocupeis, portanto, com o dia de amanhã, pois o dia de amanhã se preocupará consigo mesmo. A cada dia basta o seu mal. (Mt 6,25-34)

Vendei vossos bens e dai esmola; fazei bolsas que não fiquem velhas; um tesouro inesgotável os céus, onde o ladrão não chega nem a traça rói. Pois onde está o vosso tesouro, aí estará também o vosso coração. (Lc 12,33.34)

Vende teus bens e segue-me; quem não deixa pai e mãe, filhos e irmãos, campo e casa, não pode ser meu discípulo.

Renuncia a ti mesmo, toma sobre ti a tua cruz e segue-me. Meu alimento consiste em cumprir a vontade Daquele que me enviou, e de cumprir Sua obra! Não é minha vontade que será feita, mas a Dele; não é o que eu quero, mas o que Ele quer. A vida consiste em cumprir não a vontade própria, mas a vontade de Deus. (Mc 10,21.29; 9,34 e 14,36)

Estas máximas podem parecer aos homens importantes que têm da vida um conceito inferior a expressão de uma espécie de impulso entusiástico sem aplicação possível na prática. E, no entanto, estas citações resultam com tanto rigor do conceito cristão quanto o preceito do abandono do trabalho em prol da comunidade ou do sacrifício da vida pela defesa da pátria resultam do conceito social.

O homem, ligado ao conceito social da vida, pode dizer ao selvagem: "Volta a ti, reflete; a vida de tua personalidade não pode ser a verdadeira vida porque esta é miserável e efêmera. Somente a agregação e a gradação perpetuam-se: a família, a tribo, o povo, o Estado, e por isso deves sacrificar tua personalidade à existência desse grupo"; assim, a doutrina cristã fala ao homem a respeito do conceito social: "Arrependei-vos, isto é, retornai a vós mesmos, ou perecereis. Retornai a vós mesmos e entendei que a vida que viveis não é a vida verdadeira, que a vida da família, da sociedade, do Estado, não é a salvação. A verdadeira vida, sábia, só é possível para o homem quando ele dela participa com moderação, não a vida da família e do Estado, mas a vida do Pai." Assim é, indiscutivelmente, o conceito cristão, que aparece em cada citação do Evangelho.

Pode-se não ter a mesma opinião, pode-se negá-la e provar sua inexatidão, mas é impossível julgar uma doutrina sem haver penetrado no conceito do qual ela deriva. E, mais ainda, é impossível julgar uma tese de ordem superior colocando-se num ponto de vista inferior: julgar o alto da torre quando estamos nas fundações. E é precisamente isso que fazem nossos doutores. E o fazem porque caem num erro semelhante ao dos fiéis da Igreja, que acreditam possuir tantos meios de investigação que basta aplicá-los para que nenhuma dúvida possa surgir do resultado de seu exame.

Essa posse de um método de investigação, supostamente infalível, constitui o principal obstáculo à compreensão da doutrina cristã por parte dos ateus e dos pretensos doutores, cuja opinião norteia a grande maioria dos incrédulos, crédulos e instruídos. E é dessa suposta interpretação que resultam todos os erros dos doutores sobre a doutrina cristã e, especialmente, dos estranhos mal-entendidos que, mais do que tudo, impedem sua compreensão.

Um desses mal-entendidos é que a doutrina cristã seja irrealizável; por isso, ou ela aparece como não sendo de fato obrigatória, isto é, não deve servir de guia, ou, então, como se precisasse ser modificada, atenuada até o limite em que sua obediência seja possível dentro de nossa ordem. O segundo mal-entendido consiste em que essa doutrina, que manda amar e servir a Deus, é pouco clara, mística, e não tem um objetivo definido de amor; e, portanto, deve ser substituída por uma doutrina mais exata e mais compreensível de amar e servir à humanidade.

O primeiro mal-entendido, quanto à impossibilidade de praticar a doutrina cristã, vem do fato que os homens seguidores do conceito social da vida, não compreendendo o motivo que guia os que seguem a doutrina cristã e, considerando a indicação da perfeição como uma regra de vida, pensam e dizem que lhes é impossível seguir a doutrina de Cristo, porque a execução completa das exigências dessa doutrina destruiria a vida. "Se um homem cumprisse o que prega Cristo, ele destruiria a sua vida; e se todos os homens o cumprissem, toda a espécie humana deixaria de existir", dizem eles.

"Não vos preocupeis com o amanhã, com o que comereis, nem com o que bebereis, nem como vos vestireis", diz Cristo.

Sem defender a própria vida, sem resistir ao mal usando da violência, dando a própria vida pelo próximo e guardando a castidade absoluta, o homem e a humanidade não poderiam existir, pensam e dizem eles.

E têm absoluta razão, se consideram as indicações de perfeição dadas pela doutrina de Cristo como regras que cada um deve respeitar, assim como, na doutrina social, cada um deve cumprir as regras de pagamento dos impostos, de participação na justiça etc.

O mal-entendido consiste exatamente nisto: que a doutrina de Cristo dirige os homens com um meio que não as doutrinas fundamentadas no conceito da vida inferior. As doutrinas sociais são dirigidas somente com regras e com leis, às quais é preciso submeter-se exatamente. A doutrina de Cristo guia os homens mostrando-lhes a infinita perfeição do Pai celeste, perfeição a que cada homem pode aspirar livremente, independente do grau de imperfeição em que ele se encontre.

O mal-entendido dos homens que julgam a doutrina cristã do ponto de vista social consiste em que, supondo que a perfeição indicada por Cristo possa ser totalmente alcançada, eles se perguntam (supondo que as leis sociais sejam observadas): "O que acontecerá quando isso ocorrer?" Esta suposição é falsa, porque a perfeição indicada aos cristãos é infinita e nunca poderá ser alcançada. Cristo apresenta sua doutrina, sabendo que a perfeição absoluta nunca será alcançada, mas que a tendência a essa perfeição absoluta e infinita aumentará continuamente a felicidade dos homens, e que, por consequência, essa felicidade poderá ser indefinidamente aumentada.

Cristo ensina, não aos anjos, mas aos homens que se movem e vivem uma vida animal. A essa força animal do movimento, Cristo aplica, por assim dizer, uma nova força – a consciência da perfeição divina – e, assim, dirige o caminho da vida sobre a resultante dessas duas forças.

Crer que a vida do homem seguirá a direção indicada por Cristo é como acreditar que um barqueiro, para atravessar um rio veloz, remando quase que diretamente contra a corrente, navegaria naquela direção.

Cristo reconhece a existência dos dois lados do paralelogramo, das duas forças eternas, imortais, de que se compõe a vida do homem: a força da natureza animal e a força da consciência, isto é, de que ele é filho de Deus. Não falando da força animal que, afirmando-se por si só, permanece sempre igual a si mesma e está fora do alcance do homem, Cristo só fala da força divina, chamando o homem a uma maior consciência dessa força, a sua mais completa emancipação e a seu maior desenvolvimento.

Na emancipação e no aumento dessa força consiste, segundo a doutrina de Cristo, a verdadeira vida do homem. De acordo com as doutrinas que a precederam, a verdadeira vida estava no cumprimento das regras, das leis; enquanto, segundo a doutrina de Cristo, esta consiste na aspiração à perfeição divina, dada como fim, e cujo princípio todo homem tem consciência de trazer consigo, na assimilação mais completa da vontade humana à vontade de Deus, assimilação para a qual o homem tende, e que seria o aniquilamento da vida que conhecemos.

A perfeição divina é a assíntota da vida humana; a humanidade sempre tende para ela; pode dela se aproximar, mas só pode alcançá-la no infinito.

A doutrina de Cristo não parece excluir a possibilidade da vida senão quando é considerada como regra aquilo que é apenas a indicação de um ideal. Só neste caso os preceitos de Cristo parecem inconciliáveis com as necessidades da vida, enquanto, ao contrário, só eles oferecem a possibilidade de uma vida justa.

"Não se deve pedir demais, dizem os homens frequentemente, discutindo as exigências da doutrina cristã. Não se pode deixar de pensar no amanhã, como está dito no

Evangelho, mas é preciso também não se preocupar demais; não se pode dar tudo aos pobres, mas é preciso dar-lhes com moderação; não se pode guardar uma castidade absoluta, mas é preciso fugir da depravação; não é preciso abandonar a mulher e os filhos, mas não é preciso ter por eles um amor absolutamente exclusivo etc."

Falar assim é como dizer a um homem que atravessa, contra a correnteza, um rio veloz, que ele não deve remar assim, mas em linha reta, em direção ao ponto da margem que deseja alcançar.

A doutrina de Cristo distingue-se das antigas doutrinas no fato de dirigir os homens não com regras externas, mas com a consciência que têm da possibilidade de alcançar a perfeição divina. E a alma humana não contém regras moderadas de justiça e filantropia, mas o ideal da perfeição divina, inteira e infinita. Só a busca dessa perfeição modifica o curso da vida humana, do estado animal ao estado divino, tanto quanto isso é humanamente possível.

Para chegar ao lugar desejado é preciso dirigir-se, com todas as forças, a um ponto muito mais alto.

Baixar o nível do ideal é não só diminuir as probabilidades de alcançar a perfeição, mas destruir o próprio ideal. O ideal que nos atrai não foi inventado por ninguém; cada homem o traz no coração. Só esse ideal de absoluta e infinita perfeição nos seduz e nos atrai. Uma perfeição possível perderia qualquer influência sobre a alma humana.

A doutrina de Cristo tem grande poder exatamente porque requer a perfeição absoluta, isto é, a identificação do sopro divino que se encontra na alma de cada homem com a vontade de Deus, identificação do filho com o Pai. Libertar do animal o filho de Deus que vive em cada homem e aproximá-lo do Pai, apenas nisto está a vida, segundo a doutrina de Cristo.

A existência apenas do animal, no homem, não é a vida humana. A vida somente segundo a vontade de Deus, tampouco é a vida humana. A vida humana é o conjunto da vida divina e da vida animal, e quanto mais este conjunto se aproxima da vida divina, mais é vida.

A vida, segundo a doutrina cristã, é o caminho para a perfeição divina. Nenhum estágio, conforme essa doutrina, pode ser mais alto ou mais baixo do que o outro. Cada estágio não é senão uma etapa para uma perfeição irrealizável e, por consequência, não constitui por si só um grau mais ou menos alto da vida. O aumento da vida é apenas uma aceleração do movimento em direção à perfeição. Por isso, o ímpeto para a perfeição do coletor de impostos Zaqueu, da pecadora, do ladrão na cruz, constitui um grau mais alto da vida do que a imóvel infalibilidade do fariseu. Por isso, não podem existir regras obrigatórias para essa doutrina. O homem colocado num grau inferior, caminhando em direção à perfeição, tem melhor conduta moral, observa mais a doutrina do que o homem que, colocado num grau bem mais alto, não se encaminha para a perfeição.

É neste sentido que a ovelha desgarrada é mais cara ao Pai do que as outras; o filho pródigo, a moeda perdida e reencontrada são mais amados do que aqueles que nunca foram considerados perdidos.

O cumprimento da doutrina está no movimento do eu em direção a Deus. É evidente que isto não pode ter leis ou regras determinadas. Qualquer grau de perfeição ou imperfeição é igual frente a essa doutrina, cujo cumprimento não se constitui na obediência a lei alguma; por isso, não podem existir regras ou leis obrigatórias.

Dessa diferença radical entre a doutrina de Cristo e todas aquelas que a precederam, baseadas sobre o conceito social da vida, resulta também a diferença entre as leis sociais e os preceitos cristãos. As leis sociais são, em sua maioria, positivas, recomendando certos atos, justificando e absolvendo os homens. Ao contrário, os preceitos cristãos (o mandamento do amor não é um preceito no verdadeiro sentido da palavra, mas a expressão do próprio sentido da doutrina), os cinco mandamentos do Sermão da Montanha, são todos negativos e não indicam senão aquilo que, num certo grau de desenvolvimento da humanidade, os homens não mais devem fazer.

De qualquer forma, esses preceitos são como pontos de encontro na rota infinita da perfeição, em cuja direção caminha a humanidade, e os graus de aperfeiçoamento acessível num dado período de desenvolvimento.

No Sermão da Montanha, Cristo mostrou simultaneamente o ideal eterno ao qual os homens devem aspirar e os graus que já podem alcançar em nossos dias.

O ideal é não desejar fazer o mal, não provocar a malevolência, não odiar o próximo. O preceito para alcançar esse ideal é o da proibição de ofender os homens com a palavra. E este é o primeiro mandamento.

O ideal é a castidade completa, até em pensamento. O preceito é a pureza do casamento, evitando a lascívia. E este é o segundo mandamento.

O ideal é não se preocupar com o amanhã e, sim, viver o presente. O preceito é não jurar, nada prometer para amanhã. E este é o terceiro mandamento.

O ideal é nunca usar a violência para qualquer fim. O mandamento indica não pagar o mal com o mal, sofrer a ofensa, dar a própria veste. E este é o quarto mandamento.

O ideal é amar aqueles que nos odeiam. O mandamento é não fazer mal aos próprios inimigos, falar bem deles, não fazer diferença entre eles e os amigos. E este é o quinto mandamento.

Todos estes mandamentos são indicações daquilo que na rota da perfeição não mais devemos fazer, daquilo que, agora, nos devemos esforçar para transformar, pouco a pouco, em hábitos instintivos; mas, longe de constituir a doutrina de Cristo e de contê-la por inteiro, esses mandamentos são apenas uma das inúmeras etapas na rota da perfeição. E devem ser seguidos por mandamentos sempre superiores.

Por isso, cabe à doutrina cristã formular exigências mais altas que as expressas por esses mandamentos, e não diminuí-los, como pensam os homens que julgam essa doutrina sob o ponto de vista do conceito social da vida.

Assim é o primeiro mal-entendido dos doutores quanto à importância e ao objetivo da doutrina cristã. O outro, proveniente da mesma fonte, consiste na substituição da obrigação cristã de amar e servir aos homens pelo amor a Deus, pela obrigação de amar a Deus e servi-lo.

A doutrina cristã de amar e servir a Deus, e – apenas como consequência desse amor e dessa servidão – amar e servir ao próximo, parece aos doutores pouco clara, mística e arbitrária, e, assim, refutam, sem restrições, a obrigação de amar e servir a Deus, considerando que a doutrina que ensina somente o amor à humanidade é muito mais clara, sólida e sensata.

Os doutores ensinam, teoricamente, que a vida consciente e boa é aquela consagrada ao serviço de toda a humanidade; nisto consiste, para eles, o sentido da doutrina cristã; e a isto se reduz o ensinamento de Cristo. Eles procuram a confirmação de sua doutrina na do Evangelho, supondo que ambas sejam uma única.

Esta opinião é, realmente, falsa. A doutrina cristã e a dos positivistas, dos comunistas e de todos os apóstolos da fraternidade universal, alicerçada no interesse geral, nada têm em comum e distinguem-se uma das outras, principalmente, pelo fato de que a doutrina cristã tem bases firmes e claras na alma humana, enquanto a doutrina do amor à humanidade é apenas uma dedução teórica por analogia.

A única doutrina do amor à humanidade baseia-se no conceito social da vida.

A essência do conceito social da vida consiste na substituição do sentido da vida pessoal pelo da vida em grupo: família, tribo, povo, Estado. Este fenômeno completou-se e completa-se fácil e naturalmente nos primeiros graus, isto é, na família ou na tribo; mas no povo torna-se mais difícil e requer uma educação especial; enfim, seu extremo limite encontra-se no Estado.

Amar a si mesmo é natural e cada um se ama sem precisar ser encorajado; amar a própria tribo, da qual se recebe ajuda e proteção; amar a própria mulher, felicidade e amparo; amar os próprios filhos, consolação e esperança na vida, e os pais, de quem se recebeu a existência e a educação, tudo isto é natural, e esses amores, embora muito menos potentes do que o amor a si próprio, podem ser frequentemente encontrados.

Amar por si, pelo próprio orgulho, a própria tribo, o próprio povo, embora já não tão natural, é ainda frequente.

O amor à nação, este grupo de mesma origem, mesma língua, mesma religião, é também possível, ainda que esse sentimento esteja longe de ser tão forte, não só quanto o amor por nós mesmos, mas como também pela própria família e pela própria tribo. Mas o amor pelo Estado, como a Turquia, a Alemanha, a Inglaterra, a Áustria, a Rússia, já é algo quase impossível e, não obstante a educação dirigida nesse sentido, esse amor é apenas suposto e, na realidade, não existe. Neste grupo termina para o homem a possibilidade de conduzir a própria consciência e de provar, por meio desse artifício, um sentimento direto; os positivistas, no entanto, todos os apóstolos da fraternidade científica, sem levar em consideração a diminuição do sentimento à medida que se amplia o objeto da afeição, continuam a raciocinar teoricamente nessa direção, e vão ainda mais longe.

"Se o indivíduo tem interesse em estender o seu eu à família, à tribo, ao povo, ao Estado, está ainda mais interessado em estendê-lo ao complexo da humanidade, de modo que todos vivam para a humanidade, como cada um vive para a família e para o Estado", dizem eles.

De fato, teoricamente, isto é lógico. Já que o amor foi transferido da personalidade à família, desta à tribo, depois ao povo e ao Estado, seria absolutamente lógico que os homens, para evitar as lutas e os males resultantes das divisões da humanidade em povos e Estados, transferissem seu amor para toda a humanidade. Isto pareceria mais natural, e os teóricos assim pregam, sem se dar conta de que o amor é um sentimento que se pode ter, mas não pregar, e que, ademais, o amor deve ter um objeto, enquanto a humanidade não o tem. Isto não é senão hipocrisia.

A família, a tribo, o próprio Estado não foram inventados pelo homem; essas instituições formaram-se por si mesmas, como os enxames das abelhas e a sociedade das formigas, e têm uma existência real. O homem que ama, por sua personalidade animal, a família, sabe que ama Ana, Maria, João, Pedro etc. O homem que ama a sua tribo, e disto se orgulha, sabe que ama tanto os guelfos quanto os gibelinos.* Aquele que ama o Estado sabe que ama, por exemplo, a França, das margens do Reno até os Pireneus, e sua cidade principal, Paris, e sua história etc. Mas e o homem que ama a humanidade? Existem Estados, povos; neles está o conceito abstrato do homem, mas a humanidade como conceito concreto não existe, e não pode existir.

A humanidade! Onde estão os limites da humanidade? Onde ela termina? Onde começa? A humanidade acaba, talvez, exclusivamente, no selvagem, no ignorante, no alcoólatra, no louco? Se traçamos uma linha que limite a humanidade, excluindo os representantes inferiores da espécie humana, onde traçaremos essa linha? Excluiremos os negros, como fazem os norte-americanos? E os hindus, como certos ingleses?

---

*Os guelfos e os gibelinos constituíam facções políticas que a partir do século XII estiveram em luta na Itália, especialmente em Florença. (*N. do E.*)

E os judeus, como muitos outros? E se englobarmos todos os homens, sem exceção, por que admitiremos apenas os homens, e não os animais superiores, muitos dos quais são mais desenvolvidos que os representantes inferiores da raça humana?

Não conhecemos a humanidade como um objeto externo; ignoramos seus limites. A humanidade é uma hipocrisia; não se pode amá-la. Seria muito útil, é verdade, que os homens pudessem amar a humanidade tanto quanto amam a família. Seria muito vantajoso substituir, como desejam os comunistas, a concorrência entre os homens por uma ordem comum, ou a propriedade individual pela propriedade universal, a fim de que cada um pudesse trabalhar para todos e todos para cada um; entretanto, não há razão para fazê-lo. Os positivistas, os comunistas e todos os apóstolos da fraternidade científica pregam a extensão a toda a humanidade do amor que os homens sentem por si mesmos, por sua família e pelo Estado; esquecem-se de que o amor por eles pregado é um amor pessoal que, crescendo, foi capaz de abranger a família, e também o amor à pátria natural, mas que desaparece por completo na presença de um Estado artificial, como a Áustria, a Inglaterra, a Turquia, e que não podemos sequer chegar a imaginar quando se trata de toda a humanidade – conceito absolutamente místico.

"O homem ama a si próprio, a sua personalidade animal; ama sua família, ama também sua pátria. Por que não amaria do mesmo modo toda a humanidade? Como seria belo! Aliás, o cristianismo também o ensina." Assim pensam os seguidores da fraternidade positivista, comunista e socialista. De fato, a ideia seria muito bonita, mas não pode acontecer, porque o amor baseado no conceito pessoal e social da vida não pode ir além do amor à pátria.

O erro de raciocínio consiste em que o conceito social da vida, sobre o qual se baseia o amor e a pátria, está, ele próprio, alicerçado no amor à personalidade, e que este amor, estendendo-se da personalidade à família, à raça, à nação, enfraquece cada vez mais e atinge, no amor ao Estado, seu limite extremo.

A necessidade de ampliar o domínio do amor é indiscutível mas, ao mesmo tempo, esta necessidade destrói de fato a possibilidade do amor e prova a insuficiência desse amor no sentido pessoal humano.

E é então que os apóstolos das fraternidades do Positivismo, Comunismo e Socialismo propõem, para evitar essa falência do amor humano, o amor cristão, mas somente diante dessas consequências, e não dessas causas. Eles propõem somente o amor à humanidade, sem o amor a Deus.

Mas esse amor não pode existir; não tem qualquer razão de ser. O amor cristão resulta unicamente do conceito cristão da vida, conceito segundo o qual o objetivo essencial da vida é amar e servir a Deus.

Por um procedimento natural, o conceito social da vida conduziu os homens, do amor a si mesmo, à família, à nação, à pátria, até à consciência da necessidade do amor pela humanidade, que não tem limites e se confunde com tudo o que vive. Essa necessidade de amar algo que não desperte no homem qualquer sentimento fez surgir uma contradição que o conceito social da vida não pode resolver.

Somente a doutrina evangélica em todo o seu significado a resolve, dando à vida um novo sentido. O cristianismo reconhece, assim, o amor por si mesmo, bem como o amor à família, à nação e à humanidade, e não só à humanidade, mas também a tudo o que vive. Mas o objeto desse amor não é encontrado fora de si em sociedades de indivíduos, tampouco no mundo exterior; ele é encontrado no próprio ser, em sua personalidade divina, cuja essência é esse amor verdadeiro, no qual o ser animal é levado a sentir o quão perecível é sua natureza.

O que distingue a doutrina cristã das que a precederam é que a antiga doutrina social dizia: "Vive contrariamente à tua natureza [entendendo por isto apenas a natureza animal]; submete-te à lei externa da família, da sociedade, do Estado." Por sua vez, o cristianismo diz: "Vive conforme a tua natureza [referindo-se só à natureza divina]; a nada a submetas, nem à natureza animal, nem à dos outros, e alcançarás exatamente aquilo que procuras submetendo às leis externas tua natureza externa."

A doutrina cristã reconduz o homem à consciência primitiva de seu eu, não de seu eu animal, mas de seu eu divino, da centelha divina, de seu eu filho de Deus, Deus como Pai, mas envolto num invólucro animal. E a consciência de ser filho de Deus, cuja essência é o amor, satisfaz a necessidade de ampliar os domínios do amor, necessidade à qual foi levado o homem do conceito social. Para este último, a salvação da personalidade exige de fato a ampliação cada vez maior dos domínios do amor; o amor é uma necessidade, em relação a determinados objetos: a si mesmo, à família, à sociedade, à humanidade. Com o conceito cristão da vida, o amor não é uma necessidade e não se exerce sobre coisa alguma; é uma faculdade essencial da alma humana. O homem ama, não porque tenha interesse em amar isso ou aquilo, mas porque o amor é a essência de sua alma, porque ele não pode deixar de amar".

A doutrina cristã ensina ao homem que a essência de sua alma é o amor, que sua felicidade não é a de amar tal ou tal entidade, mas sim o princípio de tudo, Deus, que ele tem consciência de trazer consigo. Por isso, ele amará a todos e a tudo. Eis a diferença fundamental entre a doutrina cristã e a doutrina dos positivistas e de todos os teóricos da fraternidade universal não cristã.

São estes os dois principais mal-entendidos em relação ao cristianismo, dos quais resulta a maior parte dos raciocínios falsos de que é objeto. O primeiro consiste em acreditar que a doutrina de Cristo dá aos homens, como as doutrinas que a precederam, regras às quais estes devam obedecer, e que tais regras sejam impraticáveis; o segundo, que toda a filosofia do cristianismo se reduz a fazer da humanidade uma só família, e que este resultado pode ser obtido com o simples amor à humanidade, desvinculado do amor a Deus.

Enfim, a opinião errônea dos doutores, que o sobrenatural é a essência do cristianismo, e que sua doutrina é impraticável, é também uma das causas pelas quais os homens de nosso tempo não compreendem o cristianismo.

5

Contradições entre nossa vida
e a consciência cristã

A incompreensão da doutrina de Cristo por parte dos homens tem causas diversas. Uma delas é que os homens creem tê-la compreendido quando, como os fiéis da Igreja, admitem sua revelação sobrenatural, ou, então, quando, como os doutores, limitam-se ao estudo dos fenômenos externos por meio dos quais ela se manifestou. Outra dessas causas está na convicção de que ela é impraticável e pode ser substituída pela doutrina do amor à humanidade. Mas a principal dessas causas, a que é a fonte de todos os mal-entendidos, consiste na opinião de que o cristianismo é uma doutrina que se pode aceitar ou rejeitar sem mudar de vida.

Os homens, habituados à ordem atual das coisas, à qual são afeiçoados e que receiam modificar, procuram entender a doutrina como um conjunto de revelações e regras, que se pode aceitar sem mudar de vida. Porém, o cristianismo não é apenas uma doutrina que dá normas para seguir, mas uma explicação nova do sentido da vida, uma definição da ação humana absolutamente diversa da antiga, porque a humanidade entrou num novo período.

A vida da humanidade modifica-se, como a vida do indivíduo, passando por diversas idades: cada idade tem, sobre a vida, um conceito correspondente, que os homens infalivelmente assimilam. Aqueles que não o assimilam com a razão assimilam-no inconscientemente. O que ocorre pela mudança do modo de encarar a vida pelos indivíduos, ocorre da mesma forma pela mudança do modo de encarar a vida pelos povos e por toda a humanidade. Se o pai de família continuasse a agir segundo o conceito de vida que ele tinha quando jovem, sua vida tornar-se-ia tão difícil que ele procuraria por si mesmo um outro conceito e, de bom grado, aceitaria aquele que correspondesse à sua idade.

É isto o que hoje ocorre com a humanidade, no tempo que atravessamos, período de transição entre o conceito pagão de vida e o conceito cristão. O homem social de nosso tempo é levado pela própria vida à necessidade de rejeitar o conceito pagão da vida, impróprio para a idade atual da humanidade, e a submeter-se às exigências da doutrina cristã, cujas verdades, por mais corruptas e mal-interpretadas que sejam, são, porém, conhecidas e as únicas a oferecer a solução para as contradições que se apresentam a ele.

Se o homem seguidor do conceito social considera as exigências do cristianismo estranhas e também perigosas, igualmente estranhas, incompreensíveis e perigosas pareciam ao selvagem das épocas antigas as exigências da doutrina social, quando ele ainda não as entendia e não podia prever suas consequências.

"É uma insensatez sacrificar a própria tranquilidade e a própria vida pela defesa de algo incompreensível, intangível e convencional: a família, a tribo, a pátria, e é sobretudo perigoso colocar-se nas mãos de um poder estrangeiro", dizia o selvagem.

Mas veio um tempo em que o selvagem compreendeu, ainda que vagamente, o valor da vida social e de seu principal estímulo, a aprovação ou a reprovação social: a glória – e um tempo no qual, por outro lado, as dificuldades de sua vida pessoal tornaram-se tais que não podia continuar a acreditar no valor de seu antigo conceito da vida, e precisou aceitar a doutrina social e a ela submeter-se.

O mesmo repete-se hoje com o homem social.

"É uma insensatez sacrificar a própria felicidade, a da própria família e da própria pátria para satisfazer as exigências de algumas leis, superiores, sim, mas incompatíveis com o sentimento melhor, mais natural, o amor a si próprio, à própria família, à própria tribo, à própria pátria, e é sobretudo perigoso abandonar a garantia da vida que assegura a ordem social", diz ele.

Mas chega o tempo em que a vaga consciência da lei superior do amor a Deus e ao próximo e os sofrimentos resultantes das contradições da vida forçam o homem a rejeitar o conceito social e a aceitar o que lhe é proposto, que resolve todas as contradições e remedia todos os sofrimentos: o conceito cristão da vida. E este tempo chegou.

Nós que suportamos, por milhares de anos, a transição do conceito animal da vida ao conceito social, acreditamos que essa transição era então necessária, natural, enquanto aquela na qual nos encontramos há 1.800 anos nos parece arbitrária, artificial e assustadora. Mas nos parece assim somente porque a primeira transição já se completou e porque os costumes que fez nascer tornaram-se habituais, enquanto a transição presente ainda não terminou e devemos conscientemente levá-la adiante.

Longos séculos, milhares de anos passaram-se, antes que o conceito social penetrasse na consciência dos homens. Ele passou por diversas formas e entrou hoje no domínio do inconsciente, por meio da herança, da educação e do hábito. Por isso, nos parece natural. Mas, há cinco mil anos, parecia ao homem tão pouco natural e tão apavorante quanto lhe parece, agora, a doutrina cristã, em seu verdadeiro sentido.

Parece-nos, hoje, que as exigências do cristianismo, a fraternidade universal, a supressão da nacionalidade, a supressão da propriedade e o tão estranho preceito da não resistência ao mal por meio da violência são inaceitáveis. Mas pareciam, também, inaceitáveis, há milhares de anos, todas as exigências da vida social e mesmo as da vida doméstica, como a obrigação dos pais de nutrir os filhos e dos jovens de nutrir os velhos, ou mesmo a obrigação dos esposos de serem fiéis um ao outro. Mais estranhas ainda, até insensatas, pareciam as diversas exigências sociais, como a obrigação dos cidadãos de submeterem-se ao poder, de pagar impostos, de guerrear em defesa da pátria etc. Todas essas exigências nos parecem, hoje, simples, compreensíveis, naturais, e nada vemos nelas de místico ou apavorante. Todavia, há cinco ou três mil anos pareciam inadmissíveis.

O conceito social servia de base às religiões porque, na época em que foi proposto aos homens, era absolutamente incompreensível, místico e sobrenatural. Hoje, tendo atravessado essa fase da vida humana, compreendemos as causas racionais do agrupamento humano em famílias, comunidade, Estados; mas, na Antiguidade, a necessidade de tais reuniões foi apresentada em nome do sobrenatural e por ele confirmada.

As religiões patriarcais divinizavam a família, a etnia, o povo; as religiões sociais divinizavam o rei, os Estados. Ainda hoje, a maior parte dos ignorantes – como nossos camponeses que chamam o czar de Deus terrestre – submete-se às leis sociais, não segundo a consciência racionalizada de sua necessidade, não por terem uma ideia do Estado, mas por sentimento religioso.

Do mesmo modo, hoje, a doutrina de Cristo aparece sob o aspecto de uma religião sobrenatural, enquanto, na verdade, nada tem de misteriosa, mística ou mesmo sobrenatural. É simplesmente uma doutrina de vida, correspondente ao grau de desenvolvimento da idade em que se encontra a humanidade e que, em consequência, deve ser por ela aceita.

Virá o tempo – e já está vindo – no qual os princípios cristãos da vida – fraternidade, igualdade, comunhão de bens, não resistência ao mal por meio da violência – parecerão tão simples e tão naturais como hoje parecem os princípios da vida doméstica e social.

Nem o homem nem a humanidade podem voltar atrás. Os conceitos doméstico e social são fases atravessadas pelos homens; é preciso que eles progridam e assimilem o conceito subsequente, superior; e isso já ocorre atualmente.

Esse movimento é executado de dois modos simultâneos: conscientemente, como resultado de causas materiais; inconscientemente, como sequência de causas materiais.

Assim como um indivíduo isolado não muda sua existência apenas por razões morais e, na maioria das vezes, continua a viver como no passado, apesar de um novo sentido e de uma nova finalidade revelados pela razão, e só modifica sua vida quando esta se torna absolutamente contrária à sua consciência e, portanto, intolerável, também a humanidade, tendo aprendido com seus guias religiosos o novo sentido da vida, os novos objetivos que deve alcançar, continua ainda, por longo tempo após essa iniciação, a viver como no passado, e não é induzida a aceitar o novo conceito a não ser devido à impossibilidade de continuar a antiga vida.

Não obstante a obrigação de modificar a vida, obrigação formulada pelos guias religiosos, reconhecida pelos homens mais inteligentes, e já parte da consciência, a maioria dos homens, ainda que mantenha um respeito religioso por esses guias, ou seja, a fé em sua doutrina, continua a seguir pelo caminho mais complicado, pelos princípios da antiga doutrina, como faria um pai de família que, sabendo muito bem como é preciso viver em sua idade, continuasse, por hábito e por leviandade, a viver sua existência de garoto.

Eis o que acontece no período de transição da humanidade de uma idade para outra, que nesse momento atravessamos.

A humanidade saiu da idade social e entrou numa nova idade. Porém, conhecedora da doutrina que deve servir de base a essa nova idade, continua, por inércia, a conservar as antigas formas de vida. Deste antagonismo do novo conceito com a prática da vida resulta uma série de contradições e sofrimentos que envenenam nossa existência e exigem sua modificação.

Basta, na realidade, comparar apenas a prática com sua teoria, para assustar-se frente à contradição flagrante das condições de nossa existência e de nossa consciência.

Toda nossa vida está em contradição constante com tudo o que sabemos e que consideramos necessário e obrigatório. Esta contradição está em tudo: na vida econômica, na vida política e na vida internacional. Como se tivéssemos esquecido o que aprendemos e posto provisoriamente de lado o que acreditamos ser justo, fazemos o contrário daquilo que pedem nossa razão e nosso bom-senso.

Guiamo-nos, em nossas relações econômicas, sociais e internacionais, pelos princípios que eram bons para os homens há três ou cinco mil anos, e que estão em contradição direta com nossa consciência atual, bem como com as condições da vida em que, hoje, nos encontramos.

O homem da Antiguidade podia julgar ser seu direito gozar os bens deste mundo em detrimento dos outros homens, fazendo-os sofrer de geração em geração, porque acreditava que os homens pertenciam a diversas origens, nobres ou vis, estirpe de Jafé ou de Cam. Não só os maiores sábios do mundo, os educadores da humanidade – Platão, Aristóteles etc. – justificavam a escravidão e demonstravam sua legitimidade, como, há três séculos, os homens que descreveram a sociedade imaginária do futuro, a *Utopia*, não conseguiam representá-la sem escravos. Os da Antiguidade e também os da Idade Média acreditavam que os homens não são iguais, que os verdadeiros homens eram somente os persas, somente os gregos, somente os romanos, somente os franceses; mas não mais podemos acreditar nisso, e os que, em nosso tempo, se esforçaram tanto para defender a aristocracia e o patriotismo não podem acreditar naquilo que dizem.

Sabemos todos, e não temos como não saber, ainda que nunca tivéssemos ouvido ou lido coisa alguma a esse respeito, ainda que nós mesmos nunca houvéssemos expressado, impregnando-nos do sentimento que age na área cristã, sabemos, com todo o nosso coração, que somos todos filhos de um só Pai, qualquer que seja o lugar em que moramos, qualquer que seja a língua que falamos; que somos todos irmãos e todos sujeitos ao julgamento da lei única do amor, colocada em nosso coração por nosso Pai comum.

Quaisquer que sejam as ideias e o grau de instrução de um homem de nosso tempo, um culto liberal de qualquer grau, um filósofo de qualquer sistema, um doutor, um economista de qualquer escola, também um fiel de qualquer crença, cada homem sabe que todos os homens têm os mesmos direitos à vida e aos prazeres deste mundo, e que todos, nem piores ou melhores do que os outros, são iguais. Cada um sabe isto do modo mais absoluto e seguro. Entretanto, não só cada um vê a seu redor a divisão dos homens em duas castas, uma lastimosa, sofrida, miserável, oprimida, e a outra ociosa, dominadora, vivendo no luxo e nas festas; mas, além disso, voluntariamente ou não, cada qual participa de um lado ou de outro da manutenção dessas divisões que sua consciência condena, porque não pode deixar de sofrer com essa contradição e com sua contribuição para esse ordenamento.

Seja patrão ou escravo, o homem moderno não pode deixar de perceber a contradição constante, aguda, entre sua consciência e a realidade, e deixar de conhecer os sofrimentos que daí resultam.

A massa trabalhadora, a grande maioria dos homens, suportando a pena e as privações sem fim e sem razão que absorvem durante toda a vida, sofrem ainda mais com essa flagrante contradição entre o que é e o que deveria ser, segundo o que eles mesmos professam e o que professam aqueles que os reduziram a esse estado.

Eles sabem que vivem na escravidão e condenados à miséria e às trevas para o prazer da minoria que os escraviza. Sabem e dizem. E essa consciência não só aumenta seu sofrimento, mas é sua principal causa.

O escravo da Antiguidade sabia que era escravo por natureza, enquanto o nosso operário, sentindo-se escravo, sabe que não deveria sê-lo e, por isso, sofre o suplício de Tântalo, desejando sempre e jamais obtido, não só o que lhe poderia ser concedido, mas sequer o que lhe é devido. Os sofrimentos das classes operárias, derivando da contradição entre o que é e o que deveria ser, decuplicam com a inveja e com o ódio resultantes da consciência dessa situação.

O operário de nosso tempo, ainda que seu trabalho seja menos penoso do que o do escravo antigo, ainda que obtenha a jornada de oito horas e o salário de poucas liras por dia, não deixaria de sofrer porque, fabricando objetos dos quais não usufrui, trabalha não para si e voluntariamente, mas por necessidade, para a satisfação dos ricos e dos ociosos, e para o proveito de um só capitalista, proprietário de fábrica ou de indústria. Sabe que isto ocorre num mundo em que é reconhecida a máxima científica de que só o trabalho alheio é uma injustiça, um delito punido por lei, num mundo que professa a doutrina de Cristo, segundo a qual somos todos irmãos, e que não se reconhece ao homem outro mérito senão o de vir em auxílio do próximo, em vez de explorá-lo.

Ele sabe tudo isso e não pode deixar de sofrer devido a essa flagrante contradição entre o que é e o que deveria ser.

"Segundo todos os dados e segundo tudo o que sei do que acontece no mundo, eu deveria ser livre, amado, igual a todos os outros homens, mas, em vez disto, sou escravo, humilhado, odiado", diz para si mesmo o trabalhador. E ele também odeia e procura o modo de sair de sua situação, de livrar-se do inimigo que o oprime e de, por sua vez, oprimi-lo.

Diz-se: "Os operários estão errados ao desejarem colocar-se no lugar do capitalista, o pobre no lugar do rico." É falso. O trabalhador e o pobre seriam injustos se assim o desejassem no mundo em que escravos e patrões, ricos e pobres são reconhecidos como sucedâneos de Deus; mas eles assim o desejam num mundo no qual se professa a doutrina evangélica, cujo primeiro princípio é que todos os homens são filhos de Deus, donde resultam a fraternidade e igualdade universal. E, não obstante todos os esforços dos homens, não é possível esconder que uma das principais condições da vida cristã é o amor não a palavras, mas a fatos.

O homem da classe que se diz culta sofre até mais com as contradições de sua vida. Cada membro dessa classe, se acredita em algo, acredita, se não na fraternidade dos homens, pelo menos num sentimento de humanidade ou na justiça, ou na ciência; e ele sabe, entretanto, que toda a sua vida está estabelecida sobre princípios diretamente opostos a tudo isso, a todos os princípios do cristianismo, da humanidade, da justiça e da ciência.

Ele sabe que todos os hábitos em meio aos quais foi educado, e cujo abandono lhe seria penoso, só podem ser satisfeitos por meio de um trabalho árduo, muitas vezes fatal, dos operários oprimidos, isto é, pela violação mais evidente, mais grosseira, daqueles mesmos princípios de cristianismo, de humanidade, de justiça e, até, de ciência (e omite as exigências da economia política) por ele professados. O homem ensina princípios de fraternidade, de humanidade, de justiça, de ciência, mas não só vive de modo a ser obrigado a recorrer à opressão do trabalhador, a qual reprova, como, ainda, toda a sua vida repousa sobre os benefícios dessa opressão, assim dirigindo toda a sua ação para a manutenção desse estado de coisas absolutamente contrário aos princípios que professa.

Somos todos irmãos, e, no entanto, a cada manhã, este irmão ou esta irmã fazem para mim os serviços que não desejo fazer. Somos todos irmãos, e, no entanto, preciso a cada dia de charuto, de açúcar, de espelho e de outros objetos em cuja fabricação meus irmãos e minhas irmãs, que são meus semelhantes, sacrificaram e sacrificam sua saúde; e sirvo-me desses objetos, e até os reclamo como meu direito. Somos todos irmãos, e, no entanto, ganho a vida trabalhando num banco, ou numa casa de comércio, num estabelecimento cuja ação final é tornar mais custosas todas as mercadorias necessárias a meus irmãos. Somos todos irmãos, e, no entanto, vivo e sou pago para interrogar, julgar e condenar o ladrão e a prostituta, cuja existência resulta de todo o meu modo de viver e a quem não se deve, como sei, condenar ou punir. Somos todos irmãos, e vivo e sou pago para recolher impostos dos trabalhadores carentes e empregá-los para o bem-estar dos ociosos e dos ricos. Somos todos irmãos, e sou pago para pregar aos homens uma suposta fé cristã, na qual eu mesmo não creio, e que os impede de conhecer a verdadeira fé; recebo salário como padre, como bispo, para enganar os homens nas questões, para eles, mais essenciais. Somos todos irmãos, mas não forneço ao pobre, senão por dinheiro, meu trabalho de pedagogo, de médico, de literato. Somos todos irmãos, e eu me preparo para o assassinato; aprendendo a matar, fabrico armas, pólvora, construo fortalezas e por isso sou pago.

Toda a vida de nossas classes superiores é uma constante contradição, tanto mais dolorosa para um homem quanto sua consciência é mais sensível e mais elevada.

O homem dotado de uma consciência impressionável não pode deixar de não sofrer com tal vida. O único meio para livrar-se desse sofrimento é impor silêncio à própria consciência; mas se alguns conseguem isso, não conseguem impor silêncio a seu medo.

Os homens das classes superiores opressivas, cuja consciência é pouco impressionável ou que aprenderam a fazê-la calar, se não sofrem devido a ela, sofrem com o medo e com o ódio, e não conseguem deixar de sofrer. Conhecem todo o ódio que contra eles nutrem as classes trabalhadoras; não ignoram que os operários são enganados e explorados e que começam a se organizar para combater a opressão e vingar-se dos opressores. As classes superiores veem as associações, as greves, o 1º de Maio e sentem o perigo que os ameaça, e esse medo envenena sua vida e transforma-se num sentimento de defesa e de ódio. Sabem que, enfraquecendo por um instante na luta contra os escravos oprimidos, perecerão, porque os escravos estão exasperados e porque cada dia de opressão aumenta essa exasperação. Os opressores, ainda que quisessem, não poderiam dar fim à opressão. Sabem que eles próprios pereceriam, não apenas logo que deixassem de ser opressores, mas também assim que dessem sinais de enfraquecimento. Por isso não enfraquecem, apesar de seus supostos cuidados com o bem-estar do operário, das jornadas de oito horas, das leis trabalhistas para o menor e a mulher, das pensões e de recompensas. Tudo isso nada é senão prepotência ou desejo de deixar ao escravo a força de trabalho; mas o escravo permanece escravo e o patrão, que não pode ficar sem ele, está menos disposto do que nunca a libertá-lo.

As classes dirigentes encontram-se, face às classes trabalhadoras, na situação de um homem que houvesse jogado ao chão seu adversário e não o soltasse, não tanto porque não o quisesse, mas porque um momento de liberdade concedido a seu inimigo, irritado e armado com uma faca, bastaria para que este o degolasse.

Por isso, impressionáveis ou não, nossas classes abastadas não podem, como os antigos que acreditavam em seus direitos, gozar das vantagens das quais despojaram o pobre. Toda a sua vida e todos os seus prazeres são perturbados pelo remorso e pelo medo.

Assim é a contradição econômica. Mais surpreendente ainda é a contradição política.

Todos os homens são educados, antes de tudo, no hábito da obediência às leis. A vida de nossos tempos baseia-se nessas leis. O homem se casa, se divorcia, cria os filhos e até mesmo professa uma crença (em muitos países) de acordo com as leis. Qual é, então, essa lei sobre a qual repousa toda a nossa existência? De fato, nenhuma. Ademais, os homens de nosso tempo não acreditam na justiça dessas leis, desprezam-nas e, por isso, não se submetem a elas. Compreende-se que os homens da Antiguidade se tenham sujeitado a sua lei; realmente acreditavam que essa lei (que em geral era também religiosa) fosse a única, a verdadeira, aquela a que todos os homens deviam sujeitar-se. Mas, e nós? Nós sabemos e não temos dúvida de que a lei do nosso Estado não é a única, a eterna lei, mas somente uma lei como as outras, tão numerosas, dos outros Estados, igualmente imperfeita e muitas vezes também claramente falsa e injusta. Compreende-se que os judeus tenham obedecido às suas leis, uma vez que não duvidavam que Deus as houvesse escrito com seu dedo, o mesmo se compreende com relação aos romanos, que as acreditavam ditadas pela ninfa Egéria. Compreende-se até a obediência às leis quando se acreditava que os soberanos que as ditaram eram os representantes de Deus na Terra, ou quando as Assembleias Legislativas que as elaboraram foram animadas pelo desejo de fazê-las o melhor possível e tiveram a habilidade de consegui-lo. Mas todos sabemos como são feitas essas leis. Estivemos todos nos bastidores; sabemos que são geradas pela cobiça, pela astúcia, pela luta entre os partidos; que nelas não há e não pode haver justiça real. Por isso, os homens de nosso tempo não podem crer que a submissão às leis sociais e políticas satisfaça às exigências da razão e da natureza humana. Os homens de há muito sabem que é irracional submeter-se a uma lei cuja verdade é dúbia e, portanto, não podem deixar de sofrer ao se submeterem a uma lei cujo bom-senso e cujo caráter obrigatório eles não reconhecem.

O homem não pode deixar de sofrer quando toda a sua vida é regulada antecipadamente por leis às quais ele deve obedecer sob ameaça de castigo, ainda que não acredite na sabedoria e justiça dessas leis e que até, muitas vezes, tenha plena consciência de sua crueldade e de seu caráter artificial.

Reconhecemos a inutilidade das alfândegas e das taxas de importação, mas somos obrigados a pagá-las. Reconhecemos a inutilidade das listas civis e de muitas outras despesas governamentais; consideramos nocivos os ensinamentos da Igreja, e devemos contribuir para a manutenção dessas instituições. Reconhecemos como cruéis e injustas as condenações pronunciadas pelos tribunais e somos obrigados a participar dessa Justiça. Reconhecemos ser irregular e funesta a distribuição da propriedade rural, e devemos suportá-la. Não reconhecemos a necessidade do exército e da guerra, e devemos pagar terríveis impostos para a manutenção das tropas e para as despesas da guerra.

Mas essa contradição não é nada se comparada àquela que se ergue diante dos homens em suas relações internacionais e que, sob pena de perda da razão e da vida humana, exige uma solução: a contradição entre a consciência cristã e a guerra.

Todos nós, povos cristãos, que participamos da mesma vida espiritual, de tal modo que cada pensamento generoso, fecundo, que nasce numa extremidade da Terra, comunica-se imediatamente a toda a humanidade cristã e provoca por toda parte o mesmo sentimento de alegria e orgulho, a despeito das nacionalidades; nós, que amamos o pensador, o filantropo, o poeta, o sábio estrangeiro; nós, que estamos orgulhosos com o empreendimento de Damien,* como se nosso fosse; nós, que simplesmente amamos os estrangeiros – franceses, alemães, norte-americanos, ingleses; nós, que pregamos suas qualidades, que ficamos felizes ao encontrá-los, que os acolhemos com prazer, que não só não podemos considerar como um ato heroico a guerra contra eles, mas que também não podemos

---

*Empreendimento feito por Joseph De Veuster, que em 1863 transferiu-se para a Oceania e dedicou-se a cuidar de leprosos, dos quais contraiu a doença. Seu nome religioso era padre Damien. (*N. do E.*)

pensar sem terror que uma desavença tão grave possa ser deflagrada entre nós e eles, nós somos todos chamados a participar da carnificina que inevitavelmente deve acontecer, senão hoje, pelo menos amanhã.

Compreende-se que os judeus, os gregos, os romanos tenham defendido sua independência com o assassinato e que, pelo assassinato, outros povos os tenham submetido, porque cada um deles acreditava firmemente ser o único povo escolhido, bom e amado por Deus, enquanto os outros não eram senão filisteus ou bárbaros. Os homens da Idade Média, e também aqueles do final do século XVIII e do princípio deste [século XIX], podiam ainda ter a mesma crença. Mas nós, apesar de todas as nossas excitações, não mais podemos tê-la. E essa contradição é tão terrível em nossos tempos que não mais podemos viver sem encontrar uma solução.

O conde Komarovski, professor de Direito Internacional, escreve em suas sábias memórias:

> Os nossos tempos são ricos em contradições de toda espécie; a imprensa de todos os países nos fala, em todos os tons, da necessidade da paz entre os povos e deseja-a ardentemente. Os membros dos governos declaram-no, assim como órgãos oficiais e privados; disso se fala na Câmara dos Deputados, nas correspondências diplomáticas e até nos tratados que se assinam. A paz está em todas as bocas e, no entanto, os governos a cada ano aumentam seus armamentos, introduzem novos impostos, fazem empréstimos e elevam desmedidamente seus débitos, deixando às gerações futuras o trabalho de reparar todos os erros de nossa política insensata. Que lamentável contraste entre palavras e atos! E o que fazem os governos para justificar seus armamentos e o déficit de seus balanços? Colocam absolutamente tudo na conta exclusiva da defesa! Mas eis o ponto obscuro, o que ne-

nhum homem imparcial pode ou poderá compreender: de que parte virá o ataque se, em sua política, todas as grandes potências são unânimes ao objetivar a defesa. É, todavia, evidente que cada uma dessas potências está pronta, a cada minuto, para atacar as outras. Eis o que causa uma desconfiança geral, bem como os esforços sobre-humanos de cada Estado para superar em forças militares todos os outros: competem para apresentar no campo de batalha a multidão mais imponente.

Tanta rivalidade é, por si só, o maior perigo de guerra; os povos não podem prolongar ao infinito esse estado de coisas e cedo ou tarde deverão preferir a guerra à tensão em que agora vivem e à destruição que os ameaça. Então, o mais fútil pretexto bastará para acender o fogo da guerra em toda a Europa, de uma extremidade à outra. E esperamos em vão salvar-nos, com a crise, das calamidades políticas e econômicas que nos oprimem. A experiência das últimas guerras nos demonstrou suficientemente que cada uma delas rendeu o mais profundo ódio entre os povos, o peso do militarismo mais insuportável e o mais triste e mais difícil estado político e econômico da Europa.

Por sua vez, escreve Enrico Ferri:

A Europa moderna tem um exército de nove milhões de homens, e cerca de 15 milhões na reserva, e gasta quatro bilhões de libras por ano. Armando-se cada vez mais, esgota as fontes do bem-estar social e individual; e poderia facilmente ser comparada a um homem que, para conseguir armas, condena-se à anemia, perdendo as forças de que precisa para se servir das armas que conseguiu e sob cujo peso acaba por sucumbir.

O mesmo diz Charles Booth, em seu discurso lido em Londres na Associação pela Reforma e Codificação da Lei das Nações, a 26 de julho de 1887. Após ter mencionado a mesma cifra de 9 milhões de homens no exército ativo e 17 milhões na reserva, e as enormes despesas dos governos para a manutenção e o armamento desses exércitos, ele acrescenta:

> Essas cifras não representam senão uma ínfima parte da despesa real, porque, além dessas despesas conhecidas do balanço de guerra das diversas nações, devemos também considerar as incalculáveis perdas causadas à sociedade pela absorção de uma quantidade tão considerável de homens que, escolhidos entre os mais vigorosos, são tirados da indústria e de qualquer outro trabalho, além dos enormes juros das quantias despendidas em preparativos militares que nada rendem. A inevitável consequência dessas despesas de guerra e dos preparativos militares é o aumento progressivo dos débitos do Estado. A maior parte dos débitos dos Estados da Europa foi feita em previsão de guerra. Seu total soma quatro bilhões de libras esterlinas, ou cem bilhões de liras, e esses débitos aumentam a cada ano.

O mesmo Komarovski diz, em outra parte:

> Vivemos em tempos penosos. Ouvem-se por todos os lugares lamentações em torno da estagnação do comércio e da indústria, e, em geral, em torno da má situação econômica: são evidenciadas duras condições da vida das classes operárias e o empobrecimento das massas. Inventam-se, por toda parte, novos impostos, e a opressão financeira das nações não tem limites.

Se examinarmos os balanços dos Estados da Europa durante os últimos cem anos, o que antes de tudo nos chama a atenção é seu aumento progressivo e rápido. Como podemos explicar esse extraordinário fenômeno que mais cedo ou mais tarde ameaça os Estados de uma inevitável falência?

Isso provém certamente das despesas para a manutenção dos exércitos, que absorvem a terça parte ou até mesmo a metade do balanço de todos os Estados da Europa. O mais triste é que não se vê o final desse aumento dos balanços e do empobrecimento das massas. O que é o socialismo senão um protesto contra essa situação extremamente anormal na qual se encontra a maior parte da população de nosso continente?

Já Frédéric Passy, no último Congresso Universal da Paz, em Londres (1890), afirma:

> Arruinamo-nos para tomar parte nos loucos massacres do futuro, ou para pagar os juros dos débitos para nós deixados pelos loucos e criminosos massacres do passado. Estamos morrendo de fome para podermos nos matar.

Falando mais sobre o modo como essa questão é considerada na França, acrescenta:

> Acreditamos que, cem anos após a Declaração dos Direitos do Homem e do Cidadão, chegou o tempo de reconhecer os direitos das nações e de renunciar para sempre a todas essas façanhas de mentira e violência que sob o nome de conquistas são verdadeiros crimes de lesa-humanidade e que, não obstante o que pensam a ambição dos soberanos e o orgulho dos povos, debilitam até aqueles que triunfam.

Já Sir Wilfrid Lawson diz no mesmo congresso:

A educação religiosa do nosso país surpreende-me. O rapaz vai à escola dominical e lhe dizem: "Meu caro rapaz, deves amar os teus inimigos. Se um companheiro te bate, não te deves vingar, mas sim procurar reconduzi-lo, pela suavidade, a melhores sentimentos." Muito bem. O rapaz frequenta a escola dominical até os 14 ou 15 anos; depois os seus amigos fazem-no entrar para o exército. O que acontecerá? O que ele deve fazer não é amar o inimigo, mas, ao contrário, transpassá-lo com sua baioneta tão logo o encontre. Assim é a instrução religiosa neste país. Não creio que seja esta a melhor maneira de obedecer aos mandamentos da religião. Creio que, se é bom para um rapaz amar seu inimigo, também o é para um adulto...

E F. Wilson:

Existem na Europa 28 milhões de pessoas armadas para resolver as questões não pelo debate, mas pelo massacre. Esta é a forma de discutir, em uso, nas nações cristãs. Esta forma é, ao mesmo tempo, muito dispendiosa, porque, segundo as estatísticas por mim consultadas, as nações da Europa gastaram, de 1872 até hoje, a inacreditável soma de sessenta bilhões, unicamente para preparar a solução de suas questões por meio do massacre recíproco. Parece-me, então, que, nessa ordem de ideias, se deva aceitar um dos dois finais para esse dilema: ou o cristianismo é um fracasso, ou aqueles que assumiram a missão de interpretá-lo compreenderam-no mal. Até que nossos encouraçados sejam desarmados e nossos exércitos dispensados, não teremos o direito de nos chamar uma nação cristã.

Numa conversa a respeito da obrigação, para os pastores cristãos, da propaganda contra a guerra, G. D. Bartlett disse, entre outras coisas:

Se compreendo um pouco a Sagrada Escritura, afirmo que os homens não fazem outra coisa senão fingir sua fé no cristianismo, não levando em consideração a guerra. Entretanto, durante toda a minha existência ouvi apenas meia dúzia de vezes nossos pastores pregarem a paz universal. Eu disse, há vinte anos, que a guerra é inconciliável com o cristianismo. Mas consideraram-me um fanático insensato. A ideia de que se possa viver sem guerra foi acolhida como uma imperdoável fraqueza, uma loucura.

O padre católico Defourney exprimiu-se no mesmo sentido:

Um dos primeiros preceitos da lei eterna, resplandecente na consciência dos homens, é o que proíbe tirar a vida ao próprio semelhante, espalhar o sangue humano sem causa justa, ou sem ser obrigado pela necessidade. É um dos preceitos mais profundamente impressos no coração do homem... Mas, tratando-se da guerra, isto é, do derramamento de torrentes de sangue humano, os homens de hoje não mais se importam com a justa causa. Os que nela tomam parte não mais pensam em se perguntar se essas inúmeras mortes são ou não justificáveis, ou seja, se as guerras, ou aquilo que se entende por este nome, sejam justas ou iníquas, legais ou ilegais, lícitas ou criminosas; se, ao manejar o fogo que consome os bens e a arma que destrói as vidas humanas, eles violam ou não a lei primordial que proíbe o homicídio, a matança, o saque e o incêndio sem justa causa. Sua consciência emudece quanto a isso... A guerra deixou de ser, para eles, um ato dependente da moral. Eles não têm outra alegria, nas fadigas e nos perigos dos campos, além de serem vencidos...

Muito tempo transcorreu desde que um gênio poderoso vos disse estas palavras, que se tornaram proverbiais: "Tirai a justiça, o que são os impérios, além de vastas sociedades de bandidos?" E as companhias de bandidos não são também esses pequenos impérios? Até os bandidos possuem certas leis ou convenções que os regem. Eles também lutam pela conquista da presa ou pelo ponto de honra da quadrilha... Assim, senhores, vos peço em grande confiança que adoteis o princípio da instituição proposta [a instituição de um tribunal de arbítrio internacional], a fim de que as nações europeias deixem de ser nações de ladrões, e os exércitos, quadrilhas de bandidos e piratas; devo acrescentar: de escravos... Os exércitos são rebanhos de escravos, escravos de um ou dois governantes, de um ou dois ministros, que deles dispõem tiranicamente, sem qualquer outra garantia além de uma responsabilidade puramente nominal, como bem sabemos... O que caracteriza o escravo é que ele está nas mãos do seu patrão, como um objeto, uma ferramenta, e não mais um homem. Assim acontece com o soldado, com o oficial, com o general, que marcham para o sangue e o fogo sem pensamento de justiça, pela vontade arbitrária dos ministros nas condições expostas. Assim existe a escravidão militar, e é a pior das escravidões, sobretudo hoje que põe, com o recrutamento, a corrente no pescoço de todos os homens livres e fortes da nação para deles fazer instrumentos de morte, homicidas por profissão, açougueiros de carne humana, porque este é o único *opus servile* em previsão do qual são acorrentados e adestrados.

Os governantes, em número de dois ou três, pouco mais ou pouco menos, reunidos num gabinete secreto, deliberando sem registros e sem processo verbal destinado à publicidade, falando sem responsabilidade possível... poderiam talvez ordenar assim massacres, se a consciência não fosse apagada?

Também diz E. T. Moneta:

Os protestos contra os armamentos desastrosos para o povo não começaram em nossos tempos. Ouvi o que escreveu Montesquieu em sua época: "A França [hoje se poderia dizer a Europa] perecerá devido ao militarismo. Uma nova doença espalhou-se pela Europa. Atacou os reis e obriga-os a manter inúmeros exércitos. Essa doença é infecciosa e, em consequência, contagiosa, porque, tão logo um Estado aumenta o seu exército, os outros fazem o mesmo. De modo que não resulta senão na perda de todos. Cada governo mantém tantos soldados quantos poderia manter se seu povo fosse ameaçado de extermínio; e os homens chamam paz a esse estado de tensão de todos contra todos. Por isso, a Europa está tão arruinada que, se os desprovidos estivessem na situação dos governos deste lado do mundo, os mais ricos entre eles não teriam do que viver. Somos pobres, possuindo as riquezas e o comércio do mundo inteiro!" Isto foi escrito há quase 150 anos. O quadro parece ter sido feito hoje. Só o regime governamental mudou. Ao tempo de Montesquieu, dizia-se que a causa da manutenção dos exércitos numerosos estava no absolutismo dos reis que guerreavam na esperança de aumentar, através das conquistas, suas propriedades privadas e sua glória. As pessoas costumavam dizer: "Ah, se ao menos pudéssemos eleger governos que recusassem soldados e dinheiro! Então, seria o fim da política militar!" Há, hoje, governos representativos em quase toda a Europa e, apesar disso, os gastos bélicos e a preparação para a guerra crescem em proporções alarmantes.

Evidentemente, a loucura dos soberanos tomou conta das classes dirigentes. Agora, não mais se guerreia porque um rei foi descortês com a amante de um outro, como aconteceu na época de Luís XIV. Porém, exagerando o sentimento honrado e natural de dignidade nacional e do patriotismo, e exacerbando a opinião pública de uma nação contra outra, chega-se ao ponto em que bastou dizer-se (embora a notícia fosse inexata) que o embaixador de nosso país não foi recebido pelo chefe de outro Estado para que explodisse a mais terrível e mais assustadora guerra. A Europa mantém, agora, nas forças armadas, mais soldados do que durante as grandes guerras de Napoleão.

Todos os cidadãos, salvo raras exceções, são obrigados, em nosso continente, a passar inúmeros anos de suas vidas nos quartéis. Constroem-se fortalezas, arsenais, navios; fabricam-se continuamente armas que serão, em pouquíssimo tempo, substituídas por outras, porque a ciência, que deveria ter sempre como alvo o bem da humanidade, concorre desgraçadamente para a obra da destruição e sem cessar inventa novos meios de matar grandes quantidades de homens, no menor tempo possível.

E para manter tantos soldados e fazer tão grandes preparativos de carnificina, gastam-se a cada ano centenas de milhões, ou seja, somas que bastariam para a educação do povo e a realização dos mais grandiosos trabalhos de utilidade pública e que gerariam a possibilidade de resolver pacificamente a questão social.

A Europa, por conseguinte, encontra-se, neste aspecto, não obstante todas as conquistas científicas, na mesma situação em que se encontrava nos piores e mais bárbaros dias da Idade Média. Todos se queixam desse estado que não é nem guerra, nem paz, e dele todos gostariam de sair. Os chefes de diversos Estados afirmam desejar a paz, e competem para fazer, solenemente, declarações as mais pacíficas. Mas, no mesmo dia, ou no seguinte, apresentam aos parlamentares projeto de lei para o aumento dos efetivos, dizendo tomarem medidas preventivas precisamente com a finalidade de garantir a paz.

Mas essa não é a paz que desejamos, e as nações não se iludem. A verdadeira paz baseia-se na confiança recíproca, enquanto esses formidáveis armamentos revelam, entre os Estados, uma hostilidade declarada, ou ao menos uma desconfiança oculta. O que diremos de um homem que, querendo demonstrar seus sentimentos amigáveis a seu vizinho, o convidasse a examinar as questões que os dividem com o revólver na mão?

"E é essa flagrante contradição entre as declarações pacíficas e a política militar dos governos que todos os bons cidadãos gostariam de fazer cessar a qualquer custo."

As pessoas surpreendem-se que sessenta mil suicídios ocorram a cada ano na Europa, e esta cifra contém somente os casos conhecidos e registrados, excetuadas a Rússia e a Turquia. Seria antes preciso surpreender-se por ocorrerem tão poucos. Cada homem de nosso tempo, se penetrarmos na contradição entre sua consciência e sua vida, encontra-se na mais cruel situação. Sem falar de todas as outras contradições entre a vida real e a consciência que preenchem a existência do homem moderno, bastaria esse estado de paz permanente e sua religião cristã para que o homem, desesperado, duvidasse da razão humana e renunciasse à vida num mundo tão insensato e bárbaro. Essa contradição, requinte de todas as outras, é tão terrível que viver participando dela só é possível caso não pensemos, caso a esqueçamos.

Mas como? Todos nós, cristãos, não só professamos o amor ao próximo, como também vivemos realmente uma vida comum, uma vida cujo pulso bate num só movimento; ajudando-nos mutuamente, ensinamos uns aos outros cada vez mais, para a felicidade comum, aproximamo-nos uns dos outros com amor! – e nessa aproximação está o sentido da vida –, para amanhã algum chefe de Estado, fora de si, dizer uma tolice qualquer à qual um outro responderá com outra tolice, e iremos nos expor à morte e matar homens que não só nada nos fizeram, mas que amamos! E esta não é uma probabilidade longínqua, mas uma inevitável certeza, para a qual todos nos preparamos.

Basta, de modo claro, ter consciência para enlouquecer ou suicidar-se. E é isto o que acontece, sobretudo entre os militares. Basta voltar a si por um momento para sermos reduzidos à necessidade de tal fim.

Só essas razões podem explicar a intensidade terrível com a qual o homem moderno procura entorpecer-se com o vinho, o fumo, o ópio, o jogo, a leitura dos jornais, com viagens e com toda espécie de prazeres e espetáculos. As pessoas abandonam-se a isso como a uma ocupação séria e importante, e de fato assim é. Se não houvesse um meio externo de embrutecer suas sensibilidades, a metade do gênero humano atiraria na própria cabeça imediatamente, porque viver em contradição com a própria razão é uma situação intolerável. E todos os homens de nosso tempo encontram-se nessa situação; todos vivem numa contradição constante e flagrante entre sua consciência e sua vida. Essas contradições são econômicas e poéticas, mas a mais notável está na consciência da lei cristã da fraternidade dos homens e, ao mesmo tempo, da necessidade que impõe aos homens o serviço militar obrigatório, a necessidade de ser preparado para o ódio, para a matança, de ser, ao mesmo tempo, cristão e gladiador.

6

Os homens de nossa sociedade e a guerra

A solução das contradições entre a vida e a consciência é possível de duas maneiras: mudar a vida ou mudar a consciência. E não parece que possa existir dúvida na escolha.

O homem pode deixar de fazer aquilo que considere errado, mas não pode deixar de achar errado o que é errado.

Da mesma forma, toda a humanidade pode deixar de fazer aquilo que acha errado, mas não pode não só mudar, mas nem mesmo deter por um momento, o progresso da consciência, cada dia mais lúcida e mais difundida, do que é errado e, portanto, não deve existir. Por isso, parece inevitável, para a humanidade cristã de nosso tempo, a necessidade de renegar as formas pagãs, que condena, e de tomar como base de sua vida os princípios cristãos, que reconhece.

Assim seria se não existisse a lei da inércia, imutável, tanto na vida dos homens e dos povos, como nos objetos inanimados, e que se exprime nos homens pela lei psicológica tão bem formulada nas palavras do Evangelho: "E eles não caminharam para a luz, porque suas ações eram más." Esta lei existe devido ao que se segue: que a maior parte dos homens não pensa com a finalidade de conhecer a verdade, mas para persuadir-se de que vivem na verdade; para convencer-se de que a vida que vivem, acham agradável e à qual estão habituados é precisamente aquela que se harmoniza com a verdade.

A escravidão foi contrária a todos os princípios morais que pregavam Platão e Aristóteles, no entanto, nem um nem outro percebeu que a supressão da escravidão teria destruído todas as regras da vida à qual estavam acostumados. E o mesmo acontece em nossos tempos.

A divisão dos homens em duas castas, como também a violência política e militar, é contrária a todos os princípios morais que nossa sociedade professa; entretanto, os homens cultos de sua vanguarda não parecem percebê-lo.

Os homens modernos, cultos, senão todos, ao menos em sua maioria, esforçam-se inconscientemente para reter o antigo conceito social da vida, que justifica sua posição, escondendo de si mesmo e dos outros a insuficiência desse conceito e, sobretudo, ocultando a necessidade de adotar o conceito cristão que destrói toda a ordem atual das coisas. Procuram manter o regime fundado no conceito social de vida, em que nem eles mesmos acreditam, porque é tão antigo que não se pode mais acreditar.

Toda a literatura filosófica, política e artística de nosso tempo é característica, neste ponto. Que riquezas de ideias, de formas, de cores! Que erudição e que arte e, ao mesmo tempo, que ausência de teses sérias, que timidez diante da expressão de cada pensamento exato! Das sutilezas, das alegorias, das brincadeiras, os conceitos mais vastos, e nada de simples, de preciso, que se refira ao assunto tratado, ou seja, a questão da vida. E mais: escrevem-se e contam-se futilidades graciosas ou francas impudicícias, divulgam-se embustes, sustentam-se os paradoxos mais refinados, que reconduzem o homem à selvageria primitiva, aos princípios da vida não só pagã, mas também animal, pela qual passamos há cinco mil anos.

Aliás, não pode ser de outro modo. Dando as costas ao conceito cristão da vida que destrói a ordem apenas habitual para uns, habitual e vantajosa para outros, os homens não podem deixar de voltar ao conceito pagão e às doutrinas que dele derivam. Em nossos tempos, prega-se não só o patriotismo e o aristocratismo, como há dois mil anos, mas também o mais rude epicurismo, a bestialidade, com uma só diferença: os homens que outrora pregavam assim, acreditavam, enquanto hoje os pregadores não acreditam no que dizem, e não podem acreditar, porque não faz mais sentido. Não se pode estar parado num lugar quando o século se move; se não se vai adiante, volta-se atrás e – coisa estranha e terrível! – os homens cultos de nosso tempo, aqueles que caminham na vanguarda, com seus raciocínios especiais, arrastam para trás a sociedade, não para o estado pagão, mas para o estado das primitivas barbáries.

Não podem ser mais bem reveladas essas tendências dos homens cultos de nosso tempo do que por sua atitude em presença do fenômeno pelo qual manifestou-se a insuficiência do conceito social da vida: a guerra, o armamento geral e o serviço militar obrigatório.

A falta de clareza – a menos que haja boa-fé – na atitude dos homens cultos em presença desse fenômeno é surpreendente. Essa atitude manifesta-se de três maneiras: uns consideram o fenômeno como algo ocasional, produto da situação política da Europa e suscetível de ser melhorado sem mudanças na ordem interna da vida dos povos, mas por meio de simples medidas externas, internacionais e diplomáticas; outros veem o fenômeno como algo terrível e atroz, mas inevitável e fatal como a doença ou a morte; outros, ainda, encaram a guerra com tranquilidade e sangue-frio, como algo necessário, benéfico e, portanto, desejável.

Os homens tratam desse assunto de diversas formas, mas uns e outros falam de guerra como de um acontecimento que na verdade não depende da vontade dos homens, que, contudo, dela participam, e, sendo assim, não admitem a pergunta que se apresenta naturalmente a qualquer pessoa que conserva o próprio bom-senso: devo tomar parte nisso? Em sua opinião, esse gênero de questão não existe e cada homem, qualquer que seja sua opinião pessoal sobre a guerra, deve sutilmente submeter-se às exigências do poder.

A atitude dos primeiros, dos que creem na possibilidade de evitar a guerra com medidas internacionais e diplomáticas, está bem clara nas resoluções do último Congresso Universal da Paz, em Londres, em 1892, e nos artigos e cartas escritos sobre a guerra por escritores célebres e reunidos no número 8 da *Revista das Revistas*, de 1891. Eis os resultados do Congresso: havendo reunido de todos os pontos do globo as opiniões verbais ou escritas dos doutos, o Congresso, em seus trabalhos, iniciados com um serviço religioso na catedral e encerrados com um banquete seguido de diversos brindes, escutou durante cinco dias inúmeros discursos e chegou às seguintes resoluções:

1. O Congresso afirma que a fraternidade entre os homens implica, como consequência necessária, uma fraternidade entre as nações.

2. O Congresso reconhece a importante influência que o cristianismo exerce sobre o progresso moral e político da humanidade, e recorda, com insistência, aos ministros do Evangelho e às outras pessoas que se ocupam da educação religiosa, a necessidade de difundir estes princípios de paz e de boa vontade, que são a base dos ensinamentos de Jesus Cristo, dos filósofos e dos moralistas; *e o Congresso recomenda que a cada ano seja escolhido o terceiro domingo do mês de dezembro para ser feita uma especial propagação destes princípios.*

3. O Congresso emite a opinião de que os professores de História deveriam chamar a atenção dos jovens sobre os terríveis males infligidos à humanidade em todos os tempos de guerra e sobre o fato de que quase todas as guerras foram provocadas, em geral, por razões absolutamente insignificantes.

4. O Congresso protesta contra o uso dos exercícios militares, dados como exercícios físicos nas escolas, e sugere a formação de brigadas de salvamento, em vez das que possuam um caráter quase militar. E insiste sobre a utilidade de inculcar nas comissões de examinadores encarregados de formular as perguntas para os exames a necessidade de dirigir a inteligência dos jovens para princípios da paz.

5. O Congresso é da opinião que a doutrina dos direitos imprescritíveis do homem exige que os povos indígenas e fracos sejam defendidos, em seus territórios, em sua liberdade e em suas propriedades, contra qualquer injustiça e qualquer abuso quando em contato com povos civis, e que sejam protegidos dos vícios tão predominantes nas nações ditas adiantadas. Afirma, além disto, a convicção de que as nações deveriam agir de acordo para alcançar este objetivo. O Congresso deseja exprimir seu cordial apreço pelas conclusões da Conferência Antiescravagista, recém-realizada em Bruxelas, quanto à melhoria do estado das populações africanas.

6. O Congresso está convencido de que os prejuízos militares e as tradições ainda profundamente enraizadas em certas nações, como as exageradas declarações que fazem, nas Assembleias Legislativas e nos órgãos de imprensa, certos condutores da opinião pública, são, com muita frequência, a causa indireta das guerras. O Congresso faz, então, votos para que sejam eliminados estes erros, publicando-se fatos exatos e informações que dissipem os mal-entendidos que se infiltram por entre as nações. O Congresso recomenda também à Conferência Interparlamentar que examine atentamente a conveniência de ser criado um jornal internacional, destinado a corresponder às necessidades acima expressas.

7. O Congresso propõe à Conferência Interparlamentar que aconselhe seus membros à defesa, frente a seus respectivos Parlamentos, dos projetos de unificação dos pesos e medidas, das moedas, das diversas tarifas, dos regulamentos postais e telegráficos, dos meios de transporte etc., devendo essa unificação constituir uma verdadeira união comercial, industrial e científica dos povos.

8. O Congresso, considerando a enorme influência moral e social da mulher, conclama cada uma, como esposa, mãe, irmã, cidadã, a encorajar tudo o que tende a assegurar a paz, porque, de outra forma, ela incorre em grande responsabilidade pela continuação do Estado de guerra e de militarismo, que não só aflige como também corrompe a vida das nações. Para concentrar e aplicar esta influência de forma prática, o Congresso convida as mulheres a se unirem às sociedades para a propaganda da paz universal.

9. O Congresso exprime a esperança de que a Associação pela Reforma Financeira e outras sociedades do gênero, na Europa e nos Estados Unidos, se unam para convocar em futuro próximo uma Conferência que examine os melhores meios capazes de estabelecer relações comerciais equitativas entre os Estados, com a redução das taxas de importação, como um primeiro passo para o câmbio livre. O Congresso acredita poder afirmar que, mantendo a recíproca confiança, o mundo civil deseja a paz, e espera com impaciência o momento de ver cessar os armamentos que, construídos a título de defesa, tornam-se, por sua vez, um perigo, e são simultaneamente a causa do mal-estar econômico geral que impede a discussão, em condições satisfatórias, das questões que deveriam vir à frente de todas as outras, as do trabalho e da miséria.

10. O Congresso, reconhecendo que o desarmamento geral seria a melhor garantia da paz e conduziria à resolução, do ponto de vista dos interesses gerais, das questões que agora dividem os Estados, emite o voto de que um congresso de representantes de todos os Estados da Europa seja reunido o mais depressa possível, para providenciar os meios de efetuar o desarmamento gradual geral, que já se vislumbra como possível.

11. O Congresso, visto que a timidez de um só governo poderia bastar para retardar indefinidamente a convocação do congresso acima mencionado, é da opinião de que o governo que primeiro decidir mandar de volta ao lar um número considerável de soldados terá prestado um dos maiores serviços à Europa e à humanidade, porque obrigará os outros governos, sensibilizados pela opinião pública, a seguir seu exemplo e, com a força moral desse fato consumado, terá aumentado, em vez de diminuir, as condições de sua defesa nacional.

12. O Congresso, considerando que a questão do desarmamento, como da paz em geral, depende da opinião pública, recomenda às sociedades da paz, aqui representadas, e também a todos os amigos da paz, que se dediquem a uma propaganda ativa junto ao público, especialmente durante os períodos de eleições parlamentares, a fim de que os eleitores deem seus votos aos candidatos que terão como parte de seu programa a paz, o desarmamento e a arbitragem.

13. O Congresso congratula os amigos da paz pela resolução adotada na Conferência Americana Internacional (exceto os representantes do México), em Washington, no último mês de abril, na qual foi aconse-

lhado que a arbitragem se torne obrigatória em todas as contestações relacionadas com privilégios diplomáticos e consulares, fronteiras ou limites, territórios, indenização, direitos de navegação, ou concernentes à validade, à estipulação e à execução dos tratados e, em todos os outros casos, quaisquer que sejam a origem, a natureza e a ocasião, exceto aqueles que, segundo o parecer de qualquer nação, parte interessada na controvérsia, poderiam colocar em perigo a independência dessa nação.

14. O Congresso respeitosamente recomenda esta resolução à atenção dos homens de Estado da Europa e da América e exprime o ardente desejo de que tratados feitos em termos análogos sejam prontamente assinados pelas outras nações do mundo, de modo a prevenir qualquer causa de conflitos futuros entre eles e, ao mesmo tempo, para servir como exemplo aos outros Estados.

15. O Congresso exprime sua satisfação pela adoção, por parte do Senado espanhol, no dia 16 de junho passado, de um projeto de lei que autoriza o governo a concluir tratados gerais ou especiais de arbitragem, para a regulamentação de qualquer contenda, exceto as que se referem à independência ou administração interna dos Estados em litígio. Exprime também sua satisfação pela adoção de resoluções visando o mesmo objetivo por parte do *Storthing* norueguês no dia 6 de março passado e por parte da Câmara italiana a 11 de julho corrente.

16. O Congresso pede que se forme um Comitê de cinco membros para preparar, em seu nome, uma mensagem ou comunicado às principais instituições religiosas, políticas, comerciais, do trabalho e da paz, de todas as nações civis, para pedir-lhes que enviem petições aos

governos de seus respectivos países solicitando que tomem as medidas necessárias à constituição de tribunais convenientes, chamados a solverem as questões internacionais e, assim, evitarem recorrer à guerra.

17. Considerando: 1º – que o fim ao qual aspiram todas as sociedades da paz é a consolidação da ordem jurídica entre as nações; 2º – que a neutralização garantida em tratados internacionais constitui um preparo para esse Estado jurídico e diminui o número de lugares onde a guerra poderá ser feita; o Congresso recomenda uma extensão sempre maior do regime de neutralização, e expressa, em primeiro lugar, que todos os tratados que hoje asseguram a certos Estados as vantagens da neutralidade permaneçam em vigor, ou, sendo o caso, sejam modificados de modo que garantam a neutralidade mais efetiva, seja estendendo a neutralização à totalidade do Estado do qual apenas uma parte seja neutra, seja ordenando a demolição de fortalezas que constituem mais um perigo do que uma garantia de neutralidade; em segundo, que novos tratados, contanto que sejam conforme à vontade das populações às quais se referem, sejam concluídos, para estabelecer a neutralidade de outros Estados.

18. A sessão do Comitê propôs:
   I. Que as ulteriores reuniões do Congresso da Paz sejam fixadas antes da mesma reunião da Conferência Internacional anual, ou logo após, e na mesma cidade;
   II. Que a questão da escolha do emblema internacional da paz seja adiada para data indeterminada;

III. Que sejam tomadas as seguintes resoluções:
   a. Encaminhar testemunho de satisfação à Igreja presbiteriana dos Estados Unidos por sua proposta oficial aos representantes superiores de cada sociedade religiosa de fé cristã, para que se reúnam a fim de examinar, em comum, os meios adequados para substituir a guerra por uma arbitragem internacional;
   b. Encaminhar, em nome do Congresso, homenagem à memória de Aurelio Saffi, o grande jurista italiano, membro do comitê da Liga Internacional da Paz e da Liberdade;
IV. Que os atos do Congresso, assinados pelo presidente, sejam transmitidos, na medida do possível, aos chefes de todos os países civis, por delegações autorizadas;
V. Que o comitê de organização seja autorizado a fazer as necessárias correções nos documentos e processos verbais adotados;
VI. Que sejam tomadas também as seguintes resoluções:
   a. Exprimir o reconhecimento do Congresso aos presidentes de suas diversas sessões;
   b. Exprimir o reconhecimento ao presidente, aos secretários e aos membros de seu gabinete;
   c. Exprimir o reconhecimento aos membros de suas diferentes sessões;
   d. Exprimir o reconhecimento ao reverendo Scott Holland, ao reverendo doutor Reuen Thomas e ao reverendo J. Morgan Gibbon por seus discursos antes da abertura do

Congresso, como também ao clero da catedral de São Paulo, de City Temple e da igreja de Stamford Hill, pela utilização dos prédios para os serviços públicos.

e. De apresentar carta de reconhecimento a Sua Majestade, por haver autorizado aos membros do Congresso a visita ao palácio de Windsor;

f. De igualmente agradecer ao *lord mayor* e sua esposa, como ao senhor Passmore Edwards e outros amigos que concederam sua hospitalidade aos membros do Congresso.

19. O Congresso exprime seu reconhecimento a Deus, pela notável harmonia que não deixou de reinar, durante as sessões, entre tantos homens e tantas mulheres de nacionalidades e credos, línguas, povos diferentes, reunidos num esforço comum, para o final feliz dos trabalhos dos congressistas; e exprime sua firme e tenaz confiança no triunfo final da causa da paz e nos princípios defendidos em suas sessões.

A ideia fundamental do Congresso foi a necessidade: em primeiro lugar, de propagar entre os homens, por todos os meios, a convicção de que a guerra é absolutamente contrária a seu interesse e de que a paz é um grande benefício; em segundo lugar, de agir sobre os governos para demonstrar-lhes as vantagens que oferecem, em comparação com as guerras, os tribunais de arbitragem e, então, o interesse e a necessidade do desarmamento.

Para atingir o primeiro objetivo, o Congresso dirigiu-se aos professores de História, às mulheres e ao clero, e aconselhou-os a consagrar o terceiro domingo do mês de dezembro à pregação contra os males da guerra e a favor dos benefícios da paz. Para atingir o segundo objetivo, o Congresso dirigiu-se aos governos e propôs-lhes o desarmamento e a substituição da guerra pela arbitragem.

Pregar aos homens os males da guerra e os benefícios da paz! Mas eles conhecem tão bem esses males e esses benefícios que, desde que existem, o melhor augúrio sempre foi: "A paz esteja convosco!" Então, por que pregar isso?

Não só os cristãos, mas também todos os pagãos, há milhares de anos, conhecem os males da guerra e os benefícios da paz. Então, essa recomendação de que haja uma data especial – o terceiro domingo do mês de dezembro – para a propagação da paz é supérflua.

O cristão não pode deixar de pregá-la a cada dia de sua vida; e se os cristãos e os padres do cristianismo não o fazem, não é sem razão; e não o farão até que as razões já expostas não sejam afastadas. O conselho dado aos governos para dispensar seus exércitos e substituí-los pela arbitragem internacional é ainda mais útil. Os governos não ignoram as dificuldades que apresentam o recrutamento e a manutenção das tropas; se, então, eles as organizam e as mantêm sob as forças armadas à custa de inauditos esforços, é porque, evidentemente, não podem fazer de outro modo, e os conselhos do Congresso não mudarão tal situação. Mas os doutos não querem perceber este fato e esperam sempre encontrar uma combinação que obrigue os governos a reduzir por si mesmos seu próprio poder.

"Pode-se exorcizar a guerra?", escreve um douto na *Revista das Revistas*. E continua:

> Todos estão de acordo ao reconhecer que, acaso ela venha a eclodir na Europa, suas consequências serão talvez iguais às das grandes invasões. Comprometerá até mesmo a própria existência das nações e, por conseguinte, será sanguinolenta, implacável, atroz.

Assim, essa contradição, unida às dos terríveis instrumentos de destruição de que dispõe a Ciência moderna, talvez retarde a declaração e mantenha as coisas num estado que poderia ser levado a limites indefinidos, não fossem os enormes pesos que oprimem as nações europeias e ameaçam, ao se prolongarem, conduzir a ruínas e desastres não maiores do que os produzidos pela própria guerra.

Atingidos por estas ideias, pessoas de todos os países procuraram meios práticos para deter ou, ao menos, atenuar os efeitos das espantosas carnificinas cuja ameaça paira sobre nossas cabeças.

Tais são as questões, colocadas na ordem do dia da próxima abertura do Congresso da Paz em Roma, publicação de um recente opúsculo sobre o desarmamento.

Infelizmente, é também certo que, com a organização atual da maior parte dos Estados modernos, isolados uns dos outros, e guiados por interesses diversos, a supressão absoluta da guerra é uma ilusão pela qual seria perigoso deixar-se levar. Porém, algumas leis ou alguns regulamentos mais sábios impostos aos duelos entre as nações teriam, ao menos, o resultado de circunscrever os erros.

É, ainda, bastante quimérico contar com os projetos de desarmamento – cuja execução se torna quase impossível considerar sob um caráter popular –, presentes no espírito de nossos leitores. A opinião pública não está preparada para aceitá-los e, por outro lado, as relações internacionais estabelecidas entre os diversos povos são tais que impossibilitam esta aceitação. Um desarmamento imposto por um povo a um outro em condições perigosas para a sua segurança equivaleria a uma declaração de guerra.

Todavia, pode-se admitir que uma troca de ideias entre os povos interessados ajudará, de certo modo, o acordo internacional indispensável a essa transação, e tornará possível uma sensível redução das despesas militares que oprimem as nações europeias, com graves danos das soluções sociais, cuja necessidade, entretanto, impõe-se a cada uma delas, individualmente, sob pena de ter, internamente, a guerra evitada no exterior.

Pode-se ao menos pedir a redução das enormes despesas que resultam da atual organização da guerra, com o fim de invadir um território em 24 horas e travar uma batalha decisiva na semana seguinte à sua declaração.

"É preciso agir de tal modo que os Estados não se possam atacar entre si e, em 24 horas, apoderar-se de terras estrangeiras." Esta ideia prática foi expressa por Maxime du Camp e forma a conclusão do seu artigo.

As propostas de Maxime du Camp são as seguintes:

1º – Um congresso diplomático, em que estejam representadas as diversas potências, se reunirá a cada ano, em data e durante um tempo determinado, para examinar a situação dos povos entre si, para amainar as dificuldades e servir de árbitro em caso de conflito latente;

2º – Nenhuma guerra poderá ser declarada antes de dois meses depois do incidente que a terá provocado. No intervalo, o dever dos neutros será propor uma arbitragem;

3º – Nenhuma guerra será declarada antes de ser submetida, por plebiscito, à aprovação das nações que se preparam para ser beligerantes;

4º – As hostilidades não poderão ser abertas senão um mês após a declaração oficial de guerra.

Mas quem poderia impedir que as hostilidades começassem? Quem obrigará os homens a fazer isto ou aquilo? Quem forçará os governos a esperar os períodos fixados? Todos os outros Estados. Mas todos os outros Estados são também potências, as quais é preciso moderar e *forçar*. E quem *forçaria*, e como? A opinião pública. Mas, se existe uma opinião pública que pode forçar a potência a respeitar os períodos fixados, a mesma opinião pública pode forçar a potência a de fato não declarar a guerra.

Mas, objeta-se, é possível obter tal ponderação de forças, que impeça as potências de sair da reserva. Isto já não foi, talvez, tentado, e não o é ainda? A Santa Aliança não era senão isto, a Liga da Paz não é outra coisa etc. etc.

Mas, se todos entram em acordo?, responde-se. Se todos entram em acordo, a guerra não mais existirá e todos os tribunais de arbitragem tornam-se inúteis.

"Um tribunal de arbitragem! A arbitragem substituirá a guerra. As questões serão resolvidas pela arbitragem. A questão *Alabama** foi resolvida por um tribunal de arbitragem, a das ilhas Carolinas foi submetida à arbitragem do papa. A Suíça, a Bélgica, a Dinamarca, a Holanda, todas declararam preferir a arbitragem à guerra."

Estou convencido de que também Mônaco expressou o mesmo desejo.

Falta apenas uma pequena coisa, que é esta: que nem a Alemanha, nem a Rússia, nem a Áustria, nem a França demonstraram até agora a mesma inclinação.

Como os homens zombam facilmente de si mesmos quando têm interesse! Os governos consentiram em resolver suas

---

*Litígio entre Estados Unidos e Grã-Bretanha, durante a Guerra de Secessão, provocado pelo navio-pirata *Alabama*, que foi arbitrado por um tribunal internacional em Genebra, contra a Grã-Bretanha, obrigando-a a uma indenização de 15.500.000 dólares em favor dos Estados Unidos. (*N. do E.*)

discórdias com a arbitragem e a dispensar seus exércitos. As contestações entre a Rússia e a Polônia, entre a Inglaterra e a Irlanda, entre a Áustria e a Boêmia, entre a Turquia e os eslavos, entre a França e a Alemanha sendo amainadas por meio de conciliação amigável.

Seria, nem mais, nem menos, como se fosse proposto aos negociantes e aos banqueiros que nada vendessem acima do preço de compra, que se ocupassem sem benefício da distribuição de riquezas e que suprimissem o dinheiro, tornado inútil.

Mas como o comércio e as operações bancárias consistem unicamente em venda mais cara do que o preço de compra, esta proposta equivaleria a um convite de suicídio. Assim é para os governos. A proposta de não usar a força, mas resolver seus mal-entendidos com justiça, é um conselho de suicídio. É pouco provável que consintam.

Os cientistas se agrupam em sociedades (destas existem mais de cem), em congressos (ocorreram recentemente em Paris, em Londres, em Ruma); pronunciam discursos, se reúnem em banquetes, fazem brindes, publicam revistas e assim demonstram por todos os meios que os povos, obrigados a manter milhões de homens no exército, não aguentam mais e que esses armamentos estão em oposição ao progresso, aos interesses e aos desejos das populações; mas que, sujando muito papel, gastando muitas palavras, poderia se colocar todos os homens de acordo e fazer com que não tenham mais interesses opostos, e, então, que não haja mais guerra.

Quando eu era criança, fizeram-me crer que, para capturar um pássaro, bastava colocar-lhe um grão de sal na cauda. Tentei então aproximar-me de um pássaro com o sal, mas logo me convenci de que se eu tivesse podido colocar-lhe sal na cauda, teria sido igualmente fácil para mim pegá-lo, e compreendi que havia sido enganado.

Os homens que leem os artigos e livros sobre arbitragem e desarmamento devem também perceber que alguém está zombando deles.

Se é possível colocar um grão de sal na cauda de um pássaro, é porque ele não voa, e é fácil capturá-lo. Se tem asas e não quer ser preso, não deixa que lhe ponham sal na cauda, que a qualidade própria do pássaro é voar. Do mesmo modo, a qualidade própria do governo é comandar e não obedecer. Sempre tende a isso e nunca abandonará o poder voluntariamente. Ora, já que o poder lhe é dado pelo exército, ele nunca renunciará ao exército e à sua razão de ser – a guerra.

O ERRO EMERGE DOS DOUTOS juristas, que – enganando-se e enganando os outros – afirmam em seus livros que o governo não é o que é: uma reunião de homens que exploram os outros, mas, segundo a ciência, a representação do conjunto de cidadãos. Afirmaram-no por tanto tempo que acabaram acreditando eles mesmos; persuadiram-se, assim, que a justiça pode ser obrigatória para os governos. Mas a História demonstra que, de César a Napoleão, e deste a Bismark, o governo é sempre, em sua essência, uma força que viola a justiça e que não pode ser diferente. A justiça não pode ser obrigatória para aquele ou aqueles que dispõem de homens enganados e treinados na violência – os soldados – e que, graças a eles, dominam os outros. Por isso, os governos não podem consentir em diminuir o número desses homens treinados e obedientes que constituem toda a sua força e influência.

Este é o modo de ver de uma parte dos doutos quanto à contradição que pesa sobre nossa sociedade, e tais são seus meios para resolvê-la. Digam a esses que a solução depende unicamente da atitude pessoal de cada homem em presença da questão moral e religiosa hoje colocada – isto é: a legitimidade ou ilegitimidade do serviço militar obrigatório –, esses doutos nada farão além de erguer os ombros e sequer se dignarão a responder.

Não veem nesta questão senão uma ocasião para pronunciar discursos, publicar livros, nomear presidentes, vice-presidentes, secretários; uma ocasião para se reunir ou falar nesta ou naquela cidade. Segundo eles, toda essa tagarelice, escrita ou falada, deve provocar este resultado: os governos deixarão de recrutar soldados, base de sua força, e, seguindo seus conselhos, dispensarão os exércitos e ficarão sem defesas, não só diante de seus vizinhos, como também diante de seus súditos. Seria como uma quadrilha de bandidos que, tendo amarrado fortemente alguns homens desarmados, para roubá-los, se deixassem enternecer por discursos sobre sofrimento causado a suas vítimas pela corda que as amarra, e se apressassem a cortá-la.

Existem, todavia, pessoas que acreditam em tudo isso, que se dedicam aos congressos de paz, pronunciam discursos e escrevem livros: os governos, compreende-se, dão a eles muitas provas de simpatia e fingem encorajá-los, como fingem proteger a sociedade de repressões, enquanto, em sua maioria, continuam a existir apenas graças à embriaguez dos povos; como fingem proteger a instrução, enquanto sua força tem por base precisamente a ignorância; como fingem garantir a liberdade e a Constituição, enquanto seu poder mantém-se graças à ausência de liberdade; como fingem cuidar da melhoria da vida dos trabalhadores, enquanto sua existência repousa sobre a opressão do operário; como fingem sustentar o cristianismo, enquanto o cristianismo destrói qualquer governo.

Nossa sociedade incumbe-se da repressão, mas de modo que este cuidado não possa diminuir a embriaguez; da instrução, mas de modo que, longe de destruir a ignorância, não faz senão aumentá-la; da liberdade e da Constituição, mas de modo que não se impeça o despotismo; da sorte dos operários, mas de modo que não sejam alforriados de sua escravidão; do cristianismo, mas do cristianismo oficial que sustenta os governos, em vez de destruí-los.

Existe, agora, um novo cuidado: a paz. Os soberanos que hoje se aconselham com seus ministros decidem, apenas por sua vontade, se o grande massacre começará este ano, ou no próximo ano. Sabem muito bem que todos os discursos deste mundo não impedirão, quando assim decidirem, de mandar milhões de homens para o matadouro. Escutam com prazer semelhantes dissertações pacíficas, encorajam-nas e delas participam.

Longe de serem nocivas, estas são, pelo contrário, úteis aos governos, porque desviam a atenção dos povos e os afastam da questão principal, essencial: deve-se ou não submeter-se à obrigatoriedade do serviço militar?

"A paz será dentro em pouco organizada, graças às alianças, aos congressos, aos livros e aos opúsculos. Neste ínterim, envergam seus uniformes e fiquem prontos a, por nós, cometer e a sofrer violências", dizem os governos; e os doutos organizadores de congressos e os autores de memórias pela paz aprovam integralmente.

Assim agem e assim pensam os cientistas desta primeira categoria. Sua atitude é a que mais proveito traz aos governos e, portanto, a que mais é encorajada por eles.

O ponto de vista de uma segunda categoria é mais trágico. É o dos homens aos quais parece que o amor pela paz e a necessidade da guerra são uma terrível contradição, mas destino do homem. São, em sua maioria, homens de talento, de natureza impressionável, que veem e compreendem todo o horror, toda a imbecilidade e toda a barbárie da guerra; mas, por uma estranha aberração, não veem e não procuram nenhuma saída para essa desoladora situação da humanidade, como se deliberadamente quisessem revolver a chaga.

Eis um excelente exemplo, tirado do célebre escritor francês Guy de Maupassant. Observando de seu iate as manobras e os exercícios de tiro dos soldados franceses, ocorreram-lhe as seguintes reflexões:

> Quando penso somente nesta palavra, guerra, me assalta um desânimo, como se me falassem de bruxaria, de Inquisição, de algo longínquo, fundo, abominável, monstruoso, contra a natureza.

Quando se fala de antropófagos, sorrimos com orgulho, proclamando a nossa superioridade sobre aqueles selvagens. Quais são os selvagens, os verdadeiros selvagens? Aqueles que lutam para comer os vencidos ou aqueles que lutam para matar, com o único intuito de matar?

Os soldados de infantaria que correm ao longe estão destinados à morte, como o rebanho de carneiros que um açougueiro vislumbra diante de si na estrada. Cairão numa planície, com a cabeça quebrada por um golpe de espada ou com o peito perfurado por uma bala; e são jovens que poderiam trabalhar, produzir, ser úteis. Seus pais são velhos e pobres, e suas mães, que durante vinte anos os amaram, adoraram como adoram as mães, saberão dentro de seis meses, ou talvez de um ano, que seu filho, o menino, o menino grande, educado com tanto sacrifício, com tanto dinheiro, com tanto amor, foi jogado numa fossa, como um cachorro, depois de ser estripado por um tiro de canhão e pisoteado, amassado, moído pelas cargas de cavalaria. Por que mataram seu filhinho, seu lindo filhinho, sua única esperança, seu orgulho, sua vida? Ela não sabe. Sim, por quê?

A guerra!... lutar!... degolar!... massacrar os homens!... e temos hoje, em nosso tempo, com a nossa civilização, com a vastidão da ciência e com o grau de filosofia ao qual o ser humano acredita ter chegado, escolas onde se aprende a matar, e matar a distância, com perfeição, muita gente ao mesmo tempo, a matar pobres-diabos de homens inocentes, arrimos de família e sem antecedentes criminais.

E o mais assombroso é que o povo não se volta contra os governos. Que diferença há, então, entre as monarquias e as repúblicas? O mais assombroso é que a sociedade inteira não se rebela contra estas palavras: guerra mundial.

Ah! Viveremos sempre sob o peso dos velhos e odiosos costumes dos preconceitos criminosos, das ideias ferozes dos nossos antepassados bárbaros, porque somos bestiais e continuaremos como bestas, que o instinto domina e nada muda. Talvez não houvesse sido condenado ao desterro um outro que não fosse Victor Hugo, quando lançou aquele grito de libertação e de verdade? Hoje, a força chama-se violência e começa a ser julgada; a guerra é posta em cheque. A civilização, por denúncia do gênero humano, instrui o processo e reúne a grande documentação criminal dos conquistadores e dos capitães. Os povos começam a compreender que o engrandecimento criminal de um delito não pode ser a diminuição; que se o ato de matar é um delito, matar muito não pode ser uma circunstância atenuante; que se o ato de roubar é uma vergonha, invadir não pode ser uma glória! Ah! proclamemos estas verdades absolutas, desonremos a guerra!

"Cóleras vãs", continua Maupassant, "ira de poeta. A guerra é mais venerada do que nunca."

Um hábil artista neste setor, um massacrador talentoso, o senhor Moltke, respondeu um dia, aos delegados da paz, com estas estranhas palavras:

"A guerra é santa, instituiu-a Deus; é uma das leis sagradas do mundo; mantém nos homens todos os grandes e nobres sentimentos: a honra, o desinteresse, a virtude, a coragem, e impede-os, numa palavra, de cair no mais horrível materialismo."

Assim, reunir-se em rebanhos de quatrocentos mil homens, marchar dia e noite sem repouso, em nada pensar, nada estudar, nada aprender, nada ler, a ninguém ser útil, dormir emporcalhados na lama, viver como brutos em contínuo hebetismo, saquear cidades, incendiar vilarejos, arruinar povos, lutar, então, com outra aglomeração de carne humana, cair sobre ela, fazer lagos de sangue, planícies de carne massacrada misturada à terra enlameada e avermelhada por pilhas de cadáveres; ter braços ou pernas arrancados, despedaçado o cérebro sem proveito para ninguém, ou explodir num campo enquanto seus velhos pais, sua mulher e seus filhos morrem de fome: eis o que se chama não cair no mais horrível materialismo!

Os homens de guerra são o flagelo do mundo. Lutamos contra a natureza e a ignorância, contra obstáculos de toda espécie, para tornar menos dura a nossa mísera vida. Existem homens, benfeitores, cientistas, que consomem sua existência a trabalhar, a procurar o que pode ajudar, o que pode socorrer, o que pode servir de alívio a seus irmãos. Continuamente imersos em sua útil tarefa, acumulam descobertas, ampliam os horizontes da mente humana, enriquecem o patrimônio da Ciência, dedicam à sua pátria, a cada dia, bem-estar, abundância, força.

Vem a guerra. Em seis meses, os generais destroem vinte anos de esforços, paciência e gênio.

Eis o que se chama não cair no mais horrível materialismo.

Nós vimos a guerra. Vimos os homens, embrutecidos, fora de si, matarem por prazer, por terror, por bravata, por ostentação. Quando o direito não mais existe, quando a lei está morta, quando desaparece qualquer noção de justiça, vimos fuzilarem inocentes encontrados pela estrada e transformados em suspeitos porque tinham medo. Vimos matarem cães acorrentados defronte às portas de seus patrões, para experimentar revólveres novos; vimos metralharem por prazer vacas deitadas num campo, sem qualquer razão, para tirar as balas dos fuzis, assim, de brincadeira.

Eis o que se chama não cair no mais horrível materialismo.

Entrar numa aldeia, trucidar o homem que defende sua casa, porque veste uma camisa e não traz na cabeça um quepe, queimar habitações de miseráveis que não têm mais pão, arrebentar móveis, roubar, beber o vinho encontrado nas cantinas, violar as mulheres encontradas pelas estradas, queimar milhares de liras e deixar atrás de si a miséria e a cólera.

Eis o que se chama não cair no mais horrível materialismo.

O que fizeram, então, para dar provas de um pouco de inteligência os homens de guerra? Nada. O que inventaram? Canhões e fuzis. Eis tudo.

O inventor do carrinho de mão não fez mais pelo homem com esta simples e prática ideia de aplicar uma roda a dois bastões do que o inventor das modernas fortificações?

O que resta da Grécia? Livros, mármores. Será grande, talvez, porque venceu? Ou porque produziu?

Foi a invasão dos persas o que os impediu de cair no mais horrível materialismo?

Foram as invasões dos bárbaros que salvaram Roma e a regeneraram?

Napoleão I continuou, talvez, o grande movimento intelectual iniciado pelos filósofos no fim do século passado?

Pois bem, já que os governos desta forma se atribuem o direito de morte sobre os povos, não é de admirar que os povos se atribuam o direito de morte sobre os governos.

Eles defendem-se. Têm razão. Ninguém tem o direito absoluto de governar os outros. Não se pode fazê-lo senão para o bem daqueles que dirigem. Qualquer governo tem o dever de evitar a guerra, como um capitão de navio tem o de evitar o naufrágio.

Quando um capitão perde sua embarcação, é julgado e condenado, se reconhecido culpado de negligência ou mesmo de incapacidade.

Por que não se deveria julgar um governo após cada guerra declarada? *Se os povos compreendessem isto, se julgassem por si mesmos os poderes assassinos, se não admitissem se deixarem morrer sem razão, se empregassem suas armas contra aqueles de quem as receberam para matar, nesse dia a guerra estaria morta... Mas esse dia nunca chegará.*

Sobre a água

Guy de Maupassant vê todo o horror da guerra, vê que é causada por governos que, enganando os povos, induzem-nos a se degolarem reciprocamente sem utilidade alguma; vê, ainda, que os cidadãos que compõem os exércitos poderiam voltar suas armas contra os governos e fazê-los pagar; mas pensa que isto nunca acontecerá e que, em consequência, não há saída possível.

"Penso que a obra de guerra é terrível mas inevitável; que a obrigatoriedade do serviço militar é inevitável como a morte e, uma vez que os governos sempre a desejarão, a guerra sempre existirá."

Assim escreve esse escritor de talento, sincero, dotado da faculdade de penetrar no âmago do argumento, que constitui a essência do dom poético. Ele nos mostra toda a crueldade da contradição entre a consciência dos homens e suas ações, mas não tenta resolvê-la e parece reconhecer que essa contradição deve existir e que contém em si a tragédia poética da vida.

Outro escritor, não menos brilhante, Edouard Rod, pinta com cores até mais vivas as barbáries e a loucura da situação atual, mas também com o único intuito de constatar seu caráter trágico, sem propor qualquer saída.

> Para que agir? Para que empreender o que quer que seja? E como amar os homens, nesta época conturbada na qual o amanhã não é senão uma ameaça?... Tudo isto que começamos, nossas ideias que amadurecem, nossas obras vislumbradas, aquele pouco de bem que teríamos podido fazer, não será carregado pela tempestade que se prepara?... Por toda parte o terreno treme sob nossos pés, e nosso horizonte vai-se cobrindo de nuvens que não nos serão benéficas.
> Ah! Se não fosse preciso temer a revolução da qual se fez um espectro!... Incapaz de imaginar uma sociedade mais detestável do que a nossa, tenho pela que a sucederá mais desconfiança que temor. Se devesse sofrer com a transformação, iria me consolar pensando que os verdugos do dia são as vítimas da vigília e que a expectativa do melhor faria suportar o pior. Mas não é este perigo longínquo que me assombra: vejo outro, mais perto e, sobretudo, mais cruel; mais cruel porque não tem qualquer desculpa, porque é absurdo, porque não pode resultar em bem algum: a cada dia pensam-se as probabilidades de guerra do amanhã, e elas, dia a dia, tornam-se mais cruéis.
> O pensamento retrocede diante de uma catástrofe que aparece no pináculo do século como o término do progresso de nossa era e, contudo, é preciso habituar-se: há vinte anos todas as forças do saber exaurem-se para inventar instrumentos de destruição e dentro em pouco bastarão alguns tipos de canhão para abater um exército; colocam-se em armas, não mais, como antes,

milhares de pobres-diabos cujo sangue era pago, mas povos inteiros que estão a ponto de se estrangularem mutuamente; rouba-se deles o tempo (obrigando-os a servir), para roubar-lhes mais seguramente a vida; a fim de prepará-los para o massacre, atiça-se seu ódio, persuadindo-os de que são odiados; e homens dóceis deixam-se lograr, e logo se verão atirando-se uns sobre os outros, com ferocidade de bestas, turbas furibundas de pacíficos cidadãos a quem uma ordem inábil colocará nas mãos o fuzil, sabe Deus por que ridículo incidente de fronteira ou por que mercantis interesses coloniais!... Marcharão, como ovelhas ao matadouro, mas, sabendo aonde vão, sabendo que deixam suas mulheres, sabendo que seus filhos sofrerão fome, ansiosos e ébrios pelas sonoras e mentirosas palavras trombetadas em seus ouvidos. *Marcharão sem se rebelar, passivos e resignados, enquanto são a massa e a força, e poderiam, se soubessem entender, estabelecer o bom-senso e a fraternidade,* em vez das selvagens práticas da diplomacia. Marcharão, tão enganados, tão iludidos, que acreditarão ser o massacre um dever e pedirão a Deus para abençoar seus apetites sanguinários. Marcharão, pisoteando as colheitas que semearam, incendiando as cidades que construíram, com cantos de entusiasmo, com gritos de alegria, com músicas de festa. E seus filhos erigirão estátuas àqueles que melhor tiverem massacrado!...

A sorte de toda uma geração depende da hora em que algum fúnebre homem político der o sinal, que será seguido. Sabemos que os melhores de nós serão forçados e que nossa obra será destruída. *Sabemos e trememos de cólera, e nada podemos fazer.* Ficamos presos na rede dos gabinetes e das papeladas, cuja destruição provocaria uma agitação por demais violenta. Pertencemos às leis que fizemos para nos proteger e que nos oprimem. *Nada somos além de objetos dessa contraditória abstração, o Estado, que torna cada indivíduo escravo em nome da vontade de todos, que, tomados isoladamente, desejariam exatamente o oposto do que serão obrigados a fazer.*

Se a geração que deverá ser sacrificada fosse ao menos apenas uma! Mas existem outros interesses em jogo.

Os oradores assalariados, os ambiciosos aproveitadores das más inclinações das multidões e os pobres de espírito, a quem a sonoridade das palavras engana, têm a tal ponto exacerbado os ódios nacionais que a guerra de amanhã colocará em perigo a existência de toda uma etnia: um dos elementos que constituíram o mundo moderno está ameaçado, aquele que será vencido deverá moralmente desaparecer e, qualquer que seja este, se verá uma força aniquilada – como se, para o bem, houvesse uma a mais! – se verá uma Europa nova se formando, sobre tais bases, tão injustas, tão brutais, tão sanguinolentas, embrutecida por tão monstruosa mancha, que não pode ser ainda pior do que a de hoje, mais iníqua, mais bárbara e mais violenta.

Assim, cada qual sente pesar sobre si um imenso desencorajamento. Agitamo-nos num beco sem saída, com fuzis apontados para nós de todos os telhados. Nosso trabalho parece o dos marinheiros que executam a última manobra quando o navio começa a afundar. Nossos prazeres assemelham-se aos do condenado a quem se oferece uma iguaria de seu agrado, 15 minutos antes do suplício. A angústia paralisa nosso pensamento, e o maior esforço que ele é capaz de calcular – soletrando os vagos discursos dos ministros, alterando o sentido das palavras dos soberanos, mudando as palavras atribuídas aos diplomatas e que os jornais divulgam desordenadamente: se será amanhã ou depois de amanhã, neste ano ou no próximo, que nos degolarão. De modo que em vão se buscaria na História uma época mais incerta e mais repleta de angústias...

O sentido da vida

Destas linhas resulta que a força está nas mãos daqueles que se perdem por si mesmos, nas mãos de indivíduos isolados que compõem a massa, e que a fonte do mal está no Estado. Parece evidente que a contradição entre a consciência e a vida tenha atingido limites que não poderiam ser ultrapassados, e nos quais a solução se impõe.

Mas o autor não é desta opinião. Ele vê o caráter trágico da vida humana e, após ter mostrado todo o horror da situação, conclui que a vida humana deve transcorrer nesse erro.

A terceira categoria é dos homens que perderam a consciência e, portanto, o bom-senso e o sentimento pela humanidade.

A essa categoria pertence Moltke, cuja opinião foi citada por Maupassant, como também a maior parte dos militares, educados nessa cruel superstição, vivendo sob ela e, com frequência, ingenuamente convencidos de que a guerra é uma instituição não só inevitável, mas necessária e útil.

Alguns burgueses, ditos doutos e civis, têm a mesma opinião.

Eis o que escreve, no número da *Revista das Revistas* em que estão reunidas as cartas sobre a guerra, o célebre acadêmico Camille Doucet:

Prezado senhor,

Quando perguntais ao menos belicoso dos acadêmicos se ele é partidário da guerra, a sua resposta é dada por antecipação.

Desventuradamente, senhor, vós mesmos qualificais de sonho o pensamento no qual se inspiram hoje vossos generosos compatriotas.

Desde que estou no mundo, sempre ouvi muita gente honesta protestar contra o horrível hábito de massacre internacional que o mundo reconhece como mau e deplora; mas como remediá-lo?

Com frequência fomos também tentados a suprimir o duelo, e parecia fácil, mas não! Jamais o que se fez com este nobre fim trouxe ou trará qualquer benefício.

Todos os congressos dos dois mundos em vão votarão contra a guerra e contra o duelo; acima de todos os compromissos, de todas as convenções, de todas as legislações, existirão eternamente:

A honra dos homens, que sempre quis o duelo; *e o interesse dos povos*, que sempre desejará a guerra.

Não desejo menos, e de todo o coração faço votos que o Congresso da Paz consiga, enfim, realizar sua honorabilíssima tentativa.

Recebei, senhor, os protestos etc...

Camille Doucet

O sentido desta carta é que a honra dos homens quer que eles lutem entre si e que o interesse dos povos exige que se arruínem e se massacrem reciprocamente. Quanto às tentativas para suprimir a guerra, nada merecem além de um sorriso.

Deste mesmo gênero é a opinião de outro acadêmico, Jules Claretie:

Prezado senhor,

Não pode existir senão uma única opinião, para um homem sensato, sobre a questão de paz ou de guerra.

A humanidade é feita para viver, para viver com liberdade de aperfeiçoar e melhorar sua sorte mediante um trabalho pacífico. O acordo geral pregado pelo Congresso da Paz talvez seja um belo sonho, mas é, sem dúvida, o mais belo dos sonhos. O homem tem sempre diante dos olhos a terra prometida, e sobre essa terra do futuro as colheitas deverão amadurecer sem medo de serem trituradas por granadas, nem amassadas por rodas de canhões. Só que... Ah! Só que, como os filósofos e os benfeitores da humanidade não são os patrões, será bom que os nossos soldados vigiem a fronteira e os arredores dos lares, e suas armas, bem-carregadas e bem-manejadas, talvez sejam as mais seguras garantias da paz que todos amamos.

Não se dá a paz senão aos resolutos e aos fortes.

Aceitai, prezado senhor, meus mais sinceros e distintos sentimentos.

Jules Claretie.

O sentido desta carta é que nada impede que se fale do que ninguém tem intenção nem dever de fazer. Mas, quando se trata da prática, é preciso lutar.

Eis agora a opinião recentemente expressa sobre o assunto pelo mais popular romancista da Europa, Émile Zola:

Considero a guerra como uma necessidade fatal que parece inevitável devido a suas íntimas ligações com a natureza humana e com todo o Universo. Gostaria de adiar a guerra o mais longo tempo possível. Chega, contudo, um momento no qual somos obrigados a lutar. Neste momento coloco-me sob o ponto de vista universal, e de modo algum faço alusão à nossa discórdia com a Alemanha, que nada é além de um insignificante incidente na História da humanidade. Disse que a guerra é necessária e útil, porque aparece como uma condição de existência para a humanidade. Encontramos a guerra por toda parte, não apenas entre as diversas etnias e os diversos povos, mas também na vida familiar e na vida privada. Ela é um dos elementos principais do progresso, e cada passo à frente dado até agora pela humanidade foi dado sobre o sangue.

Falou-se e fala-se ainda do desarmamento. O desarmamento é, entretanto, algo impossível e, ainda que fosse possível, deveria ser rejeitado. Só um povo armado é poderoso e grande. Estou convencido de que o desarmamento geral teria como resultado uma espécie de decadência moral que se manifestaria pelo enfraquecimento geral e reteria o caminho progressivo da humanidade. Uma nação guerreira goza sempre de uma saúde florescente. A arte militar traz consigo o desenvolvimento de todas as outras artes. A História é testemunha. Assim, em Atenas e em Roma, o comércio, a indústria e a literatura jamais alcançaram tão grande desenvolvimento quanto na época em que essas cidades dominavam pela força das armas o mundo então conhecido. Para tomar um exemplo em tempos mais recentes, recordemos o século de Luís XIV. As guerras do grande rei não só não impediam o progresso das artes e das ciências, mas, pelo contrário, parecem tê-las ativado e favorecido seu desenvolvimento.

A guerra, obra útil!
Mas a opinião mais característica neste sentido é do acadêmico De Vogue, o mais dotado entre os escritores desta tendência. Eis o que ele escreve, num artigo sobre a seção militar da Exposição de 1889:

> Na esplanada dos Invalides, no centro dos acampamentos exóticos e coloniais, um edifício mais severo domina o pitoresco bazar; todos estes fragmentos do globo vieram agregar-se ao palácio da guerra, nossos

hóspedes submissos montam guarda em turnos, defronte à casa-mãe, sem a qual não estariam aqui. Belo tema de antítese para a retórica humanitária; quem não desiste de se lamentar por estas aproximações e de afirmar que uma coisa matará a outra* e que a fusão dos povos, graças à ciência e ao trabalho, vencerá o instinto militar. Deixemo-la acalentar a quimera de uma idade de ouro que chegaria em breve, caso se pudesse efetivar numa idade de lama. Toda a História nos ensina que uma coisa é criada por outra, que é preciso sangue para apressar e cimentar a fusão dos povos. As ciências da natureza têm ratificado, em nossos dias, a lei misteriosa, revelada a Joseph de Maistre pela intuição de seu gênio e pela meditação sobre os dogmas primordiais; ele via o mundo resgatar-se de suas decadências hereditárias por meio do sacrifício; as ciências o mostram aperfeiçoando-se pela luta e pela seleção violenta; as duas partes dão a constatação do mesmo decreto, redigido em terminologia diferente. A constatação é desagradável, sem dúvida, mas as leis do mundo não são feitas para nosso deleite, são feitas para o nosso aperfeiçoamento. Entremos, então, neste inevitável, neste necessário palácio da guerra; teremos ocasião de observar como o mais tenaz de nossos instintos, sem jamais perder parte de seu vigor, transforma-se e dobra-se às diversas exigências dos momentos históricos.

A necessidade da guerra é provada pelo senhor De Vogue por duas expressões de dois grandes pensadores, Joseph de Maistre e Darwin, e essas expressões agradam-no tanto que ele as recorda novamente em sua carta ao diretor da *Revista das Revistas*:

---

*"*Ceci tuera cela*"; palavras tiradas do romance de Victor Hugo, *Notre-Dame de Paris*.

Senhor,

Vós me perguntais meu sentimento quanto ao possível sucesso do Congresso da Paz. Creio, como Darwin, que a luta violenta é uma lei da natureza que rege todos os seres; creio, como Joseph de Maistre, que é uma lei divina: duas maneiras diferentes de nomear a mesma coisa. Se, por um acaso impossível, uma fração da sociedade humana – tomemos todo o Ocidente civil – conseguisse suspender o efeito desta lei, as etnias mais instintivas se encarregariam de aplicá-la contra nós: essas etnias dariam razão à natureza contra a razão humana; e teriam sucesso, porque a certeza da paz – não digo *a paz,* digo *a certeza da paz* – geraria, antes de meio século, uma corrupção e uma decadência mais destrutivas para o homem do que a pior das guerras. Avalio que é preciso fazer pela guerra, lei criminal da humanidade, o que devemos fazer por todas as nossas leis criminais, mitigá-las, tornar sua aplicação a mais rara possível, usar de todas as nossas forças para que se tornem inúteis. Mas toda a experiência da História nos ensina que não poderemos suprimi-las enquanto existirem na Terra dois homens, o pão, o dinheiro e uma mulher entre eles.

Ficaria gratíssimo se o Congresso me desmentisse. Duvido que ele desminta a História, a Natureza, Deus.

Dignai-vos aceitar, senhor, os protestos da minha distinta consideração.

M. de Vogue

O sentido desta carta é que a História, a natureza do homem e Deus nos mostram que a guerra subsistirá enquanto existirem dois homens e, entre eles, o pão, o dinheiro e a mulher. Isto significa que nenhum progresso induzirá os homens a abandonar o selvagem conceito da vida que não admite, sem luta, a divisão do pão, do dinheiro (o que está fazendo aqui o dinheiro?) e da mulher.

São realmente estranhos esses homens que se reúnem em congressos, pronunciam discursos para ensinar como se captura um pássaro colocando-lhe um grão de sal na cauda, mesmo sabendo que isto é impossível. São estranhos, também, aqueles que, como Maupassant, Rod e outros, veem claramente todo o horror da guerra, toda a contradição disto resultante: que os homens não fazem o que é preciso fazer e que lhes seria proveitoso, que lamentam as trágicas fatalidades da vida e não veem que essas fatalidades cessarão tão logo os homens, renunciando raciocinar sobre assuntos inúteis, se decidissem não mais fazer o que lhes parece penoso e repugnante.

Esses homens são surpreendentes; mas aqueles que, como De Vogue e outros, adotando a lei da evolução que considera a guerra não só inevitável como também útil e, portanto, desejável, esses homens são terríveis, pavorosos em suas aberrações morais. Os primeiros dizem, ao menos, que odeiam o mal e amam o bem, enquanto estes últimos declaram abertamente que não existe o bem ou o mal. Todas as dissertações sobre a possibilidade de estabelecer a paz em vez da guerra eterna não é senão sentimentalismo nocivo de faladores. Existe uma lei da evolução da qual resulta que devo viver e agir mal; o que fazer? Sou um homem culto, conheço a lei da evolução e, em consequência, agirei mal. "Entremos no palácio da guerra." Existe uma lei da evolução e, em consequência, não há bem ou mal, e não é preciso viver senão para o próprio interesse pessoal, abandonando o resto à lei da evolução. Tudo isto é a última expressão da cultura refinada, o conjunto do obscurecimento da consciência que distingue as classes esclarecidas de nosso tempo.

O desejo das classes esclarecidas de conservar por todos os meios suas ideias prediletas e a existência que lhes é consequente atinge o paroxismo. Esses homens mentem, enganam a si próprios e aos outros, da forma mais refinada, para conseguir apenas obscurecer e ofuscar a consciência.

Em vez de mudar seu modo de viver, segundo as indicações de sua consciência, eles procuram, por todos os meios, sufocar-lhes a voz. Mas a luz brilha na escuridão, e é assim que a verdade começa a resplandecer por entre as trevas de nossos tempos.

7
Significado do serviço militar obrigatório

Os homens cultos das classes superiores procuram esconder a necessidade, cada vez mais evidente, de uma mudança na ordem natural das coisas; mas a vida, que continua a se desenvolver e a se complicar sem mudar sua direção, aumenta as contradições e os sofrimentos dos homens e os conduz ao limite extremo, que não pode ser ultrapassado. Este último limite da contradição é o serviço militar obrigatório para todos.

Acredita-se, em geral, que o serviço militar obrigatório e o aumento dos armamentos dele resultante, como também o aumento dos impostos e dos débitos de Estado em todos os povos, são um fenômeno passageiro, produzido por determinada situação política da Europa, e que determinadas convenções internacionais poderiam fazer desaparecer, sem que seja para isso necessário modificar a ordem atual das coisas.

Isto é absolutamente falso. O serviço militar obrigatório é uma contradição interna que penetrou por inteiro no conceito social da vida, levada a seus limites mais extremos, e que se tornou evidente apenas quando foi alcançado certo estado de desenvolvimento material.

O conceito social da vida consiste, como se sabe, em que o sentido da vida foi transferido do indivíduo para o grupo, em seus diversos graus: família, tribo, etnia, Estado.

Segundo este conceito, é evidente que, como o sentido da vida reside no agrupamento dos indivíduos, esses indivíduos sacrificam voluntariamente seus interesses aos do grupo. Isto de fato ocorreu e ainda ocorre em determinados tipos de agrupamento, na família e na tribo, na etnia e também no Estado patriarcal como consequência dos costumes transmitidos pela educação e confirmados pela sugestão religiosa, os indivíduos subordinavam seus interesses aos do grupo e sacrificavam-nos à comunidade sem a isto serem obrigados.

Porém, mais as sociedades tornavam-se grandes, mais crescia o número de novos membros para a conquista, e mais se afirmava a tendência dos indivíduos a perseguir seu interesse pessoal em prejuízo do interesse geral; e, mais ainda, devia o poder recorrer à violência para dominar esses indivíduos insubordinados. Os defensores do conceito social procuram, em geral, confundir a noção do poder, ou seja, a violência, com a noção da influência moral, mas esta confusão é absolutamente impossível.

A influência moral age sobre os próprios desejos do homem e modifica-os no sentido do que lhe é solicitado. O homem que sofre a influência moral age de acordo com seus desejos. Entretanto, o significado usual da palavra é um meio para forçar o homem a agir contrariamente a seus desejos. O homem submisso ao poder não age como quer, mas como é obrigado; e é somente por meio da violência física, isto é, da prisão, da tortura, da mutilação ou da ameaça destes castigos que se pode forçar o homem a fazer aquilo que não quer. Nisto consiste e sempre consistiu o poder.

Apesar dos contínuos esforços dos governos para escondê-lo e para dar ao poder um outro significado, ele é para o homem uma corda, uma corrente, com a qual será amarrado e é arrastado, o *knut* com o qual será flagelado, a faca ou o machado que lhe cortarão os braços, as pernas, o nariz, as orelhas, a cabeça; isto acontecia na época de Nero e Gengis Khan; e isto acontece ainda hoje, no governo mais liberal, no da república americana e no da república francesa. O pagamento dos impostos, o cumprimento dos deveres sociais, a submissão às punições, tudo isto que parece voluntário traz sempre, no fundo, o temor de uma violência.

A base do poder é a violência física; e a possibilidade de submeter os homens a uma violência física é, sobretudo, devida a indivíduos mal organizados, que agem concordando, embora estejam se submetendo a uma só vontade. E, reunidos, indivíduos armados que obedecem a uma vontade única formam o exército. O poder encontra-se sempre nas mãos dos que comandam o exército, e sempre todos os chefes do poder – dos césares romanos aos imperadores russos e alemães – preocupam-se com o exército mais do que com qualquer outra coisa, e somente a ele adulam, sabendo que, se ele está do seu lado, seu poder está assegurado.

Esta composição e esta força do exército, necessárias para a garantia do poder, são justamente as que introduziram no conceito social da vida o germe corruptor.

O objetivo do poder e sua razão de ser estão na limitação da liberdade dos homens que gostariam de colocar seus interesses pessoais acima dos interesses da sociedade. Mas, quer o poder seja adquirido pelo exército, por herança ou por eleição, os homens que o possuem em nada se diferenciam dos outros homens e, como eles, estão inclinados a não subordinar o próprio interesse ao interesse geral; muito pelo contrário. Quaisquer que sejam os meios usados, não foi possível, até hoje, concretizar o ideal de só confiar o poder a homens infalíveis, ou de ao menos remover daqueles que o possuem a possibilidade de subordinar, aos seus, os interesses da sociedade.

Todos os procedimentos conhecidos, o direito divino, a eleição, a herança, produzem os mesmos resultados negativos. Todos sabem que nenhum destes procedimentos é capaz de assegurar a transmissão do poder aos infalíveis, ou, ainda, de impedir o abuso do poder. Todos sabem que, ao contrário, os que o possuem – sejam soberanos, ministros, prefeitos ou guardas municipais – são sempre, por deterem o poder, mais inclinados à imoralidade, ou seja, a subordinar os interesses gerais aos interesses próprios, do que aqueles que não detêm o poder. Aliás, não pode ser de outro modo.

O conceito social só podia ser justificado enquanto os homens sacrificavam voluntariamente o interesse próprio aos interesses gerais; mas tão logo surgiram alguns que não sacrificavam voluntariamente o próprio interesse, surgiu a necessidade do poder, isto é, da violência, para limitar-lhe a liberdade e, então, entrou no conceito social e no ordenamento dele resultante o germe corruptor do poder, isto é, a violência de uns sobre outros.

Para que o domínio de uns sobre outros alcançasse seu objetivo, para que pudesse limitar a liberdade daqueles que passam seus interesses pessoais à frente dos da sociedade, o poder deveria se encontrar nas mãos de infalíveis, como supõem os chineses ou como se acreditava na Idade Média, e como creem hoje aqueles que têm fé na graça da unção. Somente nestas condições a ordem social pode ser compreendida.

Posto que tal não existe, mas, ao contrário, os homens que detêm o poder passam sempre ao largo da santidade, exatamente por terem o poder, já não se pode justificar o ordenamento social com base na autoridade.

Se existiu, todavia, um tempo em que, após aviltamento do nível moral e da disposição dos homens à violência, a existência de uma autoridade ofereceu alguma vantagem para restringir a violência dos indivíduos, é fato que essa vantagem não poderia durar para sempre. Quanto mais diminuía a tendência dos indivíduos à violência, mais os costumes se suavizavam, mais o poder se corrompia em consequência de sua liberdade de ação, mais desaparecia tal vantagem.

Essa mudança da relação entre o desenvolvimento moral das massas e a desmoralização dos governos é toda a História dos últimos dois mil anos.

Eis simplesmente como tudo ocorreu:

Os homens viviam em família, em tribos, em etnias, provocando-se, violentando-se, roubando-se, matando-se reciprocamente. Essas violências eram cometidas em grande e pequena escala: indivíduo contra indivíduo, família contra família, tribo contra tribo, etnia contra etnia, povo contra povo. O grupo mais numeroso, mais forte, apoderava-se do mais fraco e, mais este se fortalecia, mais diminuíam as violências internas, e mais pareciam asseguradas a duração e a vida do grupo.

Os membros da família ou da tribo, reunidos em um só grupo, são menos hostis uns aos outros, e a família, ou a tribo, não morre como o indivíduo isolado. Entre os membros de um Estado, submetidos a uma só autoridade, a luta entre os indivíduos parece também mais fraca, e a duração do Estado, mais indubitável.

Essas reuniões em grupos sempre maiores ocorreram não porque os homens tivessem consciência de daí obter alguma vantagem, como se narra na lenda russa, do chamado dos varegos, mas devido ao aumento das populações e, portanto, das lutas e conquistas.

Depois da conquista, de fato, o poder do conquistador faz desaparecer as discórdias internas e o conceito social da vida recebe sua justificativa. Mas esta justificativa é temporária. As discórdias internas, reprimidas pelo poder, renascem do próprio poder. Este encontra-se nas mãos de homens que, como todos os outros, estão inclinados a sacrificar o bem geral a seu bem pessoal, com a diferença de que os violentados não lhes podem resistir e sofrem a influência corruptora do poder.

Por isso o mal da violência, passando para o poder, não cessa de aumentar e torna-se maior do que aquele para o qual o poder foi um remédio. E isso acontece enquanto entre os membros da sociedade as tendências à violência enfraquecem cada vez mais, e enquanto a violência do poder, em consequência, torna-se cada vez menos necessária.

O poder governamental, mesmo que faça desaparecer as violências internas, sempre introduz na vida dos homens novas violências, cada vez maiores em razão de sua duração e de sua força. De modo que, se a violência do poder é menos evidente do que a dos particulares, porque se manifesta não pela luta, mas pela opressão, ela, não obstante, existe, e com maior frequência, num grau mais elevado.

E não pode ser diferente, porque, além do fato de que o poder corrompe os homens, os cálculos ou a tendência constante daqueles que o detêm terão sempre por objetivo o máximo enfraquecimento possível dos violentado – já que, quanto mais estes estão fracos, menos esforços são necessários para dominá-los.

Por isso, a violência aumenta sempre até o extremo limite que pode alcançar, sem matar a galinha dos ovos de ouro. E se esta galinha não põe mais ovos, como os índios da América, como os habitantes da Terra do Fogo, como os negros da África, mata-se a galinha, apesar dos sinceros protestos dos filantropos.

A melhor confirmação de tudo isso é a situação dos operários de nosso tempo, que, para dizer a verdade, nada são além de servos.

Apesar de todos os supostos esforços das classes superiores para melhorar a sorte dos trabalhadores, estes são submetidos a uma imutável lei de ferro, que lhes dá apenas o absolutamente necessário, a fim de que sejam sempre obrigados ao trabalho, embora conservando força suficiente para realizá-lo em proveito de seus patrões, cujo domínio lembra o dos conquistadores antigos.

Sempre foi assim. Sempre, à medida do aumento e da duração do poder, as vantagens para aqueles que lhe eram submissos diminuíam, e os inconvenientes aumentavam.

Isto aconteceu e acontece, independentemente das formas de governo sob as quais vivem os povos; com uma única diferença: que, na forma autocrática, o poder está concentrado nas mãos de um pequeno número de violentos, e a forma das violências é mais sensível, enquanto nas monarquias constitucionais e na república, como na França e nos Estados Unidos, o poder é dividido entre um número maior de opressores, e a forma em que se traduz a violência é menos sensível; mas seu resultado – as desvantagens do governo maiores que as vantagens – e seu modo de agir – enfraquecimento dos oprimidos – são sempre os mesmos.

Assim foi e é a situação dos oprimidos, mas até agora estes ignoravam e, em sua maioria, acreditavam ingenuamente que o governo existisse para seu bem; que sem governo estariam perdidos; que não se pode, sem sacrilégio, exprimir a ideia de viver sem governo; que seria uma terrível doutrina – por quê? – de anarquia e que se apresenta acompanhada por um cortejo de calamidades.

Acreditava-se, como em algo absolutamente provado, que, já que até agora todos os povos se desenvolveram sob a forma de Estados, esta forma permanece para sempre a condição essencial do desenvolvimento da humanidade.

Tudo isto continuou assim por centenas e milhares de anos, e os governos sempre se esforçaram e esforçam-se ainda para manter os povos neste erro.

Assim era na época dos imperadores romanos, e assim é em nossos dias, embora a ideia da inutilidade e dos inconvenientes do poder penetre cada vez mais na consciência das massas; e seria eternamente assim, se os governos não se achassem na obrigação de aumentar continuamente seus exércitos para manter sua autoridade.

Acredita-se, em geral, que os governos aumentam os exércitos unicamente para a defesa externa do país, enquanto, na realidade, os exércitos lhes são necessários, principalmente, para sua própria defesa contra os súditos oprimidos e reduzidos à escravidão.

Isto sempre foi e torna-se cada vez mais necessário à medida que se propaga a instrução, à medida que as relações entre os povos e os habitantes de um mesmo país se tornem mais fáceis e, sobretudo, devido ao movimento comunista, socialista, anarquista e operário. Os governos compreendem e aumentam a força de seus exércitos.*

Recentemente, no Reichstag alemão, respondendo à interpelação que perguntava por que eram necessários capitais para aumentar o soldo dos suboficiais, o chanceler declarou francamente que precisava ter suboficiais seguros, para lutar contra o socialismo. O senhor De Caprivi nada fez além de dizer em voz alta aquilo que todos sabem no mundo político, mas que é cuidadosamente escondido do povo. Pelo mesmo motivo formavam-se guardas suíças e escocesas para o rei de França e para os papas e, ainda hoje, na Rússia, misturam-se com tanto

---

*O fato de que os abusos do poder existem nos Estados Unidos, malgrado o número restrito de soldados [Os dados informados pelo autor são referentes ao período que se passa entre a publicação da 1ª edição deste livro, em 1894, e a sua morte, em 1910.], não só não contradiz este dado, mas até o confirma. Existem menos soldados nos Estados Unidos do que em outras nações. Por isso, não existe, em lugar algum, uma opressão menor das classes trabalhadoras, e não se prevê, em lugar algum, um tão próximo desaparecimento dos abusos governamentais e do próprio governo. Nestes últimos tempos, à medida que os trabalhadores mais se unem, vozes cada vez mais frequentes pedem o aumento do exército, embora nenhuma agressão externa ameace a república.

As classes dirigentes sabem que, dentro em breve, cinquenta mil soldados não mais serão suficientes e, não mais contando com o exército de Pinkerton, compreendem que a garantia de seus privilégios reside apenas num aumento de forças militares.

cuidado os recrutas de modo que os regimentos destinados às guarnições do centro sejam compostos por soldados pertencentes às províncias de fronteira e vice-versa.

O sentido do discurso do senhor De Caprivi, traduzido em língua vulgar, é que o dinheiro é necessário não contra o inimigo externo, mas para comprar suboficiais, prontos a marchar contra os trabalhadores oprimidos.

De Caprivi disse, involuntariamente, aquilo que todos bem sabem ou que sentem, aqueles que não o sabem, ou seja: que a ordem atual é tal não porque deva ser naturalmente assim, não porque o povo quer que assim seja, mas porque o governo a mantém assim por meio da violência, apoiado no exército com seus suboficiais e seus generais comprados.

Se o trabalhador não tem terra, se ele é privado do direito mais natural, o de extrair do solo seu sustento e de sua família, não é porque o povo assim queira, mas porque determinada classe – os proprietários fundiários – tem o direito de contratar ou não o trabalhador. E esta ordem de coisas contra a natureza é mantida pelo exército. Se as imensas riquezas acumuladas pelo trabalho são consideradas pertencentes não a todos, mas a alguns; se o pagamento dos impostos e seu uso são abandonados ao capricho de alguns indivíduos; se as greves dos operários são reprimidas e as dos capitalistas, protegidas; se determinados homens podem escolher as formas de educação (religiosa ou leiga) dos jovens; se certos homens têm o privilégio de fazer leis às quais todos os outros devem se submeter, e de assim dispor dos bens e da vida de cada um; tudo isto acontece não porque o povo queira e porque deve acontecer naturalmente, mas porque os governos e as classes dirigentes assim querem, para seu proveito, e o impõem por meio de uma violência material.

Todos sabem disso, ou, se não sabem, saberão à primeira tentativa de insubordinação ou de mudança nesta ordem de coisas.

Mas não existe um só governo. Junto a ele existem outros, que dominam igualmente por meio da violência e estão sempre prontos a tirar do vizinho o produto de seus súditos, já reduzidos à escravidão. Por isso, cada um deles precisa de um exército, não só para se manter internamente, mas também para defender sua presa dos vizinhos ladrões. Os Estados são então levados a competir no aumento de seus exércitos, e este aumento é contagioso, como observou Montesquieu.

Cada aumento de efetivos, dirigido por um Estado contra seus súditos, torna-se inquietante para o Estado vizinho e obriga-o, por sua vez, a reforçar seu próprio exército.

Se os exércitos hoje em dia totalizam milhões de homens, não é somente porque cada Estado sentiu a ameaça de seus vizinhos, mas, sobretudo, porque teve que reprimir tentativas de revoltas internas. Um é resultado do outro; o despotismo dos governos aumenta com sua força e seu sucesso externo, e suas disposições agressivas aumentam com o despotismo interno.

Essa rivalidade nos armamentos conduziu os governos europeus à necessidade de estabelecerem o serviço militar obrigatório, que busca o maior número de soldados com as menores despesas possíveis. A Alemanha foi a primeira a ter esta ideia, e as outras nações imitaram-na. E, então, todos os cidadãos foram chamados às armas para manter as injustiças que entre eles eram cometidas, de modo que os cidadãos se tornaram seus próprios tiranos.

No serviço militar obrigatório esta contradição ficou evidente. De fato, o sentido do conceito social consiste em que o homem, tendo consciência da barbárie da luta entre indivíduos e da falta de segurança, transportou o sentido de sua vida para a associação dos indivíduos. Com o serviço militar obrigatório, os homens, tendo feito todos os sacrifícios possíveis para evitar as crueldades da luta e a instabilidade da vida, são vergonhosamente chamados a correr todos os perigos que acreditavam evitar e que, ademais, a associação – Estado – pela qual sacrificaram seus interesses pessoais corre os mesmos perigos de morte que ameaçavam o indivíduo isolado.

Os governos tentam poupar aos homens a luta entre indivíduos, dando-lhes a certeza da inviolabilidade do regime adotado; porém, expõem o indivíduo aos mesmos perigos, porquanto, evitando a luta entre indivíduos do mesmo grupo, preparam-nos para uma luta entre grupos.

A criação do serviço militar obrigatório faz pensar num homem que, para que sua casa não desabe, enche-a de escoras, vigas, traves, tábuas, de tal forma que só consegue mantê-la de pé tornando-a absolutamente inabitável.

Do mesmo modo o serviço militar obrigatório torna nulas todas as vantagens da vida social que é chamado a defender.

As vantagens da vida social consistem na segurança da propriedade e do trabalho, e na possibilidade de um melhoramento geral das condições de vida. Ora, o serviço militar destrói tudo isto.

Os impostos recolhidos para as despesas militares absorvem a maior parte do produto do trabalho que o exército deve defender.

A incorporação de todos os homens válidos ao exército compromete a própria possibilidade de trabalho. As ameaças de guerra, sempre prontas a eclodir, tornam inúteis e vãos todos os melhoramentos das condições da vida social.

Se há tempos atrás fosse dito a um homem que sem o Estado ele estaria exposto às agressões dos malfeitores, dos inimigos internos ou externos, que deveria se defender sozinho contra todos, que sua vida seria ameaçada, que, em consequência, seria vantajoso para ele submeter-se a algumas privações para evitar estes males, o homem teria podido acreditar, já que o sacrifício que fazia ao Estado dava-lhe a esperança de uma vida tranquila e uma ordem de coisas que não podia desaparecer.

Mas, hoje, quando os seus sacrifícios desapareceram, é natural que cada um pergunte a si mesmo se a submissão ao Estado não é absolutamente inútil.

Mas não reside neste fato o fatal significado desse serviço militar, como manifestação da contradição que encerra o conceito social. A principal manifestação dessa contradição consiste em que, com o serviço militar obrigatório, cada cidadão se transforma no sustentáculo da ordem atual das coisas e participa de todos os atos do Estado, sem lhe reconhecer a legitimidade.

Os governos afirmam que os exércitos são necessários, por toda parte, para a defesa externa. É falso. São principalmente necessários contra os próprios cidadãos, e cada soldado participa à revelia das violências do Estado sobre os cidadãos.

Para convencer-se desta verdade basta lembrar o que se comete em cada Estado, em nome da ordem e da tranquilidade do povo, servindo-se sempre do exército como instrumento. Todas as brigas internas de dinastias ou de partidos, todas as execuções capitais que acompanham essas agitações, todas as repressões de revoltas, todas as intervenções da força armada para dissipar os grupos ou para impedir greves, todas as extorsões de impostos, todos os obstáculos à liberdade do trabalho, tudo isto é feito diretamente com a ajuda do exército ou da polícia, apoiada pelo exército. Cada homem que cumpre o serviço militar participa de todas essas pressões que, às vezes, lhe parecem ambíguas, mas, na maior parte do tempo, absolutamente contrárias à sua consciência.

Assim, alguns homens se recusam a abandonar a terra que cultivam de pai para filho há muitas gerações, outros não querem circular como pretende a autoridade, outros não querem pagar os impostos, outros não querem reconhecer como obrigatórias certas leis que não fizeram, outros não querem perder sua nacionalidade e eu, que estou cumprindo as obrigações do serviço militar, sou obrigado a atacar aquela gente? Eu não posso, tomando parte nessas repressões, deixar de perguntar a mim mesmo se são justas ou injustas e se devo concorrer para sua execução.

O serviço militar obrigatório é o último grau de violência necessária à manutenção da organização social, é o limite extremo que pode atingir a submissão de todos, é a mola mestra cuja queda determinará a de todo o edifício.

Com os crescentes abusos dos governos e com seu antagonismo, chegou-se a pretender dos governados não só sacrifícios materiais, mas também sacrifícios morais tais que cada um pergunta a si mesmo: "Posso obedecer?" "Em nome de quem devo fazer sacrifícios?" E esses sacrifícios são pedidos em nome do Estado. Em nome do Estado pedem-me que sacrifique tudo o que pode ser caro ao homem: a felicidade, a família, a segurança, a dignidade humana. Mas o que é, então, esse Estado que pretende sacrifícios tão terríveis? Por que ele nos é, então, tão necessário?

O Estado, dizem-nos, é necessário, em primeiro lugar, porque, sem o Estado, você e eu, todos ficaremos sem defesa contra a violência dos malvados; depois, porque, sem o Estado, permaneceríamos selvagens e não teríamos tido nem religião, nem instrução, nem educação, nem indústria, nem comércio, nem meios de comunicação, nem outras instituições sociais e, enfim, porque sem o Estado teríamos corrido o risco de ser conquistados por povos vizinhos.

"Sem o Estado", dizem-nos, "teríamos corrido o perigo de sofrer as violências dos malvados em nossa própria pátria."

Mas quem são esses malvados de cuja maldade e de cuja violência nos preservam nosso Estado e nosso exército? Há três ou quatro séculos, quando nos orgulhávamos de nossa habilidade militar e de nossas armas, quando matar era uma ação gloriosa, existiram homens desse tipo, mas hoje não mais existem, e os homens de nosso tempo não portam mais armas, e cada um prega leis de humanidade, de piedade pelo próximo e deseja aquilo que desejamos nós, isto é, a possibilidade de uma vida tranquila e estável significa que não existem mais malfeitores dos quais o Estado nos deva proteger. E se o Estado nos deve defender dos homens considerados criminosos, sabemos que não são homens de uma outra natureza, como as bestas ferozes entre as ovelhas, mas homens como todos nós, que não encontram, mais do que nós, satisfação em cometer delitos. Sabemos, hoje, que as ameaças e os castigos não podem fazer diminuir o número desses homens, e que este não diminuirá senão pela mudança do ambiente e da influência moral. De modo que a proteção do Estado contra os violentos, se era necessária há três ou quatro séculos, não o é hoje. Agora, o oposto é bem mais verdadeiro: a ação do governo, com seus cruéis métodos de coerção, atrasados para o estágio de nossa civilização – como as prisões, a forca, a guilhotina –, concorre muito mais para a barbárie dos costumes do que para sua suavização e, em consequência, cresce, mais do que diminui, o número de violentos.

"Sem Estado", dizem-nos, "não teremos religião, educação, indústria, comércio, meios de comunicação ou outras instituições sociais. Sem o Estado, não teríamos podido organizar as instituições que são necessárias a todos." Mas este assunto teria podido ter algum valor há alguns séculos.

Houve um tempo em que os homens se comunicavam tão pouco e em que os meios de aproximação e de troca de ideias eram tão precários que não era possível haver acordos comerciais, industriais e econômicos sem um centro, um Estado. Estes obstáculos, hoje, desapareceram. Os meios de comunicação tão amplamente desenvolvidos e a troca de ideias fizeram com que, para a formação das sociedades, corporações, congressos, instituições econômicas e políticas, os homens de nosso tempo não só possam prescindir dos governos mas, também, na maioria das vezes, sejam coibidos pelo Estado, o qual, em vez de ajudá-los, os contraria na efetivação de seus projetos.

A começar de fins do século passado, quase todos os passos da humanidade, em vez de serem encorajados, foram censurados pelos governos. Assim aconteceu pela supressão das penas corporais, da tortura, da escravidão, pela instituição da liberdade de imprensa e da liberdade de reuniões. Não só o governo não ajuda, como até se opõe a cada movimento que daria início a novas formas de vida. A solução das questões operárias, agrárias, políticas, religiosas, longe de ser encorajada, é contrariada pela autoridade governamental.

"Sem o Estado e sem o governo, o povo teria sido conquistado por povos vizinhos."

Inútil responder a este argumento; ele responde por si. Dizem-nos que o governo e o seu exército nos são necessários para nos defender dos povos vizinhos, que poderiam nos sujeitar; mas o que se diz de todos os governos e em todas as nações, e que, portanto, sabemos muito bem, é que todos os povos da Europa exaltam os princípios da liberdade e da fraternidade. Não deveriam, então, se defender uns dos outros.

Mas, ao se falar dos bárbaros, a milésima parte das tropas que neste momento compõem o exército bastaria para mantê-los a distância. Vemos, portanto, precisamente o contrário daquilo que nos dizem. Não só o exagero das forças militares não nos preserva das agressões de nossos vizinhos, mas, ao contrário, poderia ser o motivo dessa agressão.

Em consequência disto, a cada homem, induzido pelo serviço militar obrigatório a refletir sobre o governo em cujo nome lhe é pedido o sacrifício do próprio repouso, da própria segurança e da vida, fica claro que nada justifica, hoje, este sacrifício.

Não só é evidente que os sacrifícios pedidos pelo governo não têm, em teoria, nenhuma razão de ser, mas também na prática, isto é, na presença das penosas condições em que o homem se encontre por culpa do Estado, cada um vê necessariamente que satisfazer as exigências do governo e submeter-se ao recrutamento militar é, às vezes, mais desvantajoso do que a rebelião.

Se a maioria prefere submeter-se, não é por madura reflexão sobre o bem e o mal que isto pode resultar, mas porque está, por assim dizer, hipnotizada. Obedecendo, os homens submetem-se simplesmente às ordens que lhes são dadas, sem refletir e sem fazer um esforço de vontade. Para não obedecer, é preciso refletir com independência, e isto constitui um esforço de que nem todos são capazes. Mas, caso fosse afastado o significado moral da sujeição ou da rebelião e consideradas apenas as vantagens materiais, se veria que a rebelião é, em geral, mais proveitosa do que a submissão.

Quem quer que seja, pertença à classe abastada e opressora ou à classe operária e oprimida, em ambos os casos as vantagens da rebelião serão maiores do que as da obediência.

Se pertenço à classe opressora, a menos numerosa, minha recusa a obedecer ao governo terá o inconveniente de que me processem como rebelde, e o que pode acontecer de melhor é que me absolvam, ou seja, como se faz entre nós com os menonitas, que me obriguem a fazer meu tempo de serviço nos trabalhos civis. Mas podem me condenar à deportação ou à prisão por dois ou três anos (falo dos casos que aconteceram na Rússia) ou, talvez, por um período mais longo. Podem até me condenar à morte, embora tal condenação seja improvável. Eis os inconvenientes da recusa a obedecer.

Os inconvenientes da submissão são os seguintes: no caso mais favorável, não me mandarão matar homens, não me farão correr o risco de ser mutilado ou morto, mas me submeterão à escravidão militar. Serei vestido com um uniforme de palhaço, cada um daqueles que tiver um posto me comandará, do soldado raso ao marechal de campo, cada um me obrigará a contorcer meu corpo a seu bel-prazer e, depois de me terem feito servir de um a cinco anos, me deixarão ainda por dez anos na condição de ser a qualquer instante chamado para executar as ordens que toda aquela gente me dará. No caso menos favorável, acontecerá que, além dessa escravidão, me mandarão para a guerra, onde serei obrigado a matar homens de países estrangeiros que nada me fizeram, onde posso ser aleijado ou morto, ou mandado para uma morte certa como em Sebastopol ou, o que é ainda mais cruel, posso ser conduzido contra meus próprios compatriotas e ser obrigado a matar meus irmãos, por interesses dinásticos ou governamentais, que me são de todo estranhos. Tais são os respectivos inconvenientes.

Quanto às vantagens da obediência ou da rebelião, ei-los: aquele que não se recusou ao serviço militar, passou por todas essas humilhações e executou toda essa crueldade pode, se não estiver morto, receber em sua veste de palhaço ornamentos vermelhos ou dourados; pode, no caso mais afortunado, comandar centenas de milhares de homens embrutecidos como ele e ser chamado de marechal de campo, e ganhar muito dinheiro.

O recalcitrante terá as vantagens de conservar sua dignidade de homem, de ser estimado por gente honrada e, sobretudo, de ter consciência de realizar uma obra de Deus, ou seja, uma obra útil aos homens.

Tais são as vantagens e os inconvenientes, nos dois casos, para um homem da classe abastada e opressora. Quanto ao homem da classe operária pobre, as vantagens e os inconvenientes serão os mesmos, mas com um notável aumento dos inconvenientes; além disso, participando do serviço militar, consolida, com seu apoio, a opressão à qual é submetido.

Mas a questão da necessidade de um governo não se pode resolver com reflexões sobre a maior ou menor utilidade do Estado ao qual os homens prestam apoio, participando do serviço militar, e, muito menos, com reflexões sobre as vantagens ou os danos da submissão ou da revolta.

Esta questão só pode ser resolvida, de modo definitivo, apelando-se à consciência de cada homem a quem se apresenta, sem que ele o deseje, o serviço militar obrigatório.

8

Aceitação inevitável pelos homens de nossa sociedade da doutrina da não resistência ao mal

Com frequência se diz que, se o cristianismo fosse uma verdade, deveria ter sido aceito por todos os homens desde sua aparição e instantaneamente mudar as condições da vida, tornando-a melhor. É como se fosse dito que a semente, a partir do momento em que pode germinar, deve dar simultaneamente o caule, a flor e o fruto.

A doutrina de Cristo não é uma jurisprudência que ao ser imposta pela violência pode modificar de imediato a vida dos homens. É um novo conceito de vida, mais alto do que o antigo, e um novo conceito de vida não pode ser prescrito, precisa ser livremente assimilado. E só pode ser livremente assimilado de duas maneiras: uma interna, espiritual, e a outra externa, experimental.

Alguns – a minoria –, com uma espécie de instinto profético, adivinham imediatamente a verdade da doutrina e seguem-na. Outros – a maioria – não chegam à verdade da doutrina e à necessidade de segui-la senão por uma longa senda de erros, experiências e sofrimentos.

A maioria da humanidade cristã chegou, hoje, a esta necessidade de assimilação pela via experimental externa.

Às vezes nos perguntamos se a deturpação do cristianismo, que é, ainda hoje, o principal obstáculo à sua aceitação em seu verdadeiro significado, poderia ser necessária. E, no entanto, os homens chegaram, através dessa deturpação, à situação em que hoje se encontram e que era precisamente a condição necessária para que a maioria o pudesse aceitar, em seu verdadeiro significado.

Se o cristianismo puro tivesse sido proposto desde o início, não teria sido aceito pela maioria, que lhe teria permanecido indiferente, como hoje são indiferentes os povos da Ásia. Havendo-o aceito em sua forma deturpada, os homens foram submetidos a sua influência, segura, ainda que lenta, e pela longa senda de erros e sofrimentos chegaram, hoje, à necessidade de assimilá-lo em seu verdadeiro significado.

A deturpação do cristianismo e sua aceitação sob tal forma eram necessárias, como é necessário que a semente colocada na terra aí permaneça durante certo tempo.

O cristianismo é uma doutrina de verdade e, ao mesmo tempo, uma profecia. Há 18 séculos, o Cristo revelou a verdadeira vida e simultaneamente predisse o que se tornaria a existência dos homens se, não se amoldando a esse ensinamento, continuassem a viver segundo os antigos princípios.

Ensinando, no Sermão da Montanha, a doutrina que deve guiar os homens, Cristo disse:

> Assim, todo aquele que ouve estas minhas palavras e as põe em prática será comparado a um homem sensato que construiu sua casa sobre a rocha. Caiu a chuva, vieram as enxurradas, sopraram os ventos e deram contra a casa, mas ela não caiu, porque estava alicerçada na rocha. Por outro lado, todo aquele que ouve estas minhas palavras mas não as pratica será comparado a um insensato que construiu sua casa sobre a areia. Caiu a chuva, vieram as enxurradas, sopraram os ventos e deram contra a casa, e ela caiu. E foi grande a sua queda. (Mt 7, 24-27)

E eis que, 18 séculos mais tarde, se confirmou a profecia. Não havendo seguido a doutrina de Cristo, não se tendo conformado a seu preceito da não resistência ao mal, os homens chegaram, para seu desprazer, à iminência da ruína por ele prevista.

Os homens, frequentemente, acreditam que a questão da não resistência ao mal por meio da violência seja uma questão teórica, a qual se pode negligenciar. Contudo, a própria vida coloca-a diante de cada homem que pensa e reclama uma solução. Desde que a doutrina de Cristo foi ensinada, esta questão é, na vida social, tão importante como é para o viajante saber, no ponto em que a estrada se bifurca, qual dos dois caminhos deve seguir. É preciso ir adiante e não se pode dizer: "Não pensarei nisto e continuarei a caminhar como fiz até agora." Havia uma estrada, agora são duas: é preciso escolher.

Assim, não se pode dizer, depois que a doutrina de Cristo tornou-se conhecida pelos homens: "Viverei como antes, sem escolher entre a questão da resistência e a da não resistência ao mal por meio da violência." É absolutamente necessário, a cada nova luta, decidir se devemos ou não nos opor violentamente àquilo que consideraremos como mal.

A questão da resistência ou da não resistência ao mal nasceu quando teve lugar a primeira luta entre os homens, porque cada luta não é senão a oposição violenta àquilo que cada combatente considera como um mal. Mas, antes de Cristo, os homens não percebiam que a resistência violenta àquilo que cada um considera como um mal unicamente porque seu julgamento é diferente do de seu adversário é apenas um dos métodos de terminar a luta, e que existe um outro: o que consiste em não se opor ao mal usando da violência.

Antes de Cristo, os homens só consideravam o primeiro método, e agiam de acordo, esforçando-se para se convencerem e convencerem os outros de que aquilo que consideravam um mal era, sem dúvida, um mal. E para tal, desde os mais remotos tempos, os homens inventaram várias definições do mal, que eram obrigatórias para todos; e essas definições foram impostas, ora como leis recebidas por via sobrenatural, ora como ordens de homens ou assembleias a que se atribuía a infalibilidade.

Alguns homens empregavam a violência contra outros e persuadiam a si mesmos e aos outros de que a empregavam contra um mal reconhecido por todos.

Este método, cuja prepotência não foi, durante longo tempo, percebida pelos homens, foi utilizado desde as épocas mais remotas, especialmente por aqueles que se apossaram do poder. Porém, com o progresso, quanto mais se multiplicaram as relações, mais se tornava claro que a oposição com a violência àquilo que cada um, por seu lado, considera um mal era irracional; que a luta não diminuía e que nenhuma definição humana pode fazer com que o que alguns consideram um mal seja como tal aceito por outros.

Já ao tempo da origem do cristianismo, no lugar em que pela primeira vez apareceu, no Império Romano, era para a maioria dos homens evidente que aquilo que Nero e Calígula consideravam um mal não poderia ser assim considerado pelos outros. Já naquela época, começava-se a compreender que as leis que se fizeram passar por divinas foram escritas pelos homens, que os homens não são infalíveis, qualquer que seja a autoridade externa da qual estejam investidos, e que os homens falíveis não se podem tornar infalíveis devido unicamente ao fato de se reunirem numa assembleia à qual chamam Senado ou algo semelhante. E Cristo ensinava, então, sua doutrina, que consiste não apenas no fato de que não é preciso opor-se ao mal por meio da violência, mas também num novo conceito de vida, cuja aplicação na vida social teria como resultado fazer desaparecer a luta entre os homens, não submetendo uma parte deles e algumas autoridades, mas proibindo que os homens, sobretudo os que estão no poder, empreguem violência contra quem quer que seja, em qualquer caso.

Esta doutrina não foi, então, aceita senão por um número bastante restrito de discípulos. A maioria dos homens, e sobretudo os que estavam no poder, mesmo após a aceitação nominal do cristianismo, continuou a resistir usando da violência ao que consideravam um mal. Tudo permaneceu do mesmo modo à época dos imperadores romanos e bizantinos, e ainda mais adiante.

A insuficiência de definição oficial do mal e da resistência por meio da violência, já evidente nos primeiros séculos do cristianismo, torna-se ainda mais clara após a divisão do Império Romano em vários Estados de igual força e na época das lutas entre estes e de suas lutas internas.

Mas os homens não estavam preparados para aceitar a solução de Cristo e continuavam a adotar o antigo modelo de definição do mal, ao qual é preciso resistir com leis obrigatórias para todos e impostas pela força.

Ora o papa, ora o imperador, ora o rei, ora o corpo eletivo, ora o povo decidiam quanto ao que se devia considerar um mal a ser rechaçado com violência. Mas, no interior e no exterior do Estado, sempre havia homens que não reconheciam como obrigatórios nem os decretos, que se faziam passar pela expressão da vontade divina, nem as leis humanas, às quais se dava um caráter sacro, nem as instituições, que deveriam representar a vontade do povo; homens que consideravam um bem aquilo que as autoridades existentes consideravam um mal, e que lutavam contra o poder.

Os homens investidos de autoridade religiosa consideravam um mal aquilo que alguns homens e algumas instituições, investidos do poder civil, consideravam um bem, e vice-versa; e a luta tornava-se cada vez mais acirrada. E quanto mais os homens empregavam a violência, mais se tornava evidente que este método é ineficaz, porque não existe e não pode existir uma definição autorizada do mal, que possa ser reconhecida por todos.

O quadro permaneceu o mesmo durante 18 séculos e, então, o mundo chegou à constatação cabal de que não pode existir uma definição externa do mal, obrigatória para todos. O mundo passou a não acreditar na possibilidade de encontrar essa definição, mas nem mesmo em sua utilidade, e os homens que estão no poder não mais tentam demonstrar que aquilo que consideram um mal realmente o é. O que eles consideravam um mal é o que não lhes agrada. E os homens submissos ao poder aceitam essa definição, não porque a creiam justa, mas porque não podem fazer de outro modo. Não porque seja um bem necessário e útil aos homens, e porque o contrário seria um mal, mas porque aqueles que estão no poder assim o desejam. Acontece que Nice é anexada à França, a Alsácia-Lorena à Alemanha, a Boêmia à Áustria, a Polônia é desmembrada, a Irlanda e as Índias são subjugadas à Inglaterra, declara-se guerra à China, matam-se africanos, os norte-americanos perseguem os chineses, os russos oprimem os judeus, os proprietários rurais se apropriam da terra que não cultivam e os capitalistas, do produto do trabalho alheio. Chega-se, então, ao fato de que uns cometem violências não mais em nome da resistência ao mal, mas em nome de seu interesse e de seu capricho, e que outros sofrem a violência não por nela verem, como antes, um meio para defendê-los do mal, mas porque não podem evitá-la.

Se o romano, se o homem da Idade Média, se o nosso russo, estavam absolutamente convencidos de que a violência do poder era necessária para defendê-los do mal, de que os impostos, os dízimos, a escravidão, a prisão, o *knut*, a deportação, as execuções capitais, a soldadesca e as guerras eram uma necessidade absoluta, é raro encontrar hoje um homem que creia que todas as violências cometidas defendam quem quer que seja do mal, que não perceba que a maior parte das violências a que é submetido ou das quais participa é, por si mesma, uma grande e inútil calamidade.

Não existe, hoje, um homem que não veja o quanto é inútil e injusto recolher impostos do povo trabalhador para enriquecer funcionários ociosos; o quanto é estúpido infligir uma punição a homens corruptos e fracos e deportá-los de um lugar para outro, ou aprisioná-los, uma vez que, tendo assegurada sua existência e continuando desocupados, nada fazem além de se corromperem e enfraquecerem cada vez mais; o quanto é não só estúpido e inútil mas verdadeiramente insensato e cruel arruinar o povo com armamentos militares e dizimá-los com guerras que não podem ter qualquer explicação, qualquer justificativa. E, no entanto, essas violências continuam a acontecer e são encorajadas pelos mesmos que percebem sua inutilidade, sua estupidez, sua crueldade, e que sofrem com elas.

Os governos de nosso tempo, tanto os mais déspotas como os mais liberais, tornaram-se o que Herzen tão bem denominou de *Gengis Khan com telégrafo,* isto é, uma organização de violência que tem por princípio o arbítrio mais grosseiro e que se aproveita, para a dominação e a opressão, de todos os aperfeiçoamentos criados pela ciência para a vida social pacífica de homens livres e iguais.

Os governos e as classes dirigentes apoiam-se, hoje, não sobre o direito e sequer sobre uma aparência de justiça, mas sobre uma organização tão engenhosa, graças ao progresso da ciência, que todos os homens estão presos num círculo de violência do qual não têm qualquer possibilidade de sair. Esse círculo é composto de quatro métodos de ações sobre os homens. E esses métodos estão ligados entre si como os elos de uma corrente.

O primeiro método, o mais antigo, é a intimidação. Esta consiste em representar o regime atual (qualquer que seja, a república mais liberal ou a mais déspota monarquia) como algo sagrado e imutável. Como consequência, são punidas com as penas mais cruéis quaisquer tentativas de mudança. Este método foi empregado nos tempos antigos e o é hoje, onde quer que exista um governo: na Rússia, contra os que são chamados de niilistas; nos Estados Unidos, contra os anarquistas; na França, contra os imperialistas, os monarquistas, os comunistas e os anarquistas. As estradas de ferro, o telégrafo, os telefones, a fotografia, os métodos aperfeiçoados para fazer desaparecer os homens sem assassinato, encerrando-os perpetuamente em celas isoladas, onde, ocultos de todos, morrem esquecidos, e uma quantidade de outras invenções modernas de que se servem os governos, dão-lhes uma força tal que, uma vez caído o poder em determinadas mãos, com a polícia oficial ou secreta, com a administração e todo o exército de inúteis, de carcereiros e carrascos cheios de zelo, não há mais qualquer possibilidade de derrubá-los, por loucos e cruéis que sejam.

O segundo método é a corrupção. Esta consiste em tomar do povo suas riquezas por meio dos impostos e distribuí-las às autoridades que, em troca, encarregam-se de manter e aumentar a opressão. Essas autoridades compradas, dos ministros aos escreventes, formam uma invencível rede de homens unidos pelo mesmo interesse: viver em detrimento do povo. Eles enriquecem tanto mais quanto maior é a submissão com que executam as ordens do governo, sempre e em toda parte, não recuando diante de qualquer obstáculo, em todos os ramos de atividade, defendendo com a palavra e com a ação a violência governamental sobre a qual está fundamentado seu bem-estar.

O terceiro método é aquele que não posso chamar de outro modo senão de hipnotismo do povo. Consiste em deter o desenvolvimento moral dos homens e, com diversas sugestões, mantê-los no arcaico conceito de vida sobre o qual se baseia o poder do governo. Esse hipnotismo é, hoje, organizado da forma mais complexa, e sua influência vai da infância até a morte. Começa nas escolas obrigatórias, criadas com esse objetivo, onde se inculcam nas crianças noções que eram as de seus avós e que estão em contradição com a consciência moderna da humanidade. Nos países em que existe uma religião de Estado, ensinam-se às crianças catecismos estúpidos e blasfematórios, onde se coloca como dever a submissão às autoridades; nos países republicanos, ensina-se a elas a selvagem superstição do patriotismo e a mesma suposta obrigação de obedecer aos poderes. Numa idade mais avançada, esse hipnotismo prossegue com o encorajamento das superstições religiosas e patrióticas.

A superstição religiosa é encorajada pela criação, com o dinheiro tirado do povo, de templos, procissões, monumentos, festas, tudo isto com o auxílio da pintura, da arquitetura, da música, do incenso que inebria e, sobretudo, com a manutenção do clero, cuja missão é embrutecer os homens e mantê-los constantemente nesse estado com a ajuda do ensino, da solenidade das cerimônias, dos sermões e, também, com intervenção na vida privada, no nascimento, no casamento, até na morte. A superstição patriótica é encorajada pela criação de festas nacionais, espetáculos, monumentos e solenidades que predispõem os homens a não reconhecerem outro valor que não o de seu povo, outra grandeza que não a de seu Estado e de seus governantes, provocando, assim, a hostilidade e até mesmo o ódio contra outros povos. Além disso, os governos despóticos proíbem os livros e os discursos que iluminam o povo, e todos os homens que podem acordá-lo de seu torpor são deportados ou encerrados em prisões. E mais, todos os governos, sem exceção, escondem do povo aquilo que pode libertá-lo e encorajam o que pode corrompê-lo, como a literatura que mantém o povo na barbárie das superstições religiosas e patrióticas, ou os prazeres sensuais: espetáculos, circos, teatros, bem como os meios materiais de embrutecimento, como o tabaco e o álcool, que são a principal fonte de arrecadação do Estado. Até a prostituição é encorajada, porque não só é reconhecida, como também organizada pela maioria dos governos.

O quarto método consiste em escolher, entre todos os homens unidos e embrutecidos com a ajuda dos três métodos precedentes, um certo número de indivíduos, para torná-los instrumentos passivos de todas as crueldades necessárias ao governo. Chega-se ao ponto de embrutecê-los ainda mais e de torná-los ferozes, recolhendo-os entre os adolescentes, quando ainda não puderam formar um conceito claro de moralidade e isolando-os de todas as condições naturais da vida – a casa paterna, a família, a cidade natal, o trabalho útil –, encerram-nos em casernas, vestem-nos com trajes militares, obrigam-nos, com gritos, tambores, música, objetos cintilantes, a fazer diariamente exercícios físicos, propositalmente inventados. E eles caem, com estes meios, num estado de hipnose tal que deixam de ser homens e se tornam máquinas sem raciocínio, dóceis à vontade do hipnotizador. São esses jovens fortes (atualmente todos os jovens, graças ao serviço militar obrigatório) que, hipnotizados, armados e prontos para o assassinato à primeira ordem do governo, constituem o quarto e principal método de opressão.

Com este método fecha-se o círculo da violência.

A intimidação, a corrupção, o hipnotismo criam soldados, os soldados dão o poder, o poder dá o dinheiro com que se compram as autoridades e se recrutam os soldados.

É um círculo no qual tudo se encadeia firmemente e de onde é impossível sair por meio da violência.

Aqueles que creem ser possível libertar-se por meio da violência, ou somente melhorar esta situação derrubando um governo para substituí-lo por outro, ao qual a opressão não será mais necessária, estão enganados, e seus esforços neste sentido, em vez de melhorar a situação, pioram-na. Suas tentativas fornecem ao governo um pretexto para aumentar seu poder e seu despotismo.

Mesmo admitindo que, em consequência de circunstâncias especialmente desfavoráveis ao governo, este fosse derrubado pela força, como aconteceu na França em 1870, e que o poder passasse para outras mãos, esse poder não poderia ser menos opressor porque, tendo que se defender de todos os seus inimigos desapropriados e exasperados, seria constrangido a ser até mais déspota e mais cruel do que o anterior, como ocorreu durante todos os períodos revolucionários.

Se os socialistas e comunistas consideram um mal a organização individualista e capitalista da sociedade, se os anarquistas consideram um mal qualquer organização governativa, existem monarquistas, conservadores e capitalistas que consideram um mal a organização socialista, ou comunista, e a anarquia, e cada um desses partidos não tem outro meio além da violência para fundar um regime ao qual todos sejam submetidos. Qualquer que seja o partido que triunfe, este necessita, para instituir uma nova ordem e para conservar o poder, não apenas utilizar os meios de violência consagrados como também inventar novos. Os oprimidos não serão mais os mesmos; a opressão tomará novas formas e, longe de desaparecer, se tornará mais cruel, porque a luta terá aumentado o ódio entre os homens.

A situação dos cristãos, e sobretudo seu ideal, provam-no com surpreendente evidência.

Só resta, hoje, um setor de domínio não exercido pelo poder: o domínio da família e da economia doméstica, o campo da vida privada e do trabalho. Mas, graças ao movimento comunista e socialista, ele é pouco a pouco invadido pelo governo, de modo que o trabalho e o repouso, o domicílio, o vestuário, o alimento, caso se concretizasse o desejo dos reformadores, não tardariam a ser sujeitos a regulamentos.

Todo o longo caminho da vida das nações cristãs, durante 18 séculos, destaca necessariamente a obrigação de resolver a questão que haviam evitado: a aceitação ou a não aceitação da doutrina de Cristo; e a que dela resulta: a resistência ou não resistência ao mal por meio da violência. A diferença, porém, é que, antes, os homens podiam ou não aceitá-la, enquanto hoje esta solução é inevitável, por ser a única que pode libertá-los da escravidão em que, por si mesmos, se emaranharam, como numa rede.

Mas não é apenas esta cruel situação que obriga os homens a reconhecerem a doutrina de Cristo. A verdade dessa doutrina tornou-se evidente, à medida que se tornou também evidente a falsidade da organização pagã.

Não em vão, durante 18 séculos, os melhores homens da humanidade cristã, compreendendo a verdade da doutrina, pregaram-na, apesar de todas as ameaças, todas as privações, todos os sofrimentos. Eles esculpiam, com seu martírio, a verdade da doutrina no coração dos outros homens.

O cristianismo penetrava na consciência não apenas por meio do caminho negativo da demonstração da impossibilidade da vida pagã, mas principalmente pela simplificação, pela clareza, pela libertação das superstições às quais essa consciência estava enredada e pela sua difusão em todas as classes.

Não transcorreram 18 séculos de cristianismo sem ter uma influência sobre os homens que o aceitaram também de forma externa. Esses 18 séculos fizeram com que, mesmo continuando a viver a vida pagã que não mais corresponde à idade da humanidade, os homens percebessem nitidamente toda a miséria da situação e acreditassem, no fundo da alma (só vivem porque creem), que a salvação está apenas na observância da doutrina cristã em todo o seu significado. Quando e como será obtida a salvação? As opiniões são várias, conforme o desenvolvimento intelectual e os preconceitos de cada ambiente. Mas cada homem de nossa sociedade culta reconhece que nossa salvação está na doutrina cristã. Alguns, entre os fiéis que admitem o caráter divino da doutrina, pensam que a salvação virá quando todos acreditarem em Cristo, cuja segunda vinda está próxima; outros, que reconhecem igualmente a divindade da doutrina de Cristo, creem que a salvação virá da Igreja, que ela sujeitará todos os homens, lhes inculcará as virtudes cristãs e transformará suas vidas; outros, ainda, que não reconhecem Cristo como Deus, creem que a salvação será uma consequência do progresso lento e gradual que pouco a pouco substituirá os princípios da vida pagã, pela igualdade, pela liberdade e pela fraternidade, ou seja, pelos princípios cristãos; outros, finalmente, que têm fé na reorganização social, creem que a salvação virá quando, após uma revolução, os homens forem obrigados a viver sob o regime da comunhão de bens, sob a ausência de qualquer governo, e do trabalho coletivo e não individual, isto é, quando se houver efetivado um dos aspectos da doutrina cristã. De um modo ou de outro, todos os homens de nosso tempo não só reconhecem no íntimo de sua consciência a insuficiência da ordem atual que chega ao fim, mas também reconhecem, muitas vezes sem suspeitá-lo e mesmo considerando-se adversários do cristianismo, que a salvação está na aplicação, na vida, da doutrina cristã ou de uma parte da doutrina em seu verdadeiro significado.

O cristianismo, como disse seu fundador, não teve a possibilidade de efetivar-se de uma só vez para a maioria, mas precisou crescer lentamente, como uma grande árvore, saída de uma pequena semente. E assim cresceu e desenvolve-se até hoje, se não na realidade externa, ao menos na consciência dos homens.

Hoje, não é mais apenas a minoria, a que sempre compreendeu a doutrina, que reconhece seu verdadeiro significado, mas toda a grande maioria, aparentemente tão distante do cristianismo por sua vida social.

Observe os costumes dos indivíduos isolados, escute sua avaliação dos fatos, seu julgamento de uns e outros, escute até os sermões e os discursos públicos, os ensinamentos que pais e educadores dão à juventude, e verão que, ainda que estejam distantes da efetivação da verdade cristã, devido à vida social baseada na violência, o que os homens consideram como bom, na vida privada, é o conjunto das virtudes cristãs, e que consideram ruim é todo vício anticristão. Aqueles que se dedicam com abnegação ao serviço da humanidade são considerados os melhores. Os egoístas, os que se aproveitam da desventura alheia, são considerados os piores. Certos ideais não cristãos, como a força, a coragem, a riqueza, existem ainda, mas já estão ultrapassados e não mais são aceitos por todos. Ao contrário, os que são universalmente reconhecidos e obrigatórios para todos nada mais são do que os ideais cristãos.

A situação de nossa humanidade cristã, se possível fosse observá-la de fora, com a crueldade e com todo o servilismo dos homens, nos pareceria realmente terrível. Mas, se fosse observada com os olhos da consciência, o espetáculo seria inteiramente diverso.

Todo o mal de nossa vida parece existir apenas porque existe há muito tempo e porque os homens que o cometem ainda não puderam aprender a não mais fazê-lo, pois na realidade não o querem fazer.

Todo esse mal parece ter uma causa independente da consciência dos homens.

Por estranho e contraditório que possa parecer, não é menos verdade que todos os homens de nosso tempo detestam o regime que, entretanto, sustentam.

Creio ser Max Müller quem conta a surpresa de um índio convertido ao cristianismo, do qual tinha assimilado a essência, e que, vindo à Europa, viu como viviam os cristãos. Ficou perplexo diante da realidade tão absolutamente oposta ao que imaginara encontrar entre os povos cristãos.

Nós não nos maravilhamos com a contradição que existe entre nossas crenças e as instituições e costumes porque as influências que ocultam essa contradição agem também sobre nós. Se apenas observássemos nossa vida do ponto de vista daquele índio que havia compreendido o cristianismo em seu verdadeiro significado, se olhássemos de frente essa barbárie selvagem de que nossa vida é repleta, recuaríamos aterrorizados diante das contradições em meio às quais vivemos sem perceber.

Basta lembrar os preparativos de guerra, as granadas, as bombas prateadas, as minas... e a Cruz Vermelha; as celas solitárias nas prisões, as experiências de eletroexecução... e a preocupação com o bem-estar dos prisioneiros; a atividade filantrópica dos ricos... e sua vida que produz os pobres aos quais prestam socorro. E estas contradições não provêm, como se poderia acreditar, do fato de que os homens fingem ser cristãos, enquanto, ao contrário, são pagãos, mas do fato de que os homens sentem que lhes falta algo, ou que existe uma força que os impede de ser aquilo que deveriam e gostariam de ser. Os homens de nosso tempo não demonstram odiar a opressão, a desigualdade, a desunião e todas as crueldades contra os homens e até contra os animais; não, eles realmente detestam tudo isso, mas não sabem como fazê-lo desaparecer, e não se decidem a abandonar o que mantém tudo isso e que lhes parece necessário.

De fato, pergunte a cada indivíduo, separadamente, se ele considera louvável e digno de um homem de nosso tempo ter uma ocupação que rende um ordenado desproporcional ao seu trabalho; exigir do povo – muitas vezes miserável – taxas destinadas a pagar canhões, navios de guerra, instrumentos de morte para combater homens com os quais queremos viver em paz e que têm o mesmo desejo; ou dedicar toda a vida, por um ordenado, a organizar a guerra ou a preparar a si e aos outros para o massacre. Pergunte-lhe também se é louvável e digno, ou mesmo conveniente, a um cristão ter por ocupação remunerada a de prender pobres marginais, muitas vezes analfabetos, bêbados, com o pretexto de que se apropriaram dos bens alheios, em proporções muito menores do que nós, ou por matarem de modo diferente daquele que nos é habitual; aprisioná-los, torturá-los, matá-los por isso? É louvável, é digno do homem e do cristão, sempre por dinheiro, ensinar ao povo, em vez do cristianismo, flagrantes superstições, grosseiras e perigosas? É louvável e digno do homem tomar por prazer aquilo que é indispensável às necessidades primárias do próximo, como fazem os grandes proprietários de terras? Ou obrigá-lo a um trabalho superior a suas forças, como fazem os proprietários de usinas ou de fábricas para aumentar suas posses? Ou se aproveitar das necessidades dos homens para aumentar a própria riqueza, como fazem os negociantes? E cada um deles, isoladamente, sobretudo ao falar de outro que não seja ele, responderá que não. E, contudo, o mesmo homem que vê toda a ignomínia desses atos, aos quais não é forçado por quem quer que seja, com frequência sem proveito material de um ordenado, por uma simples vaidade pueril, por uma ninharia de esmalte, por um pedaço de fita, por um galão que lhe será permitido usar, se alistará voluntariamente no serviço militar; se fará juiz instrutor ou juiz de paz, ministro, comissário, arcebispo ou bedel, funções que o obrigarão a cometer atos dos quais não pode ignorar a desonra e a ignomínia.

Sei que muitos desses homens tentarão provar com desenvoltura que tudo isso é não só legítimo, mas também necessário. Dirão, em sua defesa, que as autoridades vêm de Deus, que as funções do Estado são necessárias para a felicidade da humanidade, que a riqueza não é contrária ao cristianismo, que foi dito ao rico adolescente que não desse seus próprios bens a não ser caso desejasse alcançar a perfeição, que a distribuição das riquezas e o comércio devem existir tal como são e que beneficiam a todos; mas, apesar de todos os esforços para enganar a si e aos outros, todos esses homens sabem que o que fazem é contrário àquilo em cujo nome vivem e, no íntimo do coração, quando ficam a sós com sua consciência, envergonham-se e sofrem com as recordações de suas ações, sobretudo quando outros lhes demonstram suas vilanias. Professe ou não a divindade de Cristo, o homem de nosso tempo não pode ignorar que participar, seja como soberano, seja como ministro, prefeito ou guarda campestre, da venda da última vaca de uma pobre família para satisfazer o fisco, e empregar esse dinheiro na compra de canhões ou em ordenados e pensões de autoridades ociosas e inúteis, que vivem no luxo; ou participar da prisão de um pai de família, que nós mesmos corrompemos, e reduzir sua família à mendicância; ou participar de saques e massacres de guerra; ou participar do ensinamento de superstições bárbaras, iconólatras, em vez da Lei de Cristo; ou apoderar-se da vaca que entrou em nossa propriedade e cujo dono não possui terra; em fazer um pobre pagar por um objeto o dobro de seu valor pelo único fato de que ele é pobre – nenhum homem pode ignorar que todas essas ações são más, vergonhosas.

Todos sabem que aquilo que fazem é errado, e por nada no mundo o fariam, caso pudessem reagir contra as forças que, fechando seus olhos para a criminalidade dessas ações, levam-nos a cometê-las.

Nada mais do que o serviço militar obrigatório torna evidente a contradição que sofrem os homens de nosso tempo; é a última expressão da violência.

Se não percebemos essa contradição não é porque esse estado de armamento mundial adveio progressivamente, insensivelmente, e porque os governos dispõem para mantê-lo de todos os meios de intimidação, de corrupção, de embrutecimento e de violência. Essa contradição tornou-se, para nós, tão habitual que não vemos toda a estupidez e a terrível imoralidade das ações dos homens que escolhem livremente a profissão de matadores como algo honrado, ou daqueles desgraçados que consentem em servir o exército, ou até daqueles que, em países onde não existe o serviço militar obrigatório, abandonam seu trabalho pelo recrutamento de soldados e pelos preparativos do massacre.

São todos cristãos, ou homens que professam a humanidade ou o liberalismo, e sabem que, cometendo essas ações, participam dos assassinatos mais insensatos, mais inúteis, mais cruéis.

Mais ainda, na Alemanha, o berço do serviço militar obrigatório, Caprivi exprimiu o que se ocultava cuidadosamente: que os homens a serem mortos não serão apenas estrangeiros, mas conterrâneos – os mesmos operários que dão origem ao maior número de soldados. E esta confissão não abriu os olhos dos homens, não os aterrorizou! E depois, como antes, marcham como ovelhas e submetem-se a tudo o que deles se espera.

Mas há ainda melhor: o imperador da Alemanha explicou recentemente, com maior precisão, a missão do soldado, agradecendo e recompensando um soldado que havia matado um prisioneiro indefeso que tentava fugir. Recompensando uma ação sempre considerada como vil e infame, até mesmo por homens do mais baixo grau de moralidade, Guilherme II mostrou que o dever principal e mais apreciado do soldado é ser carrasco, e não como um carrasco profissional que só mata os criminosos condenados, mas carrasco de todos os inocentes que o chefe lhe ordena matar.

Mas ainda não é tudo. Em 1892, o mesmo Guilherme, o *enfant terrible* do poder, que diz em voz alta o que outros se contentam em pensar, disse publicamente o que se segue, reproduzido no dia seguinte por um sem-número de jornais.

> Recrutas! Diante do altar e do servo de Deus, vós *me* haveis jurado lealdade! Sois ainda demasiado jovens para compreender toda a importância do que aqui foi dito, mas cuidai antes de tudo de obedecer às ordens e às instruções que vos serão dadas. Vós *me* haveis jurado, jovens da minha guarda; agora sois, portanto, *meus* soldados, *a mim pertenceis, pois, de corpo e alma*. Para vós, hoje, não existe senão um inimigo, aquele que é *meu* inimigo. Com os atuais ardis socialistas, *poderia ocorrer que eu vos ordenasse disparar em vossos parentes, em vossos irmãos, também em vossos pais, em vossas mães* [que Deus não permita!]; *ainda assim devereis obedecer às minhas ordens sem hesitar*.

Esse homem exprime tudo aquilo que os governantes inteligentes pensam, mas cuidadosamente ocultam. Diz abertamente que aqueles que servem o exército estão a *seu* serviço e devem estar prontos, para *seu* benefício, a matar seus irmãos e seus pais.

Com as palavras mais brutais, exprime francamente o horror do delito para o qual se preparam os homens que servem o exército, todo o abismo de humilhações na qual se precipitaram, prometendo obediência.

Como um hipnotizador audaz, ele experimenta o grau de insensibilidade do hipnotizado. Aplica-lhe sobre a pele um ferro ardente; a pele fumega, enruga, mas o entorpecido não acorda.

Guilherme II, um doente, miserável, ébrio de poder, ofende com essas palavras tudo o que pode haver de sagrado para o homem moderno, e os cristãos, os livres-pensadores, os homens cultos, todos, longe de se indignarem com essa ofensa, sequer levam-na em consideração. A última, a extrema prova é proposta aos homens, em sua forma mais grosseira. Eles sequer percebem que se trata de uma prova, que têm uma escolha a fazer; sabem que nada têm a fazer além de docilmente se submeterem. Poderia-se pensar que essas palavras insensatas que ofendem tudo o que o homem tem de sagrado devessem indigná-los; mas não. Todos os jovens de toda a Europa são submetidos a essa prova e, salvo raras exceções, renegam tudo o que existe de sagrado e aceitam de bom grado a perspectiva de abrir fogo sobre seus irmãos e seus pais, para obedecer à ordem do primeiro louco que aparecer, ridiculamente vestido com um uniforme com galões vermelhos e dourados.

Qualquer selvagem tem algo sagrado pelo qual está pronto a sofrer. Onde está, então, esse algo sagrado para o homem moderno? Dizem-lhe: "Serás meu servo, e esta servidão vai obrigar-te a matar também o teu próprio irmão", e ele, por vezes até muito instruído, entrega tranquilamente seu pescoço aos arreios. Vestem-lhe um traje grotesco, ordenam-lhe que pule, faça gestos, reverencie, mate, e ele tudo faz docilmente. E quando o exoneram, ele retorna, como se nada tivesse acontecido, à antiga vida, e continua a falar da dignidade do homem, da liberdade, da igualdade, da fraternidade!

"Mas o que fazer?", pergunta alguém, por vezes, com sincera perplexidade. "Caso todos se recusassem a prestar o serviço militar, eu compreenderia, mas só eu apenas sofrerei sem utilidade para quem quer que seja?"

E é verdade; o homem que segue o conceito social da vida não pode se recusar. O objetivo de sua vida é a felicidade. Para ele, pessoalmente, é melhor submeter-se, e submete-se.

O que quer que lhe seja feito, qualquer sofrimento, qualquer humilhação por que deva passar, irá se submeter, porque sozinho nada pode, pois não tem um princípio em nome do qual poderia se opor, sozinho, à violência. E unir-se, eles não podem; estão impedidos de fazê-lo por aqueles que os dirigem.

Diz-se, muitas vezes, que a invenção de terríveis armas de guerra acabará por tornar a guerra impossível. É falso. Assim como se podem aumentar os meios de extermínio, podem-se aumentar os meios de submeter os homens ao conceito social. Matai-os aos milhares, aos milhões, fazei-os em pedaços, eles seguirão da mesma maneira ao massacre como um rebanho estúpido. Serão obrigados a caminhar, sendo chicoteados por uns e autorizados por outros a usar pedaços de fitas e galões.

E é com uma sociedade assim, composta de homens embrutecidos a ponto de prometerem matar os próprios parentes, que certos homens públicos – conservadores, liberais, socialistas, anarquistas – desejariam construir uma sociedade racional e moral. Assim como não é possível construir uma casa com traves contorcidas e podres, com homens dessa espécie não é possível organizar uma sociedade moral e racional. Eles podem constituir apenas uma manada dirigida com gritos e o chicote do pastor. E é o que acontece.

E eis, de um lado, os homens que se dizem cristãos, feitores da liberdade, da igualdade, da fraternidade, ei-los prontos, em nome da liberdade, para uma submissão das mais humilhantes, das mais servis; em nome da igualdade, dividir os homens, somente pelos indícios externos e ilusórios, em classes superiores e inferiores, em aliados e inimigos, e em nome da fraternidade matar seus irmãos.*

A contradição entre a consciência e a vida e, portanto, o desdobramento de nossa existência, atingiram seu limite extremo. A organização da sociedade baseada na violência, que tinha o objetivo de assegurar a vida doméstica e social, conduziu os homens à perfeita negação e ao aniquilamento dessas vantagens.

A primeira parte da profecia confirmou-se com uma série de gerações que não aceitaram os ensinamentos de Cristo, e seus descendentes chegaram hoje à absoluta necessidade de experimentar a exatidão da segunda parte.

9

A aceitação do conceito cristão da vida preserva os homens dos males de nossa vida pagã

A situação das nações cristãs em nossa época é tão penosa quanto na era pagã. Sob muitos aspectos e, em especial, sob o ponto de vista da opressão, é ainda mais cruel.

Mas, entre a situação dos homens da Antiguidade e a dos homens de hoje, existe a mesma diferença que entre as plantas

---

*O fato de que entre certos povos, como os ingleses e os norte-americanos, não exista serviço militar obrigatório (embora já algumas vozes se levantem para exigi-lo) em nada muda a situação servil dos cidadãos para com os governos. Em nosso país, cada qual deve ir pessoalmente matar ou se fazer matar; no país deles, cada um deve dar seu trabalho para o recrutamento e para a instrução dos assassinos.

dos últimos dias do outono e as dos primeiros dias da primavera. Na natureza outonal, a decrepitude aparente corresponde à real decadência interna; mas, na primavera, encontra-se em sensível contradição com o estado de animação interna, porquanto está de passagem para uma nova expressão de vida.

O mesmo ocorre com a semelhança externa entre as vidas pagã e as de hoje: o estado moral dos homens é absolutamente diverso. Naquele tempo, o regime de escravidão e crueldade estava em perfeito acordo com a consciência dos homens, e cada passo à frente ampliava esse acordo; agora, o regime atual está em absoluta contradição com a consciência cristã, e cada passo à frente amplia essa contradição.

Resultam daí sofrimentos inúteis. É como em um parto difícil: tudo está pronto para uma nova vida, mas esta tarda a aparecer.

A situação parece sem saída; e assim seria, na realidade, se o homem não fosse capaz, por um conceito mais alto de vida, de livrar-se desses laços que parecem atá-lo fortemente.

E esse conceito mais alto é o do cristianismo, enunciado há 18 séculos.

Bastaria que o homem assimilasse esse conceito para ver quebrarem-se sozinhas as correntes que lhe parecem tão fortes, e sentir-se, de repente, inteiramente livre, como um pássaro que alça voo pela primeira vez.

Fala-se de libertar a Igreja cristã da tutela do Estado, sobre dar ou não liberdade aos cristãos. Há nisto um mal-entendido. A liberdade não pode ser concedida nem roubada aos cristãos: é sua propriedade inalienável; e, ao se falar em dá-la ou retomá-la, trata-se, evidentemente, não dos verdadeiros cristãos, mas daqueles que apenas usam este nome. O cristão não pode deixar de ser livre, porque nada e ninguém pode deter ou até retardar seu caminho para o objetivo por ele preestabelecido.

Para sentir-se livre de qualquer poder humano, bastaria que o homem concebesse sua vida segundo a doutrina de Cristo, ou seja, compreendesse que sua vida não pertence nem a ele mesmo, nem a sua família, nem a sua pátria, mas somente Àquele que a concedeu, e que, portanto, deve observar não a lei de sua personalidade, de sua família ou de sua pátria, mas a lei que nada limita, a lei Daquele do qual provém. Bastaria a ele compreender que o objetivo de toda a vida é observar a lei de Deus porque, diante dessa lei, que dá origem a todas as outras, todas as leis humanas assumiriam seu caráter obrigatório.

O cristão liberta-se, assim, de qualquer poder humano pelo fato de que considera a lei do amor, inata em cada um de nós e tornada consciente por Cristo, como a única norma de vida. Ele pode ser atingido pela violência, privado de sua liberdade material, dominado pelas paixões (aquele que comete pecado é escravo do pecado), mas não pode deixar de ser livre, não pode ser obrigado, por qualquer perigo ou por qualquer ameaça, a cometer uma ação contrária à sua consciência. Ele não pode ser coagido porque as privações e os sofrimentos, ocasionados pelo conceito social da vida, que são tão fortes contra os homens, não agem sobre ele. As privações e os sofrimentos que roubam aos homens, por meio do conceito social, a felicidade para a qual vivem, longe de comprometer a do cristão, que reside no cumprimento da vontade de Deus, tornam-na, ao contrário, mais intensa, porque ele sofre por Deus.

Por isso, o cristão não pode cumprir os mandamentos da lei externa, quando não estão de acordo com a lei divina do amor, como acontece com as exigências dos governos, e não pode sequer submeter-se a quem quer que seja ou ao que quer que seja, nem reconhecer qualquer submissão.

A promessa de submissão a qualquer governo – este ato considerado como a base da vida social – é a negação absoluta do cristianismo, porque prometer antecipadamente ser submisso às leis elaboradas pelos homens significa trair o cristianismo, que não reconhece, em todas as ocasiões da vida, senão a única lei divina do amor.

À época do antigo conceito, era possível prometer cumprir a vontade do poder sem infringir a de Deus, que consistia na circuncisão, na observância do dia de sábado, na abstenção de certos alimentos. Uma lei não contradizia a outra. Eis exatamente o que distingue a religião cristã daquelas que a precederam. Ela não reclama ao homem determinados atos negativos externos, mas coloca-o, em relação a seus semelhantes, numa outra posição, da qual podem resultar atos muito diferentes que não se poderiam definir antecipadamente. Por isso, o cristão não pode prometer cumprir uma vontade alheia sem saber em que ela consiste, nem obedecer às leis humanas variáveis, nem prometer fazer ou não algo num determinado tempo, porque ele ignora em que momento a lei cristã do amor, para a qual vive, lhe pedirá algo, e o que será. Com tal promessa, o cristão declararia que a lei de Deus não é mais a única lei de sua vida.

O cristão que prometesse obedecer às leis humanas seria como um operário que, começando a servir um patrão, prometesse ao mesmo tempo obedecer às ordens de um estranho. Não é possível servir a dois patrões simultaneamente.

O cristão liberta-se do poder humano pelo fato de que reconhece somente a vontade de Deus. E essa libertação acontece sem lutas, não pela destruição das formas atuais de vida, mas pela modificação do conceito de vida. Essa libertação ocorre porque o cristão, submetido à lei do amor a ele revelada pelo Mestre, considera qualquer violência inútil e condenável, e também porque as privações e os sofrimentos que dominam o homem social são, para ele, apenas condições inevitáveis da existência e porque suporta pacientemente, sem se rebelar, as doenças, a carestia e as outras calamidades.

O cristão age segundo a profecia adotada por seu Mestre: "Ele não discutirá nem clamará; nem sua voz nas ruas será ouvida. Ele não quebrará o caniço rachado nem apagará a mecha que ainda fumega, *até que conduza o Direito ao Triunfo*." (Mt 12,19-20)

O cristão não briga com outrem, não ataca o próximo, não usa de violência para com ninguém. Ao contrário, suporta a violência com resignação e, assim, se liberta e liberta o mundo de qualquer poder externo.

"Conhecereis a verdade e a verdade vos salvará." Caso houvesse dúvidas de que o cristianismo é uma verdade, a liberdade perfeita, experimentada sem restrições pelo homem tão logo este assimile o conceito cristão de vida, seria uma indiscutível prova de sua verdade.

Os homens, em seu atual estágio, assemelham-se a um enxame de abelhas aglomerado num galho de árvore. Sua situação é provisória e deve, a qualquer custo, ser modificada. É preciso que voem e procurem um lugar para se instalar. Cada uma das abelhas sabe disto e deseja mudar esta situação, mas estão presas umas às outras e não podem voar todas juntas, e o enxame permanece suspenso. Parece que não haveria saída nem para as abelhas, nem para os homens presos na rede do conceito social, se cada um não fosse dotado da faculdade de assimilar o conceito cristão.

Se nenhuma abelha levantasse voo sem esperar pelas outras, o enxame nunca mudaria de lugar, e se o homem que assimilou o conceito cristão não vivesse segundo este conceito, a humanidade nunca mudaria sua situação. Mas, como basta que uma abelha abra as asas e voe, para que uma segunda, uma terceira, uma décima, uma centésima, a sigam, e, assim, todo o enxame levantará voo imediatamente; do mesmo modo, bastaria que um só homem vivesse segundo os ensinamentos de Cristo para que um segundo, um terceiro, um centésimo seguissem seu exemplo, fazendo desaparecer o círculo vicioso da vida social, do qual não parece haver saída.

Mas os homens acham esse método muito longo e buscam outro, que os possa libertar a todos de uma só vez. Seria como se as abelhas achassem muito demorado desprenderem-se uma a uma e quisessem que todo o enxame levantasse voo de uma só vez. Mas isto é impossível, e enquanto a primeira, a segunda, a terceira, a centésima não abrirem as asas e voarem, todo o enxame permanecerá imóvel. Enquanto cada cristão não viver isoladamente segundo sua doutrina, as novas formas de vida não se estabelecerão.

Um dos mais estranhos fenômenos de nosso tempo é que a propaganda da escravidão, feita por governos que precisam dela, é também feita por partidários das teorias sociais que se consideram apóstolos da liberdade.

Esses homens anunciam que a melhoria das condições de vida, o acordo entre a realidade e a consciência, ocorrerá não em consequência de esforços pessoais de indivíduos isolados, mas com uma violenta reorganização da sociedade, que se produzirá por si só, não se sabe como. Dizem que não devemos caminhar para o objetivo com nossas próprias pernas, mas que é preciso esperar que se introduza sob nossos pés uma espécie de chão móvel que nos levará aonde devemos ir. Por isso, devemos permanecer parados e dirigir todos os nossos esforços para a criação desse chão imaginário.

Do ponto de vista econômico, sustenta-se uma teoria que pode ser formulada assim: "Quanto pior, melhor." Diz-se que quanto maior a concentração do capital e, em consequência, maior opressão dos trabalhadores, tanto mais próxima estará a libertação. Qualquer esforço pessoal para se libertar da opressão do capital é, portanto, inútil. Do ponto de vista político, prega-se que quanto maior o poder do Estado que deve se apoderar do domínio ainda livre da vida doméstica, tanto melhor irão as coisas; por isso, é preciso pedir a intervenção do governo na vida doméstica. Do ponto de vista da política internacional, afirma-se que o aumento dos meios de destruição conduzirá à necessidade do desarmamento, por meio de congressos, tribunais, arbitragem etc. E – curioso! – a inércia dos homens é tanta que aceitam essas teorias, embora todo o curso da vida, cada passo à frente, prove sua falsidade.

Os homens sofrem com a opressão e lhes é aconselhado procurar, para melhorar sua situação, métodos gerais que serão aplicados pelo poder ao qual devem continuar a se submeter. É mais evidente, contudo, que desta forma nada seria feito, pois, além de aumentar a força do poder e a intensidade da opressão, nenhum outro erro dos homens afasta-os mais do objetivo a que aspiram. Fazem toda espécie de tentativas e inventam toda espécie de métodos complicados para mudar a situação, mas não fazem o que seria necessário, não usam o método mais simples, que consiste em não fazer aquilo que cria essa situação.

Contaram-me a história de um audacioso comissário de polícia que, chegando num vilarejo onde os camponeses haviam se rebelado e para onde haviam sido convocadas tropas, teve a ideia de reprimir sozinho a oposição a Nicolau I, unicamente com sua influência pessoal. Ordenou que fossem trazidas algumas carroças com varas e, fechando-se num celeiro com os camponeses, a tal ponto aterrorizou-os com suas imprecações que os obrigou a se açoitarem uns aos outros. Essa execução continuou até o momento em que um jovem abobalhado recusou-se a prosseguir e aconselhou os outros a resistir. Somente então cessou o suplício, e o comissário precisou fugir.

Contudo, os homens não conseguem seguir os conselhos de um abobalhado. Continuam a fustigar uns aos outros e declaram que nisso consiste a última palavra da sabedoria humana.

A docilidade com que os homens de nosso tempo se submetem a funções que os reduzem à escravidão e, em especial, ao serviço militar obrigatório, não será, talvez, o mais surpreendente exemplo de execução voluntária? Os homens submetem-se por si mesmos: sofrem, mas acreditam que deve ser assim e que isso não impedirá a libertação da humanidade, que em algum lugar se prepara, não se sabe como, a despeito da opressão sempre crescente.

De fato, o homem moderno, quem quer que seja (não falo do verdadeiro cristão), instruído ou ignorante, fiel ou ateu, rico ou pobre, casado ou solteiro, vive ocupado com seus afazeres ou com seus prazeres, consumindo o fruto de seu trabalho ou do trabalho alheio, temendo a pobreza e as privações, o ódio e os sofrimentos. Assim vive, tranquilamente. De repente, alguns indivíduos entram em sua casa e dizem: 1º – Promete e jura que nos obedecerás servilmente em tudo aquilo que te ordenarmos, e que considerarás como verdades indiscutíveis tudo o que imaginarmos e decidirmos e que chamarmos de leis; 2º – Dá-nos uma parte do produto de teu trabalho, a fim de que, com esse dinheiro, nós te mantenhamos na servidão e te impeçamos de resistir a nossas ordens por meio da violência; 3º – Escolhe, elege ou faz-te eleger como hipotético participante do governo, porém sabendo que a administração será executada independentemente dos discursos idiotas que pronunciarás nas assembleias de homens, teus pares, pois que a mesma será feita segundo a vontade daqueles que têm nas mãos as forças armadas; 4º – Vem em determinadas datas ao tribunal e participa de todas as insensatas crueldades que cometemos contra homens, por nós mesmos desencaminhados ou corrompidos, sob a forma de prisão, reclusão e execução; 5º – Enfim e sobretudo, por melhores que sejam tuas relações com os homens de outras nações, tão logo ordenemos, considera-os como teus inimigos e concorre pessoalmente ou por meio de um mercenário para arruiná-los, fazê-los prisioneiros e matá-los, homens, mulheres, crianças, velhos, talvez mesmo teus compatriotas e até parentes, se for o caso.

O que, a isso, poderia responder qualquer homem de bom-senso?

Mas por que o faria? Deveria dizer: porque prometerei obedecer hoje a Salisbury, amanhã a Gladstone; hoje a Boulanger, amanhã a uma Câmara composta por homens iguais a Boulanger; hoje a Pedro III, amanhã a Catarina II, depois de amanhã, ao impostor Pugatchev; hoje ao louco rei da Baviera, amanhã a Guilherme? Por que prometerei obedecer a homens notoriamente maus e levianos, ou que me são absolutamente desconhecidos? Por que, sob forma de imposição, lhes entregaria o produto de meu cansaço, sabendo que esse dinheiro serve para comprar autoridades, fabricar prisões e igrejas, manter o exército e outras coisas ruins destinadas a oprimir-me? Por que iria, por vontade própria, lutar com lanças? Por que, perdendo meu tempo e atribuindo aos violentos uma aparente legitimidade, participaria de eleições, ou me imaginaria participando do governo, quando sei, sem sombra de dúvida, que a administração do Estado está nas mãos daqueles que dispõem do exército? Por que participaria do castigo de homens marginais sabendo, se sou cristão, que a lei da vingança é substituída pela lei do amor e, se sou um homem culto, que o castigo não melhora os homens, mas só os torna piores? Por que iria pessoalmente ou por meio de um suplente matar e roubar, expondo-me ao perigo da luta, simplesmente porque as chaves do Templo de Jerusalém estão com este ou aquele arcebispo, ou porque tal alemão, e não outro, deve ser o príncipe da Bulgária, ou porque as focas são capturadas por pescadores ingleses e não por pescadores norte-americanos? E, sobretudo, por que iria eu mesmo, ou com uma força armada por mim paga, ajudar a opressão e o assassinato de meus irmãos ou de meu pai? Tudo isto me é inútil, nocivo, e tudo isto é a consequência de um princípio imoral e vil. Se me é dito que sem tudo isto deverei sofrer violências, parece-me certo, antes de tudo, que nada é mais cruel do que aquilo que sofro obedecendo, e é evidente que não haveria ninguém para nos flagelar se não o fizéssemos nós mesmos. Pois o governo é formado por soberano, ministros, funcionários, que, armados de canetas, não podem sozinhos me obrigar ao que quer que seja, como aquele comissário aos rebeldes camponeses; não são eles que me arrastarão à força, diante de um tribunal, à prisão, ao patíbulo, e sim homens iguais a mim, da mesma condição, e aos quais ser açoitado desagrada tanto quanto a mim. É, portanto, provável que, se lhes abro os olhos para nossa posição, não só não me farão violência alguma como, ao contrário, seguirão meu exemplo.

Mas, supondo que eu deva sofrer por esse motivo, ainda assim seria para mim mais vantajoso ser deportado ou aprisionado, defendendo o bom-senso e o bem, em vez de sofrer pela imbecilidade e pelo mal que devem desaparecer amanhã, se não hoje.

Parece razoável supor que, na falta do sentimento religioso ou moral, o simples raciocínio e o cálculo deveriam levar qualquer homem a agir assim. Pois bem, não. Os homens defensores do conceito social consideram inútil e até nocivo agir dessa maneira para libertarem-se da escravidão e que, como os camponeses de há pouco, devemos continuar a nos fustigar uns aos outros, consolando-nos com o fato de que tagarelamos nas assembleias e nas reuniões, de que formamos sociedades operárias, de que festejamos o 1º de Maio, de que conjuramos e de que, em segredo, fazemos gestos indecorosos ao governo que nos açoita.

Nada se opõe tanto à libertação dos homens quanto esse inconcebível desvio. Em vez de induzir a cada homem a se libertar por si mesmo, mudando o próprio conceito de vida, procura-se um modo geral externo e nada se faz além de acorrentá-los mais fortemente. Seria como se, para fazer fogo, tentássemos arrumar os pedaços de carvão de modo a acendê-los todos de uma só vez.

Torna-se, todavia, mais evidente que a libertação dos homens apenas ocorrerá com a libertação de cada indivíduo. Esta libertação de indivíduos isolados, em nome do conceito cristão, fenômeno muito raro e que passava despercebido em tempos idos, tornou-se muito mais frequente nestes últimos anos e bastante mais perigoso para o poder.

Se acontecia, em outra época, na época romana, que um cristão se recusasse a tomar parte nos sacrifícios ou a ajoelhar-se diante dos imperadores ou dos ídolos, ou, na Idade Média, a prostrar-se diante dos ícones ou a reconhecer o poder do papa, estes casos eram excepcionais: o homem podia ser coagido a confessar sua fé, mas podia também terminar sua vida sem ter sido confrontado uma só vez com esta obrigação.

Hoje, todos os homens, sem exceção, são submetidos a estas provas de fé. Devem participar das crueldades da vida pagã, ou a elas se recusar. Além disso, na Antiguidade, a recusa a prostrar-se diante dos deuses, dos ícones ou do papa não tinha uma importância considerável para o Estado, pois o número dos fiéis ou dos incrédulos não podia influir sobre sua potência. Hoje, ao contrário, a recusa a satisfazer as exigências anticristãs dos governos ameaça o poder no seu próprio princípio, pois este está baseado nessas exigências.

O curso da vida conduziu os governos a uma situação tal que, para manter-se, devem pedir aos homens atos que estão em desacordo com a verdadeira doutrina cristã. Por isso, cada verdadeiro cristão compromete a existência da organização social atual e deve infalivelmente apressar a libertação de todos.

Que importância pode ser atribuída à recusa de algumas dúzias de loucos, como os chamam, a prestar juramento ao governo, a pagar impostos, a participar da justiça do Estado e a servir o exército? Essa gente é punida, enviada à prisão perpétua, e a vida continua seu curso, como antes. Entretanto, são esses fatos, mais que qualquer outro, que comprometem o poder e preparam a libertação dos homens. São as abelhas isoladas, primeiro desprendidas do enxame, que volteiam a seu redor, esperando o que não pode tardar: que todo o enxame pouco a pouco se desprenda. E os governos sabem disso e temem esses exemplos mais do que temem todos os socialistas, comunistas e anarquistas com suas conspirações e sua dinamite.

Um novo reinado principia: é regra que todos os súditos prestem juramento ao novo soberano. Com tal propósito, são todos reunidos nas igrejas. E eis que um homem em Perma, um outro em Tula, um terceiro em Moscou, um quarto em Kalunga declaram recusar-se a prestar juramento, e os quatro, sem que tivessem combinado antes, explicam do mesmo modo suas recusas, isto é, que, segundo a lei cristã, é proibido jurar e que, ainda que o juramento fosse lícito, não poderiam, segundo o espírito dessa lei, prometer realizar as más ações que lhes são pedidas na fórmula do juramento, como denunciar quem quer que comprometa os interesses do governo, defendê-lo com armas e atacar seus inimigos. Conduzem-nos diante dos comissários, dos padres, dos governadores; tentam fazê-los ouvir a "voz da razão", imploram, ameaçam, castigam-nos, mas eles permanecem irremovíveis e não prestam juramento. Assim, em meio a milhões de homens que prestaram juramento, vivem alguns homens que não o fizeram.

E pergunta-se a eles:

– Como? Não prestaram juramento?
– Não, não prestamos juramento.
– E nada lhes aconteceu?
– Nada.

Todos os súditos são obrigados a pagar impostos, e todos pagam. Mas um homem em Karcov, um outro em Tver, um terceiro em Samara, todos se recusam, pelo mesmo motivo. Um diz que não pagará senão quando lhe for dito a que é destinado o dinheiro que lhe pedem. Caso se trate de boas obras, dará por vontade própria, e mais do que lhe pedem. Caso se trate de obras ruins, nada dará voluntariamente porque, segundo a lei de Cristo, que professa, não pode colaborar para fazer o mal. Em outros termos, os outros dizem o mesmo. Aqueles que algo possuem são obrigados a pagar à força; aqueles que nada possuem são deixados em paz.

– Então, não pagou os impostos?
– Não, não paguei.
– E nada lhe aconteceu?
– Nada.

Foram criados os passaportes. Todos aqueles que deixam seu lugar de residência são obrigados a providenciar um e a pagar uma taxa para este fim. De repente, de diversos lugares, aparecem homens que se recusam a servir-se dos passaportes e a pagar a taxa, afirmando que ele é inútil e que não se deve depender de um governo fundamentado apenas na violência. Também neste caso as autoridades são impotentes. Colocam esses homens na prisão, mas depois os libertam, e eles vivem sem passaporte.

Todos os camponeses são obrigados a executar certas funções de polícia: centurião, decurião etc. Mas em Karcov um camponês se recusou a executar esta função, dando como motivo que a lei cristã, por ele seguida, proíbe prender, encarcerar ou mesmo conduzir de um lugar para outro, sob custódia, quem quer que seja. O mesmo fato reproduziu-se em Tver, em Tambov. Esses camponeses foram maltratados, surrados, aprisionados, mas continuaram firmes e não renegaram sua fé. Enfim, deixou-se de usá-los para tais funções e, novamente, "nada" de real aconteceu.

Todos os cidadãos devem participar da justiça como jurados. E eis pessoas pertencentes às mais diversas classes: carroceiros, professores, negociantes, camponeses, nobres, que recusam tais funções, com base, como se lhes fosse dada uma palavra de ordem, não sobre motivos reconhecidos pela lei, mas sobre o fato de que o próprio tribunal, segundo sua crença, é ilegítimo, anticristão e não deve existir. As autoridades sujeitam-nos a multas, procurando não deixá-los exprimir publicamente as razões da recusa, e substituem-nos por outros que, pela mesma razão, se recusam a ser testemunhas. Também aqui, "nada".

Todos os jovens de 21 anos estão sujeitos ao recrutamento militar. Subitamente, um jovem em Moscou, outro em Tver, um terceiro em Karcov, um quarto em Kiev, como se de antemão combinados, apresentam-se ao local do recrutamento e declaram não querer prestar juramento, nem servir, porque são cristãos.

Eis um dos primeiros casos que conheço pessoalmente dessas recusas que se tornaram cada vez mais frequentes.* Um jovem de cultura média recusa-se ao serviço militar em Moscou. Suas palavras não são levadas em consideração e lhe é pedido, como aos outros, que pronuncie o juramento. Ele se recusa, indicando o lugar exato do Evangelho que proíbe jurar. Nem mesmo dessa vez o que diz é levado em consideração, pois pretende-se que se ajuste às regras, mas ele torna a se recusar. Consideram-no, então, como um sectário que não compreende o cristianismo da maneira correta, ou seja, da maneira como o compreendem os padres pagos pelo Estado. Mandam-no, então, para os padres. Estes catequizam-no, mas suas exortações a renegar Cristo em nome de Cristo permanecem sem efeito sobre o jovem; e incorporam-no ao exército rotulando-o de incorrigível. Ele continua a não prestar juramento e a se recusar abertamente ao cumprimento dos deveres militares.

Um caso que não está previsto na lei. Não é possível tolerar que alguém não se submeta às ordens das autoridades, mas também não é possível colocar esse caso entre as insubordinações ordinárias. Depois de um conluio, as autoridades militares, para desembaraçar-se desse jovem incômodo, decidem re-

---

*Todos os pormenores desse fato, como dos que o precederam, são autênticos.

conhecê-lo como revolucionário e mandam-no, secretamente, sob escolta, à prisão. Os policiais e os guardas interrogam-no, mas nada do que diz pode ser incluído em qualquer categoria de delitos que constam de suas atribuições, e não é possível acusá-lo de qualquer ato revolucionário, pois que declara nada querer destruir e também que condena qualquer violência. Por outro lado, não esconde suas opiniões e, ainda, procura ocasiões para formulá-las abertamente. E os guardas, embora na verdade não se preocupem com a legalidade, não encontrando qualquer motivo de acusação, devolvem-no, como o clero, às autoridades militares. Os chefes consultam-se novamente e decidem inscrever e incorporar o jovem ao exército, ainda que não tenha prestado juramento. Ele é vestido e encaminhado, novamente sob escolta, para o lugar onde se encontra o destacamento para o qual é destinado. O chefe do destacamento pede-lhe, por sua vez, o cumprimento dos deveres militares, e o jovem, mais uma vez, se recusa e, em presença dos outros soldados, declara que não pode, como cristão, preparar-se para o assassinato, já proibido pela lei de Moisés.

Este incidente ocorreu numa cidade de província. E desperta interesse e simpatia não só das pessoas estranhas ao exército, mas também dos oficiais; assim os chefes hesitam em adotar as medidas disciplinares usualmente aplicadas contra a insubordinação.

Contudo, por formalidade, o jovem é posto na prisão e escreve-se à administração militar superior solicitando instruções. Do ponto de vista oficial, a recusa a servir ao exército, ao qual pertence o próprio czar, e que é abençoado pela Igreja, é uma loucura. De Petersburgo escreve-se, então, que, segundo todas as aparências, tendo provavelmente o jovem perdido a razão, é preciso, sem recorrer a medidas rigorosas, mantê-lo em observação e sob cuidados num manicômio. Para lá o mandam, com a esperança de que aí permaneça longo tempo, como aconteceu há dez anos em Tver com outro jovem que se havia recusado ao serviço militar e a quem torturaram, no manicômio, enquanto não se submeteu. Mas este método nem sempre dá bons resultados. Os médicos examinam o jovem, interessam-se por seu caso e, finalmente, não encontrando qualquer sintoma de alienação mental, devolvem-no às autoridades militares. Incorporam-no, fingindo não se recordarem nem de sua recusa, nem dos motivos que alegou. Mandam-no novamente para os exercícios e, outra vez, diante dos outros soldados, ele se recusa a fazê-los, invocando as mesmas razões.

O caso atrai, cada vez mais, a atenção dos soldados e dos habitantes da cidade. Escreve-se de novo a Petersburgo e, desta vez, recebe-se a ordem de mandar o recalcitrante para o exército que ocupa as regiões de fronteira com a Ásia, exército em pé de guerra, onde é possível fuzilar por recusa à obediência e onde casos deste tipo passam despercebidos porque, naquelas regiões longínquas, existem pouquíssimos russos e cristãos, mas muitos maometanos e idólatras. E assim é feito. O jovem é mandado para o exército da região transcaucasiana, em companhia de delinquentes e sob o comando de um chefe famoso por sua severidade.

Durante todas essas peregrinações o infeliz é tratado duramente, fazem-no passar frio, fome, sujeira: em uma palavra, fazem-no sofrer o martírio. Mas todos os sofrimentos não abalam sua resolução.

Do outro lado do Cáucaso, quando o escalam como sentinela, mais uma vez se recusa a obedecer. Não se recusa a ir para seu posto, mas recusa-se a pegar no fuzil, declarando que em nenhum caso cometerá violência contra alguém. Como tudo isto acontece diante de outros soldados, não é possível deixar impune a desobediência. O jovem é processado por insubordinação e condenado a dois anos de prisão militar. Novamente o mandam, por etapas, em companhia de delinquentes vulgares, para o Cáucaso, onde é posto na prisão e deixado aos cuidados do carcereiro. Martirizam-no durante 18 meses, mas ele permanece imutável em sua resolução de não portar armas e revela suas razões a todos os que o cercam. Ao fim do segundo ano, libertam-no e, para desembaraçar-se dele o mais depressa possível, dão-lhe baixa antes do prazo, contando, contrariamente às leis, os anos passados na prisão como tempo de serviço.

Os mesmos fatos ocorreram em diversas partes da Rússia e sempre a ação do governo foi assim tímida, hesitante e secreta. Alguns desses insubordinados são mandados para o manicômio; outros são destinados aos escritórios militares; outros são mandados ao serviço na Sibéria; outros são incorporados às guardas florestais; outros são encerrados em prisões ou condenados a pagar uma multa. Neste momento, muitos deles estão ainda na prisão, não por ter negado o direito do governo, mas por não ter obedecido às ordens de seus chefes militares. Assim, recentemente, um oficial da reserva – cujo lugar de residência não foi indicado – declarou não mais desejar servir ao exército e foi condenado, por desobediência às autoridades, a uma multa de trinta rublos que, aliás, se recusou a pagar de espontânea vontade. Recentemente, diversos recrutas e soldados, que se recusaram a tomar parte nos exercícios e a se armar, foram postos na sala de castigo por insubordinação.

Esses casos de recusa ao cumprimento das ordens do governo contrárias ao cristianismo acontecem, nos últimos tempos, não só na Rússia, mas também em outros países. Assim, sei que, na Sérvia, os membros da seita Nazir recusam-se constantemente a se submeterem ao serviço militar, e o governo, há vários anos, luta contra eles em vão, aprisionando-os. Em 1885, houve 130 recusas desse tipo. Sei que, desde 1890, na Suíça foram presos no forte de Chillon, por terem recusado submissão ao serviço militar, muitos homens que, ainda assim, permaneceram firmes em suas resoluções. A mesma recusa verificou-se na Suécia, e os culpados foram também aprisionados – e o governo ocultou cuidadosamente do povo esses casos. Houve também casos semelhantes na Prússia. Sei que um suboficial da guarda declarou, em Berlim, em 1891, que, como cristão, não podia continuar a servir; e apesar das exortações, ameaças e punições, perseverou em sua resolução. Na França, no Midi, surgiu nos últimos tempos uma comunidade que traz o nome de Hinschis* (estas informações foram tiradas do *Peace Herald*, julho de 1891), cujos membros rejeitam o serviço militar, baseando-se nos princípios cristãos. Antes, incorporavam-nos no serviço de ambulâncias, mas hoje, à medida que o caso se torna mais frequente, são punidos por insubordinação e, ainda assim, continuam a se recusar a portar armas.

Os socialistas, os comunistas, os anarquistas, com suas bombas, suas rebeliões, suas revoluções, estão longe de ser tão perigosos para os governos como esses homens isolados que proclamam, de qualquer lugar, sua recusa, calcados na mesma doutrina conhecida por todos.

Cada governo sabe como e com que meios defender-se dos revolucionários; assim, não teme seus inimigos externos. Mas o que poderão fazer contra os homens que demonstram a inutilidade, aliás, o mal de toda a autoridade, que não combatem o governo, mas simplesmente o ignoram, que podem viver sem ele e, em consequência, recusam-se a dele participar?

Os revolucionários dizem: "A atual ordem social peca neste e naquele ponto que deveria ser suprimido e substituído por este outro." O cristão diz: "Não me preocupo com a ordem social, ignoro se é boa ou ruim; mas, pelo mesmo motivo, não quero também apoiá-la – e não só não quero, como não posso –, porque aquilo que me pedem é contrário à minha consciência."

Ora, todas as obrigações do cidadão são contrárias à consciência do cristão: o juramento, os impostos, a justiça do Estado e o exército; e é sobre estas obrigações que se fundamenta todo o poder do Estado.

---

*Movimento religioso e místico, de origem protestante alemã, iniciado por Marguerite Hinsch no sul da França em 1833. (*N. do E.*)

Os inimigos revolucionários lutam externamente contra o governo, enquanto os cristãos, sem luta, destroem internamente todos os princípios sobre os quais repousa o Estado.

No povo russo, em meio ao mal, sobretudo desde o governo de Pedro I, o protesto do cristianismo contra o Estado nunca cessou; o povo russo, cuja ordem social é tal que os homens, comunidades inteiras, vão para a Turquia, para a China, para regiões desabitadas, longe de sentir necessidade de um governo, considera-o sempre como um peso inútil apenas suportável, seja russo, turco ou chinês; no povo russo, a libertação cristã da submissão ao governo manifesta-se nestes últimos tempos, em casos isolados cada vez mais frequentes. Essas manifestações são mais perigosas para o governo na medida em que os manifestantes pertencem, muitas vezes, às classes média e alta e explicam sua recusa não mais com uma religião mística e sectária como antes, acompanhando-a de práticas supersticiosas e fanáticas, como fazem os "suicidas do fogo" ou, então, os beduim, mas apoiando-se em verdades mais simples, por todos compreendidas e reconhecidas.

Assim se recusa o pagamento de impostos porque são empregados em atos de violência. Recusa-se o juramento, porque prometer obedecer às autoridades, isto é, a homens que usam de violência, é contrário ao sentido da doutrina cristã, e porque, de qualquer forma, isso é proibido pelo Evangelho. Recusam-se as funções de polícia, porque é proibido ao cristão usar de violência contra seus irmãos. Recusa-se a participar da justiça, porque ela obedece à lei da vingança, inconciliável com a lei do perdão e do amor cristão. Recusa-se a submeter-se a serviço militar, porque o cristão não deve matar.

Todos estes motivos de recusa são tão justos que, por mais autoritários que sejam os governos, não podem punir abertamente quem os alega, porque, para fazê-lo, é preciso negar por completo a razão e o bem. E os governos, que afirmam que seu poder baseia-se exatamente na razão e no bem, fazem o contrário.

Mas o que podem realmente fazer os governos contra esses insubordinados?

De fato, podem condenar à morte, aprisionar e deportar para sempre todos aqueles que desejam derrubá-los pela força; podem cobrir de ouro e comprar os indivíduos de que precisam; podem submeter a seu poder milhões de homens armados, prontos para matar seus inimigos. E o que podem contra homens que, não querendo nada destruir ou criar, que não têm senão um único desejo, o de nada fazer que seja contrário à lei de Cristo e que se recusam, por este motivo, a cumprir às obrigações mais elementares e, em consequência, mais necessárias aos governos?

Se fossem revolucionários pregadores e praticantes da violência e do assassinato, a repressão seria fácil: uma parte poderia ser comprada, outra enganada, uma outra aterrorizada e, aqueles com os quais nenhum destes meios obtivesse sucesso, seriam rotulados de delinquentes, inimigos da sociedade, aprisionados, condenados à morte, e com a aprovação da multidão. Se fossem fanáticos, pertencentes a alguma seita especial, seria fácil, graças às superstições mescladas àquela doutrina, refutar ao mesmo tempo a verdade que ela contém. Mas o que fazer com homens que não pregam nem a revolução, nem nenhum dogma religioso, mas que se recusam simplesmente a fazer mal a alguém, a jurar, a pagar os impostos, a participar da justiça e do serviço militar, obrigações que são a base do Estado atual? O que lhes pode ser feito? Comprá-los é impossível: o próprio risco a que se expõem voluntariamente demonstra seu desinteresse. Enganá-los, afirmando que Deus ordenou aquilo que lhes é pedido, é igualmente impossível, porque sua recusa é fundamentada na lei de Deus, clara e indiscutível, professada igualmente por aqueles que querem constranger esses homens a agir contrariamente a seu espírito. Amedrontá-los por meio de ameaças é ainda menos possível, porque as privações e os sofrimentos que suportarão só farão aumentar seu desejo de seguir a lei divina que ensina a obedecer a Deus e não aos homens, e a não temer aqueles que podem matar o corpo, mas a temer aquilo que pode matar a alma. Prisão perpétua ou pena de morte é também impossível: esses homens têm um passado, amigos; seu modo de pensar e agir é conhecido, todos sabem que são bons e dóceis e não se pode fazê-los passar por delinquentes a fim de suprimi-los no interesse da sociedade. A execução de homens reconhecidos por todos como bons daria origem a defensores, a críticos da insubordinação. E bastaria que as causas da insubordinação fossem explicadas para que se tornasse evidente para todos que semelhantes causas são justas e que todos devem seguir seu exemplo.

Diante da insubordinação dos cristãos, os governos estão desarmados. Veem que a profecia do cristianismo se confirma, que caem os grilhões dos acorrentados, os escravos livram-se do jugo, e esta libertação deve ser, infalivelmente, a ruína dos opressores; veem e sabem que seus dias estão contados e nada podem fazer. Só existe algo que podem fazer para sua salvação: retardar o momento de sua ruína. Não deixam de fazê-lo; mas sua situação é, entretanto, desesperada. É semelhante à de um conquistador que quisesse conservar uma cidade incendiada pelos habitantes. O fogo, apagado por sua ordem, num local, se acenderia logo depois, em dois outros.

Os focos são ainda raros, mas se reunirão num incêndio que, nascido de uma centelha, não findará senão quando tudo houver consumido.

A situação dos governos diante dos homens que professam o cristianismo é tão precária que pouco falta para a queda de seu poder, erguido há tantos séculos, tão sólido na aparência. E, não obstante, o homem social vem pregar que é inútil, além de nocivo e imoral, libertar-se isoladamente.

Alguns indivíduos desejam desviar um rio. Trabalharam por longo tempo para escavar um novo leito, mas, enfim, nada lhes resta a fazer além de lhe dar uma desembocadura. Ainda uns poucos golpes de enxada e a água, jorrando com força, se desembaraçará dos últimos obstáculos. Mas neste ponto chegam outros homens que acham ruim o modo de proceder e declaram que é melhor construir sobre o rio um mecanismo através do qual se possa fazer subir a água e passá-la de um lado para o outro.

Mas as obras estão muito avançadas.

Os governos já sentem sua impotência e sua fragilidade, e já os homens cristãos acordam de seu torpor e começam a sentir sua força.

"Eu vim trazer fogo à terra, e como anseio pelo momento de vê-lo arder!", disse Cristo.

Tal fogo começa a arder.

10
Inutilidade da violência governamental para suprimir o mal – O progresso moral da humanidade realiza-se não apenas com o conhecimento da verdade, mas também com a formação da opinião pública

O cristianismo, em seu verdadeiro significado, destrói o Estado. Isto foi assim compreendido desde o princípio e por isso Cristo foi crucificado. Foi assim compreendido em todos os tempos por homens que não estivessem presos à necessidade de justificar o Estado cristão. Somente quando os chefes de Estado aceitaram o cristianismo nominal externo começaram a ser inventadas as sutis teorias segundo as quais o cristianismo pode se conciliar com o Estado.

Mas para qualquer homem sincero de nosso tempo é evidente que o verdadeiro cristianismo – a doutrina da resignação, do perdão, do amor – não pode estar em consonância com o Estado, com seu despotismo, sua violência, sua justiça cruel e suas guerras. Não só o verdadeiro cristianismo não permite reconhecer o Estado, como também destrói seus princípios.

Mas, assim sendo, sendo verdade que o cristianismo é inconciliável com o Estado, uma pergunta nasce naturalmente: o que é mais necessário para o bem da humanidade; o que lhe assegura a maior soma de felicidade? A organização governamental ou o cristianismo?

Dizem alguns que o Estado é muito necessário; que a destruição do regime governamental produziria o fim de tudo o que a humanidade conseguiu até agora; que o Estado foi, em todos os tempos, e continua a ser, a única forma sob a qual a humanidade pôde se desenvolver e que todos os abusos podem ser corrigidos sem a destruição de um ordenamento do qual são independentes e que permite ao homem progredir e atingir o mais alto grau de bem-estar. E aqueles que assim pensam apoiam sua opinião em argumentos filosóficos, históricos e até religiosos, que consideram irrefutáveis.

Existem, porém, homens que acreditam no oposto, ou seja, que uma vez que houve um momento em que a humanidade viveu sem governo, esse regime é temporâneo, e que virá um tempo em que os homens precisarão de um ordenamento novo, e que esse tempo já chegou. E aqueles que assim pensam dão, em apoio à sua opinião, argumentos filosóficos, históricos ou religiosos que consideram irrefutáveis.

Volumes inteiros podem ser escritos em favor da primeira tese (já foram de há muito escritos e ainda hoje são), mas é também possível escrever contra (o que, mais recentemente, foi feito, e de forma magistral).

Não se pode provar, contudo, como procuram fazer os defensores do Estado, que a destruição do ordenamento atual produziria um caos social: a bandidagem, o assassinato, a ruína de todas as instituições e o retorno da humanidade à barbárie.

Não se pode tampouco provar, como procuram fazer os adversários do Estado, que os homens já se tornaram sábios e bons, que não roubam e não matam, que preferem as relações pacíficas ao ódio; que, por si mesmos, sem ajuda do Estado, criarão tudo aquilo de que necessitarão, e que, em consequência, o Estado, longe de para tanto contribuir, com o pretexto de dar aos homens a segurança, exerce sobre eles uma influência nociva e desmoralizadora. Não se pode provar, com um raciocínio abstrato, qualquer destas teses. Menos ainda, pode-se demonstrá-las pela experiência, porque se trata, antes de mais nada, de saber se é preciso tentá-la ou não.

A questão de saber se o tempo de derrubar o Estado chegou, ou não, seria então insolúvel, se não existisse outro meio para resolvê-la com certeza.

Os pintinhos já estão bastante desenvolvidos para que a galinha seja afastada e para que se deixe que saiam do ovo, ou ainda é muito cedo? Decidirão eles mesmos a questão quando, não mais podendo continuar dentro da casca, irão quebrá-la com o bico.

Da mesma forma, o tempo de destruir a forma governamental e de substituí-la por uma nova chegou ou não para os homens? Se o homem, em consequência da consciência superior que nele nasceu, não mais pode obedecer às exigências do Estado, se não mais pode fechar-se em si mesmo e se, por outro lado, não mais precisa da proteção do Estado, a questão está resolvida pelos próprios homens, que já ultrapassaram a forma do Estado e dele saíram, como o pintinho saiu do ovo no qual nenhuma força poderia fazê-lo reentrar.

O homem que assimilou o conceito cristão de vida diz:

É bastante possível que o Estado já tenha sido necessário e que ainda hoje o seja, por todas as vantagens que nele reconheceis.

Sei apenas que, para *mim*, por um lado, não mais preciso do Estado, e, por outro, *eu* não mais posso cometer as ações necessárias à sua existência. Organizem-se como melhor lhes parecer; quanto a mim, não posso demonstrar a necessidade ou a inutilidade do Estado, mas sei o que preciso e o que me é inútil, o que posso fazer e o que não posso fazer. Não preciso me isolar dos homens das outras nações e, por isso, não posso reconhecer que pertenço exclusivamente a qualquer nação e me recuso a qualquer submissão; sei que não preciso de todas as atuais instituições governamentais, e eis que não posso, privando os homens que necessitam de meu trabalho, dá-lo sob a forma de impostos para benefícios dessas instituições; sei que *eu* não preciso de administração ou de tribunais fundamentados na violência e, por isso, não posso participar da administração ou da justiça; sei que *eu* não preciso atacar os homens de outras nações, matá-los, ou sequer defender-me deles com armas na mão, e, assim, não posso participar da guerra nem para ela me preparar. É bem possível que existam homens que considerem tudo isso necessário, não posso dizer o contrário; sei apenas, mas de modo absoluto, que *eu* não preciso. E não preciso não porque eu, ou seja, a minha personalidade, assim deseje, mas porque não o quer Aquele que me deu a vida e uma lei indiscutível para guiar-me.

Qualquer que seja o argumento invocado em favor do poder do Estado, cuja supressão poderia causar desventuras, os homens já saídos da forma governamental não podem mais a ela voltar, como os pintinhos, repito, não podem entrar novamente na casca do ovo da qual saíram.

Mas também neste caso, dizem os defensores da ordem atual:

> A supressão da violência governamental somente seria possível e desejável caso todos os homens se tornassem cristãos; até que isto aconteça, ou seja, enquanto existirem homens que se dizem cristãos e não o são, cruéis, prontos para a satisfação de suas paixões, a maltratar os outros, a suprimir o governo, esta supressão, longe de ser um bem para os outros homens, só faria aumentar-lhes a miséria. A supressão da forma governamental não será desejável, não só enquanto houver uma minoria de verdadeiros cristãos, mas nem mesmo se todos o fossem e enquanto entre eles, ou ao seu redor, nas outras nações, existissem ainda não cristãos, porque estes últimos roubariam, violentariam, matariam impunemente os cristãos e tornariam a sua vida miserável. Os maus dominariam impunemente os bons. Por isso, o Estado não deve ser suprimido até o dia em que todos os homens maus e ladrões tiverem desaparecido. E como isto não pode acontecer, nunca ou ao menos ainda por muito tempo, o poder governamental, não obstante as tentativas isoladas de libertação, deve ser mantido pela maioria dos homens.

Assim, então, segundo os defensores do Estado, sem o poder governamental os maus violentariam os bons e os dominariam; enquanto hoje o Estado permite que os bons dominem os maus.

Mas, afirmando-o, os defensores da ordem atual decidem antecipadamente a indiscutibilidade do princípio que desejam provar. Ao dizer que sem o poder governamental os maus dominariam os bons, eles consideram provado que os bons são aqueles que estão hoje no poder, e os maus aqueles que se submetem. Mas eis exatamente o que se precisaria provar. Isto seria verdade se em nossa sociedade as coisas acontecessem como aconteceu, ou, antes, como se supõe que aconteçam na China, isto é, que sejam sempre os bons que atingem o poder e que sejam derrubados tão logo deixem de ser os melhores.

Supõe-se que assim aconteça na China, mas a realidade é outra. Aliás, não pode acontecer porque, para derrubar o poder do opressor, não basta ter este direito, é preciso ter força. De modo que se trata de uma simples suposição em relação à China e, em nosso mundo cristão, não há sequer lugar para suposições. Aqueles que se apossam do poder, e não são os melhores, conservam-no para si mesmos e seus herdeiros. Para conquistá-lo e conservá-lo é preciso amar o poder. E a ambição não está em harmonia com a bondade, mas, ao contrário, com o orgulho, a astúcia e a crueldade.

Sem a exaltação de si mesmo e a humilhação alheia, sem a hipocrisia e a espertez, sem as prisões, as fortalezas, as execuções capitais, os assassinatos, poder algum pode nascer ou conservar-se.

"Caso fosse suprimido o governo, o mau dominaria o bom", dizem os defensores do Estado. Os egípcios venceram os hebreus; os persas, os egípcios; os macedônios, os persas; os romanos, os gregos; os bárbaros, os romanos. Valeriam talvez, em verdade, os vencedores mais do que os vencidos?

Do mesmo modo, visto que o poder se transmite de um indivíduo para outro, num Estado, passaria sempre para o melhor? Quando Luís XVI foi derrubado e o poder passou para Robespierre, depois para Napoleão: quem estava no poder, o melhor ou o pior? Quem eram os melhores, os versalheses ou os comunais? Carlos I ou Cromwell? E quando o czar Pedro III foi morto e Catarina tornou-se imperatriz de uma parte da Rússia, e Pugatscev soberano da outra, quem deles era o mau? Quem era o bom?

Dominar significa violentar, violentar significa fazer aquilo que não deseja aquele contra o qual é cometida a violência e, certamente, aquilo que não gostaria de sofrer aquele que a comete; em consequência, estar no poder significa fazer a outros o que não desejamos que nos seja feito, ou seja, o mal.

Submeter-se significa preferir a paciência à violência e preferir a paciência à violência significa ser bom ou menos mau do que aqueles que fazem aos outros o que não gostariam que lhes fosse feito.

Consequentemente, segundo todas as probabilidades, não são os melhores e sim os piores que sempre estiveram no poder, e ainda estão. Podem existir pessoas más entre aqueles que se submetem ao poder, mas é impossível que os melhores dominem os piores.

Esta suposição era possível na época da definição inexata do bem feita pelos pagãos, mas, sob o império da definição exata e clara do bem e do mal feita pelos cristãos, não se pode mais acreditar nisso. Se os mais ou menos bons, ou os mais ou menos maus, podem não se distinguir no mundo pagão, o conceito cristão tão bem e claramente definiu as naturezas para se reconhecerem os bons e os maus que se torna impossível confundi-las. Segundo a doutrina de Cristo, os bons são aqueles que se submetem, que são resignados, que não resistem ao mal por meio da violência, que perdoam as ofensas, que amam seus inimigos; os maus são aqueles que são orgulhosos, dominadores, que lutam e violentam os homens. Por isso, segundo a doutrina de Cristo, não pode haver dúvida quanto ao lugar dos bons: estão eles entre os dominadores ou entre os submissos? Seria até ridículo falar de cristãos no poder.

Os não cristãos, ou seja, aqueles que veem o objetivo de vida na felicidade terrestre, devem sempre dominar os cristãos, os que desprezam tal felicidade.

E assim foi sempre, e tornou-se mais evidente à medida que se foi difundindo a verdadeira inteligência da doutrina cristã.

"A supressão da violência governamental, caso todos os homens não se tornassem cristãos verdadeiros, não faria senão conduzir os maus ao poder e lhes permitiria oprimir os bons", dizem os defensores do atual regime.

Mas nada diferente existiu ou poderia existir. *Os maus sempre dominam os bons e sempre os violentam*. Caim violentou Abel, o astuto Jacó dominou o confiante Esaú, Labão enganou Jacó, Caifás e Pilatos perseguiram Cristo; os imperadores romanos dominaram os Sênecas, os Epictetos e os romanos virtuosos; Ivan IV, com a sua guarda feroz, o bêbado sifilítico Pedro, com seus palhaços, a impudica Catarina, com seus amantes, dominava os laboriosos e pios russos de seu tempo e violentava-os. Guilherme domina os alemães; Stambulov, os búlgaros; as autoridades russas, o povo russo. Os alemães dominava-os italianos, agora dominam os húngaros e os eslavos; os turcos dominavam os gregos e dominam os eslavos; os ingleses dominam os hindus; os mongóis, os chineses.

Portanto, suprima-se ou não a violência governamental, a situação dos bons oprimidos pelos maus não mudará.

Amedrontar os homens com o fato de que os maus dominarão os bons é impossível, porque isto sempre aconteceu, acontece, e não pode deixar de acontecer.

Toda a história da época pagã demonstra que os maus sempre se apoderaram do poder com crueldade e perfídias e conservavam-no com o pretexto de assegurar a justiça e defender os bons. Afirmando que se o poder não existisse os maus oprimiriam os bons, os governantes apenas manifestam seu desejo de não ceder o poder a outros opressores que dele gostariam de se apoderar. Mas sua afirmação apenas os denuncia. Dizem que seu poder, ou seja, a violência, é necessário para defender os homens de não se sabe quais maus, presentes ou futuros.*

O perigo do uso da violência é, precisamente, este: que todos os argumentos que fazem valer em seu favor os opressores lhes podem ser opostos com maior fundamento de razão. Falam da violência passada e, com maior frequência, da que dizem prever para o futuro, mas, na realidade, eles mesmos não deixam de usar de violência.

Então, deveriam dizer os oprimidos aos opressores:

> Dizem que os homens saquearam e assassinaram no passado, e temem que façam o mesmo hoje, caso seu poder desapareça. Isto pode acontecer, como pode não acontecer. Mas o fato de que perdem milhares de homens nas prisões, nas galerias, nas fortalezas; de que arruínam milhares de famílias e sacrificam ao materialismo, física e moralmente, milhões de homens, este fato é uma violência não suposta, mas real, contra a qual, segundo o meu raciocínio, é preciso também lutar com violência. Por isso, os maus, contra os quais, para seguir seus conselhos, é preciso sem dúvida usar de violência, são vocês mesmos.

De fato, os não cristãos pensam, falam e agem dessa forma. Quando, entre os oprimidos, existem indivíduos piores do que os opressores, estes atacam-nos e procuram suprimi-los, e,

---

*Bastante cômica é a afirmação das autoridades russas que oprimem outros povos: os poloneses, os alemães das províncias bálticas, os judeus. O governo russo oprime seus súditos há séculos e não cuida dos pequenos-russos da Polônia, nem dos letões da província báltica, nem dos mujiques russos explorados por todos. Mas ei-lo repentinamente defensor dos oprimidos contra os opressores, mas dos oprimidos que eles próprios oprimem.

em circunstâncias favoráveis, conseguem-no, ou, então, o que ocorre na maioria das vezes, entram nas fileiras dos opressores e tomam parte em suas violências.

Assim, esta pressuposta violência, da qual os defensores do Estado se servem como de um espantalho, é uma realidade que nunca deixou de existir. Por isso, a supressão da violência do Estado não pode, em caso algum, ser a causa do aumento da violência dos maus contra os bons.

Se a violência governamental desaparecesse, talvez se reproduzissem os casos de violência, mas a quantidade de violência nunca poderia aumentar pelo fato de que o poder passaria das mãos de uns para as de outros.

"A violência governamental não poderá desaparecer, a não ser que desapareçam os maus", dizem os defensores do atual regime, subentendendo que, já que os maus sempre existiram, a violência nunca terá fim. Isto seria verdade somente se fosse exato que os opressores são melhores e que o único meio de proteger os homens contra o mal é a violência. Neste caso, de fato, a violência nunca poderia ter fim. Mas como, pelo contrário, ela nunca fez desaparecer o mal, e como existe outro meio para aniquilá-la, a afirmação de que a violência sempre existirá é falsa. Ela diminui cada vez mais e tende, evidentemente, a desaparecer, mas não como supõem certos defensores da ordem atual, com a progressiva melhoria dos oprimidos sob a influência da ação do governo (aliás, eles tornam-se piores), mas porque todos os homens tornando-se, por si mesmos, melhores, os maus que estão no poder tornam-se, por seu lado, cada vez menos maus e, assim, suficientemente bons para serem incapazes de usar de violência.

O progresso da humanidade acontece não porque os opressores se tornam melhores, mas porque os homens assimilam, cada dia mais, o conceito cristão de vida. Sucede aos homens algo similar ao fenômeno da ebulição. Os homens defensores do conceito social tendem sempre para o poder e lutam para conquistá-lo. Nessa luta, os elementos mais cruéis, mais rudes e menos cristãos da sociedade, violentando os mais dóceis, os mais dispostos ao bem, os mais cristãos, sobem, em consequência de sua violência, às camadas superiores dessa mesma sociedade. E, então, se cumpre a profecia de Cristo: "Ai de vós, ricos, fartos, glorificados!" Esses homens do poder e da riqueza, atingidos os objetivos a que se propuseram, reconhecem sua vaidade e retornam ao estágio do qual saíram. Carlos V, Ivan, o Terrível, Alexandre I, tendo reconhecido a vaidade e a crueldade do poder, abandonaram-no porque se sentiram incapazes de desfrutar ainda mais a violência.

Mas não apenas homens como Carlos V e Alexandre I atingiram esse desgosto do poder; cada homem que conquistou a potência a que aspirava, cada ministro, cada general, cada milionário ou mesmo cada chefe de escritório que vivamente ansiou por seu cargo durante anos, cada mujique enriquecido sente a mesma desilusão e, por isso, esses homens se tornam melhores.

Não só os indivíduos isolados, mas grupos de homens, povos inteiros realizam a mesma evolução.

As vantagens do poder e de tudo o que traz, as vantagens da riqueza, das honras, do luxo, são os objetivos da atividade humana enquanto não atingidos, mas, mal os alcança, o homem apercebe-se de sua vaidade. Essas vantagens perdem pouco a pouco a sedução, como as nuvens, que não têm forma e esplendor, exceto se vistas de longe.

Os homens que conquistaram o poder e a riqueza, por vezes eles próprios, mas com mais frequência seus herdeiros, deixam de ser muito ávidos de poder e não mais adotam métodos muito cruéis.

Tendo conhecido, por meio da vaidade, os frutos da violência, os homens perdem, às vezes depois de uma geração, ou depois de muitas, os vícios adquiridos pela paixão, pelo poder e pela riqueza e, uma vez convertidos em menos cruéis, não mais são capazes de defender sua situação. São logo afastados do poder por outros homens, menos cristãos, mais cruéis, e retornam ao estágio inferior do ponto de vista material, mas moralmente superior, elevando assim o nível médio de consciência cristã de todos os homens. Mas, em seguida, os elementos piores, mais rudes e menos cristãos da sociedade ascendem e passam pelo mesmo processo e, de novo, após uma ou várias gerações, havendo reconhecido a vaidade dos frutos da violência e tendo sido penetrados pelo cristianismo, retornam para o lugar dos oprimidos, substituídos por novos opressores, sempre menos rudes do que os precedentes. De modo que, embora o poder permaneça o mesmo em sua forma externa, a cada mudança dos homens que o ocupam, o número daqueles que a experiência leva a reconhecer a necessidade do conceito cristão aumenta cada vez mais, e homens cada vez menos rudes e cruéis substituem os outros no poder.

O poder escolhe e atrai os piores elementos da sociedade, transforma-os, melhora-os, suaviza-os e os devolve à sociedade.

Tal é o processo por meio do qual o cristianismo propaga-se cada vez mais. O cristianismo penetra na consciência dos homens, apesar da violência do poder e, também, graças a essa violência.

Por isso, a afirmação dos defensores do Estado de que, ao suprimir-se a violência governamental os maus dominariam os bons, não só prova que se deva temer o domínio dos maus, pois que estes já existem, mas prova o contrário, que o poder na mão dos maus é exatamente o mal que se deve suprimir e que se suprime gradualmente por força da consciência.

E perguntam os defensores da ordem atual:

> Mas se fosse verdade que a violência governamental devesse desaparecer quando os governantes se tornassem bastante cristãos para abandonar voluntariamente o poder e não se encontrasse mais ninguém para substituí-los, o que aconteceria? Se, apesar dos 18 séculos já transcorridos, encontram-se ainda tantos amantes do

poder e tão poucos resignados à submissão, não existe probabilidade alguma de que isso ocorra, não apenas em breve, mas nunca.

Se também existem homens que abandonaram o poder, a reserva daqueles que preferem a dominação à submissão é tão grande que se torna difícil imaginar um tempo em que esta será esgotada.

Para que se produza a cristianização de todos os homens, para que estes abandonem voluntariamente o poder e a riqueza e ninguém queira se aproveitar disto, é preciso que se convertam todos aqueles que são rudes, semibárbaros, absolutamente incapazes de assimilar o cristianismo, e estes são sempre muito numerosos em cada nação cristã. E mais, todos os povos selvagens e em geral não cristãos, ainda também tão numerosos, deveriam igualmente se tornar cristãos. Se, portanto, fosse admitido que esta cristianização de todos os homens se pudesse completar algum dia, a julgar pelo avanço desta obra durante 18 séculos, isso não ocorreria senão em muitos outros séculos: é, portanto, impossível e inútil pensar em suprimir agora o poder; é preciso apenas procurar confiá-lo às mãos dos melhores.

Este raciocínio seria corretíssimo se a passagem de um conceito de vida para outro só acontecesse com a ajuda da evolução de cada homem isoladamente e, por sua vez, reconhecendo cada um a vaidade do poder e atingindo a verdade cristã por uma via interna.

Essa evolução realiza-se de fato, mas os homens não se tornam cristãos apenas por essa via interna, mas também por um meio externo que suprime a lentidão dessa passagem.

Essa passagem não se efetua como a da areia na ampulheta, grão a grão, mas sim como a da água que penetra num vaso submerso, que primeiro se deixa encher de um lado, lentamente, então, em consequência do peso adquirido, afunda rapidamente e quase de imediato está cheio.

O mesmo ocorre com as sociedades na passagem de um conceito a outro e, portanto, de uma organização a outra. No início, os homens penetravam, lentamente, um a um, na nova verdade; mas quando essa verdade já está suficientemente propagada, todos a assimilam imediata e quase inconscientemente.

Por isso, os defensores do Estado estão enganados quando dizem que, se durante 18 séculos uma mínima parte dos homens voltou-se para o cristianismo, serão necessários ainda muitos séculos antes que toda a humanidade a ele se converta.

Os homens assimilam uma verdade não só porque a advinham por intuição profética ou por experiência de vida, mas porque, quando essa verdade atingir certo grau de extensão, os homens de cultura inferior aceitam-na de imediato unicamente pela confiança que têm naqueles que a aceitaram antes deles e que a aplicaram à vida.

Toda verdade nova, que muda os costumes e faz progredir a humanidade, não é desde logo aceita senão por um restrito número de homens que têm perfeita consciência dessa verdade. Os outros, que aceitaram e confiaram na verdade precedente, aquela na qual está alicerçado o regime vigente, opõem-se sempre à difusão da nova verdade.

Mas como no início os homens progridem sempre e aproximam-se cada vez mais da verdade, ajustando sua vida a ela e, como, em seguida, são, conforme sua idade, educação, etnia, mais ou menos capazes de compreender as novas verdades, aqueles que estão perto desses homens que a compreenderam pela via interna passam, no começo lentamente, depois mais depressa, à nova verdade, e essa verdade torna-se sempre mais compreensível.

E quantos mais são os homens que penetram na nova verdade, mais essa verdade é assimilável e maior confiança inspira aos homens de cultura inferior. Assim, o movimento acelera, cresce em tamanho, como uma bola de neve, até o momento em que todos passam de uma só vez para a nova verdade e estabelece-se um novo regime.

Os homens que atingem a nova verdade fazem-no sempre em massa, de uma só vez, como o lastro de uma embarcação que se carrega rapidamente para mantê-la em equilíbrio. Se não tivesse lastro, o navio não estaria suficientemente imerso e mudaria de posição a cada instante. Esse lastro, que no início parece inútil, é a condição necessária para seu movimento regular e para sua estabilidade.

O mesmo fato reproduz-se com a massa de homens que, não um a um, mas sempre todos juntos, sob a influência da nova opinião social, passam de um ordenamento de vida para outro. Essa massa, com sua inércia, impede sempre a passagem rápida, frequente, não verificada pela sabedoria, de uma ordem para outra, e retém por longo tempo a verdade confirmada por uma longa experiência de lutas e penetrada na consciência da humanidade.

Por isso, aqueles que dizem que, uma vez que 18 séculos decorreram para que uma ínfima minoria da humanidade assimilasse a verdade cristã, ainda serão necessários inúmeros séculos para que toda a humanidade nela penetre, e que esta circunstância nos impele para uma época tão longínqua que não podemos sequer imaginar, certamente se enganam.

Enganam-se porque os homens de cultura inferior, os povos que os defensores do atual regime apresentam como obstáculo à efetivação do regime cristão, são precisamente aqueles que passam sempre em massa e de uma só vez para a verdade aceita pelas classes cultas.

Por isso, a mudança na existência da humanidade, em consequência da qual os poderosos abandonarão seu poder sem que encontrem alguém para substituí-los, só acontecerá quando o conceito cristão, facilmente assimilável, triunfar sobre os homens, não mais um após o outro, mas de uma só vez sobre toda a massa inerte.

E dirão os defensores do atual regime:

> Mas, ainda que fosse verdade que a opinião pública pode converter a massa inerte de povos não cristãos, e os homens corruptos e rudes que vivem em meio dos cristãos, como reconheceremos que os hábitos cristãos nasceram e que a violência tornou-se inútil?
>
> Renunciando à violência que mantém a ordem atual para confiar na força fugaz e vaga da opinião, não se corre o risco de ver os selvagens internos e externos violentarem impunemente os cristãos?
>
> Se, tendo poder, defendemo-nos com dificuldade dos elementos não cristãos da sociedade, sempre prontos a invadir-nos e a anular os progressos da civilização, como, então, poderia a opinião pública suprir a força e dar-nos segurança? Confiar numa só lei seria tão louco quanto pôr em liberdade os animais ferozes de uma jaula, com o pretexto de que parecem inofensivos em sua prisão, atrás de barras de ferro em brasa.
>
> Por isso, os homens que estão no poder e que lá foram colocados por Deus ou pelo destino não têm o direito de renunciar à violência e de colocar em risco a civilização, simplesmente para tentar uma experiência, para saber se a opinião pública pode ou não substituir as garantias dadas pelo poder.

O escritor francês, hoje esquecido, Alphonse Karr, disse, querendo provar a impossibilidade da supressão da pena de morte: "Que os senhores assassinos comecem por nos dar o exemplo." Muitas vezes ouvi repetir esta sutileza por homens que pensavam exprimir com estas palavras um argumento convincente e perspicaz contra a supressão da pena de morte. Entretanto, não se pode encontrar melhor argumento contra a violência dos governos.

"Que os senhores assassinos comecem por nos dar o exemplo", dizem os defensores da violência governamental. Mas os assassinos dizem o mesmo, e com mais razão. Dizem eles: "Aqueles que aceitaram a missão de instruir-nos, de guiar-nos, mostrem-nos o exemplo, abolindo o assassinato legal, e nós o seguiremos." E assim dizem com grande seriedade, porque esta é a verdadeira situação.

"Não podemos deixar de recorrer à violência porque estamos cercados por violentos." Nada, além deste falso raciocínio, impede o progresso da humanidade e o advento do regime que corresponde a seu desenvolvimento moral atual.

Os que possuem o poder estão convencidos de que apenas a violência guia os homens; por isso, a usam para a manutenção da ordem vigente. Ora, esta ordem é mantida não em virtude da violência, mas em virtude da opinião pública, cuja ação está comprometida pela violência. Por isso, a ação da violência enfraquece exatamente aquilo que se quer manter.

No melhor dos casos, a violência, se não tem em mira o único objetivo pessoal dos homens que se encontram no poder, condena com a única forma imóvel da lei aquilo que há muito tempo e por muitas vezes foi condenado pela opinião pública; mas com a diferença de que, enquanto a opinião pública reprova todas as ações contrárias à lei moral, a lei, mantida pela violência, não reprova e não condena senão uma categoria muito restrita de ações, parecendo assim justificar todas as ações da mesma ordem não englobadas em sua fórmula.

Já desde os tempos de Moisés a opinião pública considera a cobiça, a desonestidade e a crueldade como culpas e as reprova. Reprova também qualquer gênero de manifestações de cobiça, não só a apropriação dos bens alheios pela violência ou pela astúcia, mas também o gozo cruel das riquezas; reprova toda espécie de depravação, seja cometida com a amante, com a escrava, com uma mulher divorciada ou com a própria esposa; reprova qualquer crueldade, pancadas, maus-tratos, matanças, não só de homens, mas também de animais. Ao contrário, a lei calcada na violência condena somente alguns casos de cobiça, como o furto, a fraude e certos casos de desonestidade e crueldade, como a traição conjugal, o assassinato e as sevícias, e parece até mesmo autorizar todos os casos de cobiça, desonestidade e crueldade que não entram em sua restrita definição.

Mas, além de corromper a opinião pública, a violência faz ainda nascer nos homens a funesta convicção de que progridem, não sob o impulso da força espiritual que os impele para o conhecimento da verdade e sua realização na vida, mas por meio da violência, isto é, por meio daquilo que, em vez de aproximá-los da verdade, afasta-os. Este erro é funesto pelo fato de que conduz os homens a desprezar o principal fator de sua vida – a ação espiritual – e fixa toda a sua atenção e toda a sua energia sobre a ação violenta externa, geralmente nociva.

Esse erro é semelhante àquele que cometeriam os homens que, para movimentar uma locomotiva, girassem as rodas com a força dos braços, sem suspeitar que a causa fundamental do movimento é a dilatação do vapor e não o empurrar das rodas. Os homens que quisessem girar as rodas pela força dos braços ou de alavancas produziriam apenas uma aparência de movimento, estragando inclusive as rodas e impedindo, assim, a possibilidade do verdadeiro movimento.

Diz-se que a vida cristã não se pode estabelecer sem violência, porque existem povos selvagens na África, na Ásia (alguns apresentam também os chineses como uma ameaça à nossa civilização), e porque existem, na sociedade, segundo a nova teoria de hereditariedade, delinquentes natos, selvagens e corruptos.

Mas esses selvagens, que estão dentro e fora das sociedades cristãs, nunca foram submetidos à violência e não o são hoje.

Os povos nunca submeteram os outros povos unicamente pela violência. Se o povo que submete outro fosse menos civilizado, não introduziria pela violência sua ordem social mas, ao contrário, iria se submeter, ele próprio, à ordem do povo conquistado.

Quando povos inteiros se submetiam a uma nova religião, tornavam-se cristãos ou maometanos, essa transformação realizava-se não porque era dita obrigatória pelos homens que tinham o poder (a violência agia, muitas vezes, num sentido completamente oposto), mas porque essa era a consequência da opinião pública; pois, ao contrário, os povos que foram forçados a abraçar a religião dos vencedores tornaram-se refratários delas.

O mesmo fato se repete com os elementos selvagens que vivem entre nós: nem o aumento nem a diminuição das severidades penais, nem as modificações originadas do aprisionamento, nem o reforço da polícia diminuem ou aumentam o número de delitos; ele apenas decresce como consequência da evolução dos costumes. Nenhuma severidade fez desaparecer os duelos e as vinganças. Apesar do grande número de cossacos condenados à morte por furto, estes continuavam a roubar para vangloriar-se, porque nenhuma jovem desposaria um cossaco que não tivesse dado provas de audácia roubando um cavalo ou ao menos um carneiro. Se os homens de nossa sociedade deixarem de duelar e os cossacos, de roubar, não será por temor ao castigo, mas porque os costumes estarão modificados. O mesmo pode ser dito dos outros delitos. A violência nunca poderá fazer desaparecer o que faz parte dos costumes. Pelo contrário, bastaria que a opinião pública se opusesse francamente à violência para torná-la impossível.

O que aconteceria se a violência não fosse empregada contra os inimigos externos e contra os elementos criminosos da sociedade? Não o sabemos. Mas sabemos, por longa experiência, que o uso da violência não serviu para domar uns aos outros.

Como, de fato, sujeitar pela força os povos cuja educação, tradições, a própria religião, conduzem a ver a virtude mais alta na luta contra os opressores e no amor à liberdade? E como suprir pela violência, em nossa sociedade, atos considerados como delitos pelos governos e como atos louváveis pela opinião pública?

A única força que tudo dirige e à qual obedecem os indivíduos e os povos foi sempre a da opinião pública, essa potência impalpável, que é o resultado de todas as forças morais de um povo ou de toda a humanidade.

A violência só enfraquece essa potência, a diminui, a desvirtua e a substitui por outra, absolutamente nociva ao progresso da humanidade.

Para submeter ao cristianismo os selvagens do mundo não cristão – todos os zulus, os manchus, os chineses, que muitos consideram selvagens – e os selvagens que vivem entre nós, *só existe um método*: a propagação, entre estes e aqueles, dos costumes cristãos, que só podem ser difundidos por meio do exemplo. Ora, para que o cristianismo se imponha àqueles que lhe são rebeldes, os homens de nosso tempo fazem exatamente o contrário do que deveriam.

Para converter ao cristianismo os povos selvagens que nos atacam e que não temos motivo algum para oprimir, deveremos, antes de tudo, deixá-los tranquilos e não agir sobre eles senão com o exemplo das virtudes cristãs: a paciência, a doçura, a abstinência, a pureza, a fraternidade, o amor. Em vez disso, apressamo-nos em estabelecer em seu território novos mercados para o nosso comércio; espoliamo-los, apoderando-nos de suas terras; corrompemo-los, vendendo-lhes álcool, tabaco, ópio, e exportamos para seu meio nossos costumes, ensinando-lhes a violência e novos meios de destruição. Numa palavra, a eles ensinamos somente a lei da luta animal, abaixo da qual o homem não pode descer, e cuidamos de ocultar de seus olhos tudo o que pode haver de cristão em nós. Depois, mandamo-lhes duas dúzias de missionários, que vão lhes dizer idiotices hipócritas, e damos, como prova irrefutável da impossibilidade de adaptar as verdades cristãs à vida prática, essas experiências de conversão.

O mesmo acontece em relação àqueles que chamamos de delinquentes e que vivem entre nós. Para que o cristianismo se imponha a esses homens só existe uma maneira: a opinião pública cristã que não se pode propagar entre eles senão com a única doutrina verdadeira confirmada pelo exemplo. E para pregar essa doutrina cristã e afirmá-la por meio de um exemplo cristão, temos as prisões, as guilhotinas, as forcas, os suplícios; degradamos o povo com religiões idólatras; embrutecemo-lo com a venda governamental do veneno – álcool, tabaco, ópio –; organizamos até a prostituição; damos terra aos que dela não necessitam; ostentamos um luxo insensato em meio à mais cruel miséria; tornando assim impossível qualquer aparência de costumes cristãos, dedicamo-nos com zelo a destruir as ideias cristãs já estabelecidas; então, quando houvermos corrompido os homens, os encerraremos como animais ferozes em locais dos quais não poderão fugir e onde se tornarão mais selvagens, ou os mataremos. E servimo-nos deles como exemplos para provar que não se pode agir sobre os homens senão com a violência brutal.

Da mesma forma os médicos ignorantes, após ter colocado o doente num estado de total anti-higiene, ou ter-lhe administrado remédios que o matam, afirmam que morreu devido à doença, enquanto teria se curado se o tivessem deixado em paz.

A violência, que nos é mostrada como sustentáculo da ordem da vida cristã, impede, ao contrário, que a ordem social seja a que deveria ou poderia ser. Esta é da forma como a vemos não graças às violências, mas apesar das violências.

Por isso, os defensores da ordem atual estão errados ao dizer que, se a violência é suficiente para nos preservar dos maus elementos e dos não cristãos da humanidade, sua substituição pela influência moral da opinião pública nos deixaria sem defesa contra seus ataques.

Isto não é exato, porque a violência não protege a humanidade, aliás, priva-a da única proteção possível: a difusão do princípio cristão.

Mas como suprimir a proteção visível do guarda armado, para confiar em algo impalpável: a opinião pública? Acaso ela existe? E a ordem atual nos é conhecida; boa ou má, conhecemos seus defeitos e a eles estamos habituados. Sabemos como nos comportar e o que devemos fazer nas circunstâncias atuais; mas o que acontecerá quando renunciarmos a essa ordem e nos entregarmos a algo totalmente desconhecido?

Os homens temem esse desconhecido no qual entrariam se renunciassem à atual ordem de vida conhecida. Sem dúvida, é bom temer o desconhecido, quando nossa situação conhecida é boa e segura; mas não é o caso, e sabemos, sem margem de dúvida, que estamos à beira do abismo. Se é preciso ter medo, temos medo daquilo que é verdadeiramente temível e não daquilo que suspeitamos ser.

Receando fazer esforços para sair de uma ordem que nos é prejudicial – unicamente porque o futuro nos parece duvidoso –, ficamos parecendo com os passageiros de um navio prestes a afundar que têm medo de descer para o barco salva-vidas e se trancam em suas cabines, delas não querendo sair; ou com um rebanho de carneiros que, atemorizados com o incêndio no estábulo, amontoam-se num canto e se recusam a sair pela porta aberta.

Podemos, talvez, às vésperas da guerra social espantosa e letal, em comparação com a qual, como dizem os que a estão preparando, os horrores da guerra de 1893* serão brincadeiras infantis, falar do perigo que nos ameaça por parte dos daomea-

---

*Tolstoi refere-se à Guerra Franco-tailandesa. (*N. do E.*)

nos, dos zulus etc., tão distantes de nós e que sequer pensam em atacar-nos, ou do que representam para a sociedade alguns milhares de homens por nós mesmos corrompidos, malfeitores, ladrões, assassinos, que nossos tribunais, nossas prisões e nossos suplícios não tornarão menos numerosos?

Ademais, o medo de suprimir a defesa visível do guarda é um medo próprio dos citadinos, ou seja, de gente que vive em condições anormais e artificiais. Aquele que vive em condições naturais, não nas cidades, mas em meio à natureza, e que com ela lutam, não precisam dessa proteção e sabem quão pouco a violência nos protege contra os perigos reais. Existe, nesse temor, algo mórbido que provém, sobretudo, das condições artificiais nas quais vive e cresce a maioria de nós.

Um médico alienista contava que, num dia de verão, saindo do hospício, os loucos acompanharam-no até a porta da rua. Então, disse-lhes: "Venham à cidade comigo!"

Os doentes concordaram e uma pequena comitiva o seguiu. Porém, quanto mais avançavam, em meio ao livre movimento dos homens sãos, mais se intimidavam e se agrupavam ao redor do médico. Finalmente, todos pediram para retornar ao hospício, a seu modo de viver insensato, mas habitual, a seu vigia, às surras, à camisa de força, às celas solitárias.

Da mesma forma, agrupam-se e desejam voltar a seu antigo modo de vida, às suas fábricas, aos tribunais, às prisões, aos suplícios, às guerras os homens que o cristianismo conclama à liberdade, à vida do futuro, livre e racional.

Pergunta-se: qual será a garantia de nossa segurança quando a ordem social vigente tiver desaparecido? Por que nova ordem será ela substituída? Enquanto não o soubermos, não iremos adiante.

Seria como se um explorador de um país desconhecido solicitasse uma descrição pormenorizada da região a percorrer.

Se o futuro de um indivíduo isolado, no momento de sua passagem de uma idade para outra, lhe fosse inteiramente conhecido, ele não mais teria razão para viver; assim é para a humanidade: ter um programa da vida que a espera à entrada de uma nova era seria o mais seguro indício de que não vive, não se move, mas agita-se sempre no mesmo lugar.

As condições da nova ordem não podem ser conhecidas, porque devem ser, exatamente, criadas por nós mesmos. A vida reside, precisamente, na busca do desconhecido e na subordinação da ação aos conhecimentos recentemente adquiridos.

Esta é a vida de cada indivíduo, e a vida de toda a humanidade.

11
O conceito cristão da vida nasce em nossa sociedade e infalivelmente destrói a ordem de nossa vida calcada na violência

A situação da humanidade cristã, com suas prisões, trabalhos forçados, patíbulos, oficinas; concentração de riquezas, impostos, igrejas, tabernas, casas públicas, armamentos sempre crescentes e os milhões de homens embrutecidos, prontos, como cães, a se lançarem sobre aqueles contra os quais o patrão os incita, seria terrível se fosse apenas produto da violência; mas essa situação é, também, e sobretudo, produto da opinião pública. Ora, aquilo que é estabelecido pela opinião pública pode ser por ela destruído.

Números que somam centenas de milhares, dezenas de milhões de homens disciplinados, armas de destruição de uma força inaudita, uma organização levada ao mais alto grau de perfeição, uma legião de homens encarregados de enganar e hipnotizar o povo, e tudo isso sujeito, graças à eletricidade que suprime a distância, a homens que consideram essa organização vantajosa para eles e sabem que, sem ela, desapareceriam: que força invencível parece! Bastaria, entretanto, ver para onde fatalmente vamos, bastaria que os homens tivessem vergonha de participar da violência e aproveitar-se dela, como têm vergonha das fraudes, do furto, da mendicância, da covardia, para que, de repente, por si só, sem luta alguma, desaparecesse essa ordem que parece tão complicada e poderosa. E, por isso, é inútil que algo de novo penetre na consciência humana, é preciso apenas que se disperse a névoa que oculta dos homens o verdadeiro significado de certos atos de violência; a opinião pública e os costumes cristãos que se desenvolvem, absorvem os costumes pagãos que permitiam e justificavam a violência, mas cujo tempo chega ao fim. E esse progresso se faz lentamente. Mas nós não o vemos, como não vemos o movimento quando giramos, e, conosco, tudo o que nos rodeia.

É verdade que a ordem social, em seus aspectos principais, traz ainda o mesmo caráter de violência que possuía há mil anos, e até pior, sob certos aspectos, como os armamentos e as guerras, mas a opinião pública cristã, expandindo-se, já principia sua ação. A árvore seca parece sólida como antes, aliás parece ainda mais sólida porque endureceu, mas seu tronco torna-se oco e sua queda está próxima. Assim ocorre com a atual ordem social, calcada na violência. O aspecto externo permanece o mesmo – os mesmos opressores, os mesmos oprimidos –, mas mudaram seus pontos de vista sobre suas respectivas situações.

Os homens que oprimem, aqueles que participam da administração, e os homens que se aproveitam da opressão, isto é, os ricos, não mais constituem a flor da sociedade e não mais oferecem o ideal de felicidade e grandeza para o qual se inclinavam antes todos os oprimidos.

Hoje, são os opressores que, muitas vezes, abandonam voluntariamente as vantagens de sua situação pela dos oprimidos e procuram igualá-los quanto à simplicidade de sua vida.

Sem falar das profissões já desprezadas como de espião, agente da polícia secreta, usurário, taverneiro, há ainda um grande número delas, antes levadas em consideração, como as de policiais, de cortesãos, de juízes, de funcionários administrativos, eclesiásticos ou militares, de empreiteiros, de banqueiros, que são hoje consideradas pouco invejáveis e até reprovadas por pessoas mais respeitáveis. Existem homens que abandonam voluntariamente essas funções, outrora invejadas, por postos menos lucrativos, mas não ligados à violência.

Não são apenas as autoridades que renunciam a seus privilégios, mas também as não autoridades ricas. Veem-se algumas que, já obedecendo à influência da opinião pública nascente e não, como antes, a um sentimento religioso, abandonam os bens recebidos como herança, considerando justos apenas os conquistados com o trabalho.

Os jovens mais dotados, na idade em que, ainda não tendo sido corrompidos pela vida, escolhem uma carreira, preferem as trabalhosas profissões de médico, engenheiro, professor, artista, escritor ou até, simplesmente, de proprietário rural que vive do próprio trabalho, às posições de juiz, administrador, padre, militar, pagas pelo governo, ou às dos homens que vivem de renda.

A maioria dos monumentos é hoje erguida não mais a homens de Estado, a generais e muito menos a homens ricos, mas a artistas, sábios, inventores, homens que, longe de ter algo em comum com o governo, muitas vezes lutaram contra ele. A poesia e as artes glorificam, sobretudo, os últimos.

Assim, a classe dos homens de governo, e dos ricos, torna-se cada dia menos numerosa e de nível moral bem mais baixo. De tal modo que, a julgar pela inteligência, pela instrução e, sobretudo, pela moralidade, não são mais, como outrora, a flor da sociedade, muito pelo contrário.

Na Rússia e na Turquia, como nos Estados Unidos e na França, apesar das frequentes mudanças de autoridades, a maior parte destas é ávida, venal e tão pouco recomendável do ponto de vista moral que não satisfaz às mais elementares exigências de honestidade demandadas pelo povo. Assim, ouvem-se várias vezes as ingênuas lamúrias dos governos que se maravilham de ver os melhores dentre nós, por razões que lhes parecem estranhas, sempre no campo da oposição. Seria como lamentar que, por estranhas razões, a profissão de carrasco não seja aceita por gente refinada e de bom caráter.

Tampouco hoje em dia está entre os ricos a maioria dos homens cultos e refinados da sociedade. Os ricos são, em maioria, grosseiros especuladores de dinheiro, que não têm outra preocupação além de aumentar as próprias riquezas, em geral por expedientes impuros, ou os herdeiros degenerados desses especuladores que, longe de representar um papel importante na sociedade, inspiram o desprezo geral.

Muitas situações perderam sua antiga importância. Reis e imperadores nada mais dirigem; estes quase nunca se decidem a introduzir modificações internas ou a mudar a política externa. Ademais, abandonam a solução destas questões a alguma instituição governamental e à opinião pública. Todos os seus deveres reduzem-se a serem os representantes da unidade e de sua potência. E cumprem este dever sempre de forma pior do que antes. A maioria dos chefes de Estado não só não conserva sua antiga majestade inacessível, como até se democratiza cada vez mais, e também se envilece, destruindo seu último prestígio, ou seja, exatamente o que se espera que mantenha.

O mesmo acontece com os militares. O alto funcionário militar, em vez de encorajar, entre os soldados, a rudeza e a ferocidade necessárias a sua obra, propaga ele próprio a instrução no exército, prega a humanidade e, frequentemente, participando das convicções socialistas das massas, nega a utilidade da guerra. Na última conspiração contra o governo russo, muitos dentre os participantes eram militares.

Acontece com frequência (aconteceu recentemente) que o exército, chamado a restabelecer a ordem, se recuse a abrir fogo contra a população. Os hábitos da caserna são francamente reprovados pelos próprios militares, que muitas vezes fazem deles motivo de zombaria.

O mesmo acontece com os juízes: obrigados a julgar e condenar os delinquentes, conduzem os debates de modo a fazê-los parecer inocentes até onde seja possível, o que tem levado o governo russo, para obter a condenação daqueles que deseja punir, a confiar esses casos não aos tribunais ordinários, mas à corte marcial, que nada mais é do que uma paródia da justiça. Até mesmo os promotores renunciam, muitas vezes, a pedir uma condenação e, contornando a lei, amiúde defendem aqueles a quem têm o dever de mostrar como culpados.

Doutos jurisconsultos, cuja missão é justificar a violência do poder, negam cada vez mais o direito de punir e, em seu lugar, colocam as teorias da irresponsabilidade. Em vez do castigo, preconizam a recuperação dos supostos delinquentes, mediante uma cura médica ou moral.

Os carcereiros e verdugos tornam-se, frequentemente, defensores daqueles que, por sua missão, deveriam martirizar, e muitas vezes os policiais salvam aqueles que devem matar.

O clero prega a tolerância, por vezes até a negação da violência, e os mais cultos dentre seus membros procuram evitar em seus sermões a mentira, que é a própria base de sua situação e que são chamados a sustentar.

Os carrascos se recusam a cumprir seu dever, de modo que, amiúde, na Rússia, as sentenças de morte não podem ser executadas e, apesar de todas as vantagens dadas às galés, entre as quais são recrutados os carrascos, tornam-se cada vez mais raros os que aceitam essas funções.

Os governadores, os comissários, os cobradores de impostos têm piedade do povo e procuram toda espécie de pretextos para dispensar dos impostos os pobres-diabos.

Os ricos não mais ousam desfrutar sozinhos de suas riquezas, mas oferecem uma parte em obras de caridade.

Os latifundiários constroem, em suas terras, hospitais, escolas, e alguns chegam a entregar suas propriedades aos agricultores ou nelas estabelecem colônias agrícolas.

Os proprietários de usinas e fábricas criam, também, hospitais, escolas, fundos de pensões, espetáculos para seus operários. Alguns formam associações, das quais fazem parte com o mesmo título e com os mesmos direitos que outros membros.

Os capitalistas entregam uma parte de seus capitais a instituições públicas de instrução, arte ou filantropia. Não tendo força para se separar de suas riquezas em vida, muitos dentre eles deixam-nas como herança para institutos públicos.

Todos estes fenômenos poderiam parecer casos excepcionais se não se adivinhasse sua causa única, assim como, em abril, poderiam causar maravilha os primeiros brotos se não se conhecesse a causa geral, a primavera; de modo que, vendo alguns ramos intumescerem e tornarem-se verdes, pode-se dizer, com certeza, que os outros farão o mesmo.

O mesmo pode ser dito em relação às manifestações da opinião pública cristã. Se já esta opinião pública age sobre várias pessoas, sobre as mais impressionáveis, e força-as cada uma em seu ambiente a abandonar as vantagens que lhes concede a violência, continuará a agir e sua ação se prolongará até o momento em que haverá a mudança em toda a ordem atual, pondo-se de acordo com o pensamento cristão que já penetrou na consciência dos homens que estão na vanguarda.

Se já se encontram governantes que nada decidem por autoridade própria, que procuram assemelhar-se ao máximo não a soberanos, mas a simples mortais, e que estão prontos a abandonar suas prerrogativas e a tornarem-se os primeiros cidadãos de seus países; se já se encontram militares que compreendem toda a barbárie da guerra e desejam não precisar abrir fogo contra os estrangeiros nem contra seus concidadãos; se já há juízes e procuradores que não desejam oprimir e condenar os delinquentes, padres que evitam pregar a mentira, coletores de impostos que procuram suavizar ao máximo possível o rigor de suas funções – e ricos que abandonam suas riquezas –, o mesmo acontecerá, fatalmente, com outros governantes, outros militares, juízes, padres, coletores e ricos. E quando não mais existirem homens que queiram ocupar essas posições, essas mesmas posições, calcadas na violência, desaparecerão.

Mas não é esse o único caminho pelo qual a opinião pública conduz os homens à supressão da ordem atual e a sua substituição por uma nova ordem. À medida que as posições calcadas na violência tornam-se menos sedutoras e menos cobiçadas, sua inutilidade torna-se mais evidente.

Vemos sempre, no mundo cristão, os mesmos governantes e os mesmos governos, os mesmos exércitos, os mesmos tribunais, os mesmos impostos, o mesmo clero, os mesmos ricos latifundiários, industriais, capitalistas; mas a situação de uns em relação aos outros não é mais a mesma. Os mesmos chefes de Estado mantêm os mesmos diálogos, os mesmos encontros, as mesmas festas, a mesma pompa; os mesmos diplomatas têm as mesmas conversas sobre alianças e sobre guerras; os mesmos Parlamentos discutem as mesmas questões do Oriente e da África e os casos de guerra, o Home Rule* e a jornada de oito horas; sempre as mesmas mudanças de Ministérios, os mesmos discursos, os mesmos incidentes; mas para aqueles que percebem como um artigo de jornal muda, às vezes, a situação, mais do que o fazem dezenas de conferências de monarcas e de sessões parlamentares, parece tornar-se cada vez mais claro que não são aquelas conferências e discussões parlamentares que dirigem os negócios, mas algo independente de tudo isso e que não reside em lugar algum.

---

*Teoria política que prega o princípio de autogoverno ou autodeterminação; ou política interna. (N. do E.)

Os mesmos generais, oficiais e soldados, os mesmos canhões, fortalezas, revistas e manobras; mas a guerra não é declarada. Um ano, dez anos, vinte anos se passam. Entretanto, tem-se cada vez menos confiança no exército para reprimir as rebeliões e torna-se cada vez mais evidente que os generais, os oficiais e os soldados são simplesmente figurantes de procissões solenes, objetos de divertimento para os governos, algo como corpos de baile que custam demasiado caro.

Os mesmos procuradores e juízes, os mesmos tribunais, mas torna-se cada vez mais evidente que os tribunais civis pronunciam suas sentenças sem se preocuparem com a justiça, e que os tribunais penais não têm nenhum sentido, porque as punições não alcançam o objetivo a que aspiram os próprios juízes. Essas instituições não servem, então, senão para nutrir homens incapazes de atitudes mais úteis.

Os mesmos padres, arcebispos; mas torna-se cada vez mais evidente que esses homens não mais creem naquilo que ensinam e, portanto, não mais podem dar a ninguém uma fé que não possuem.

Os mesmos coletores de impostos; mas cada vez mais incapazes de tirar à força os bens dos contribuintes; e assim torna-se cada vez mais evidente que, sem os coletores de impostos, os homens podem, com uma subscrição voluntária, prover todas as necessidades sociais.

Os mesmos ricos; mas torna-se cada vez mais evidente que eles não podem ser úteis, senão deixando de ser administradores pessoais de seus bens e entregando-os à sociedade, integralmente, ou, ao menos, em parte.

E quando tudo isso se tornar evidente, será natural que os homens se perguntem: "Qual a utilidade de manter todos esses reis, imperadores, presidentes e membros de toda espécie de Câmaras e Ministérios se, após todas as suas reuniões e de todos os seus discursos, nada acontece? Não seria melhor, como disse um espirituoso, fazer uma rainha de borracha?"

E de que serve o exército com seus generais, músicos, cavalos, tambores? Em que consiste sua utilidade, já que não existe guerra, já que ninguém quer conquistar ninguém e já que, mesmo quando eclodisse a guerra, os outros povos não permitiriam que dela fosse tirado proveito, enquanto o exército se recusa a abrir fogo contra os compatriotas?

E de que servem os juízes e procuradores que, nas causas civis, não julgam segundo a justiça e, nas causas penais, reconhecem a inutilidade do castigo?

De que servem os coletores de impostos que cumprem com tristeza seu dever, já que sem eles é possível reunir somas necessárias?

De que serve o clero que há muito não mais crê naquilo que prega?

De que servem os capitais concentrados nas mãos de poucos, já que não podem ser úteis senão tornando-se propriedade de todos?

E, uma vez colocadas estas questões, os homens não podem deixar de chegar à resolução de parar de manter todas essas instituições tornadas inúteis.

Mais ainda, os homens que ocupam essas posições privilegiadas reconhecerão um dia a necessidade de abandoná-las.

A opinião pública condena cada vez mais a violência e, por isso, essas posições calcadas na violência são cada vez menos procuradas.

Um dia, em Moscou, eu assistia a uma das discussões religiosas que se realizam regularmente no domingo da Páscoa, perto da igreja, no Okhotny-Rjad. Uns vinte homens estavam reunidos na calçada e conversavam com muita seriedade sobre religião.

Simultaneamente, realizava-se um concerto, no edifício do círculo da nobreza, e o oficial de polícia de sentinela no local, tendo percebido o grupo, mandou um guarda a cavalo com a ordem de dissolvê-lo. Para dizer a verdade, o oficial não tinha a mínima necessidade de dispersar aquele grupo que a ninguém incomodava, mas ele havia ficado ali durante toda a manhã, e era preciso dar um sentido a isso. O policial, jovem garboso, levando o punho à ilharga e fazendo tinir a espada, aproximou-se de nós e ordenou em tom severo: "Dispersai-vos! O que é esta reunião?" Todos voltaram-se para ele e um de nós, homem modesto, respondeu com ar calmo e afável: "Falamos de coisas sérias, por que nos separaríamos? Seria melhor, jovem, que descesses do cavalo e viesses escutar-nos; será útil para ti também." Voltou-se, então, novamente para nós e continuou a conversa. O policial deu meia-volta e afastou-se sem dizer uma palavra.

O mesmo deve acontecer em todos os atos de violência. Aquele pobre oficial se entediou; o infeliz foi colocado numa posição que o obriga a cometer atos de autoridade; ele vive uma vida à parte; pode apenas vigiar e dar ordens, dar ordens e vigiar, embora sua vigilância e suas ordens não tenham qualquer utilidade. Na mesma condição já se encontram em parte, e dentro em breve se encontrarão inteiramente, os infelizes chefes de Estado, membros dos Parlamentos, governadores, generais, oficiais, arcebispos, padres e, também, os ricos. Estes nada têm a fazer além de dar ordens, e assim fazem, mandam os seus subordinados – como o oficial manda o soldado – para incomodar as pessoas. E como as pessoas que incomodam lhes pedem para não serem incomodadas, eles imaginam ser muito necessários.

Mas um tempo virá – já vem – em que todos compreenderão claramente que essas autoridades são de todo inúteis e apenas incomodam, em que as pessoas a quem incomodamos lhes dirão, com a mesma candura e a mesma calma: "Não nos incomodem, por favor." E todos esses mandantes, com suas ordens, serão obrigados a seguir este bom conselho, ou seja, parar de curvetear por entre os homens com o punho na ilharga e de incomodá-los; mas, descendo de seus belos cavalos e retirando todas as suas ferragens, virão escutar aquilo que se diz e, reunindo-se aos outros, reingressarão na verdadeira vida.

Chega o tempo em que todas as instituições fundamentadas na violência desaparecerão em consequência de sua inutilidade, de sua estupidez e, sobretudo, de sua evidente inconveniência.

Esse tempo terá chegado quando acontecer, aos homens de nossa sociedade que ocupam posições criadas pela violência, o que aconteceu ao rei, no conto *A roupa nova do rei*, de Andersen – quando o menino, tendo visto o rei inteiramente despido, grita ingenuamente: "Olhem, o rei está nu!" Então, todos aqueles que o viam da mesma forma, mas nada diziam, não puderam deixar de admiti-lo.

No conto, trata-se de um rei, grande amante de roupas novas, ao qual alguns alfaiates prometem um traje extraordinário, cujo tecido tem a especial qualidade de permanecer invisível para quem não estiver à altura do cargo que ocupa. Os cortesãos que vêm para assistir ao trabalho dos alfaiates nada veem, porque os alfaiates movem suas agulhas no ar. Mas, lembrando-se da qualidade própria daquele tecido, todos dizem vê-lo e extasiam-se com sua beleza. O rei faz o mesmo. Chega o momento da procissão, na qual deve aparecer com seu novo traje. Ele se desnuda e veste o traje imaginário, isto é, permanece nu, e assim passeia pela rua. Mas, lembrando-se da qualidade do tecido, ninguém se decide a dizer que não existe roupa até o momento em que uma criança grita: "Olhem, o rei está nu!"

O mesmo deve acontecer com todos aqueles que ocupam, por inércia, posições há muito tempo tornadas inúteis, tão logo o primeiro grite ingenuamente: "Mas há tempos esses homens não servem para nada!"

A situação da humanidade cristã, com suas fortalezas, com seus canhões, com a dinamite, os fuzis, os torpedos, as prisões, os patíbulos, as igrejas, as fábricas, as alfândegas, os palácios, é realmente terrível; mas nem os torpedos, nem os canhões, nem os fuzis disparam sozinhos; as prisões não prendem sozinhas, os patíbulos não enforcam, as igrejas a ninguém enganam sozinhas, as alfândegas não detêm, os palácios, as fortalezas e as fábricas não se constroem sozinhos. Tudo isto é feito por homens. E quando os homens compreenderem que não se deve fazê-lo, tudo isto não mais existirá.

E eles já começaram a compreender. Senão todos, ao menos os homens de vanguarda, aqueles que serão seguidos por todos os outros. E deixar de compreender aquilo que uma vez foi compreendido é impossível; e aquilo que compreenderam os homens de vanguarda os outros podem e devem compreender.

De modo que, no tempo previsto pelo profeta, em que todos os homens serão instruídos por Deus, desaprenderão a guerra, transformarão as espadas em arados e as lanças em foices; em que, traduzindo para nossa língua, as prisões, as fortalezas, as casernas, os palácios e as igrejas ficarão vazios, e os patíbulos, os fuzis e os canhões ficarão ociosos. Não é mais uma utopia, mas uma nova forma de vida para a qual a humanidade caminha com uma rapidez cada vez maior.

Mas quando tudo isso acontecerá?

Há 1.800 anos, Cristo respondeu a esta pergunta: o fim do século atual, isto é, da organização pagã, chegará quando as calamidades humanas estarão multiplicadas e a feliz novidade da vinda do reino de Deus, ou seja, a possibilidade de uma nova organização de vida, não alicerçada sobre a violência, será pregada por toda a Terra. (Mt 24,4-28)

"Daquele dia e da hora, ninguém sabe, nem os anjos do céu, nem o Filho, mas só o Pai", diz Cristo. (Mt 21,35) Porque Ele pode sempre vir a qualquer instante e quando menos o esperamos.

Quando virá essa hora? Cristo diz que não podemos sabê-lo. Devemos, então, estar sempre prontos para sua vinda, como deve velar aquele que guarda sua própria casa dos ladrões, como devem velar as virgens que com suas lanternas esperam o noivo, e mais, devemos trabalhar com todas as nossas forças para antecipar essa hora, como devem trabalhar os servos para fazer render os talentos que receberam. (Mt 24,42-44; 25,13)

E não pode haver outra resposta. Saber quando virá o reino de Deus os homens não podem, porque essa hora só depende dos próprios homens.

A resposta é como a daquele sábio a quem um viajante perguntou se faltava muito para chegar à cidade: "Caminha!"

Como podemos saber se ainda está longe o objetivo para o qual se dirige a humanidade, já que não sabemos como ela caminhará e já que dela depende caminhar ou parar, moderar ou acelerar seu movimento?

Tudo o que podemos saber é aquilo que nós, que fazemos parte da humanidade, devemos ou não fazer para que venha o reino de Deus, e isto sabemos. Basta que cada um comece a fazer o que deve fazer e deixe de fazer o que não deve fazer; basta que coloquemos em nossos atos toda a luz que há em nós, para que em breve se estabeleça o reino de Deus, prometido, e para o qual tende a alma de cada homem.

12
Conclusão

Fazei penitência, porque o reino de Deus está próximo, está à nossa porta

Terminava eu finalmente esta obra, na qual trabalhava há dois anos, quando, atravessando de trem os territórios de Tula e Riazan, já, então, atormentados como hoje pela carestia, o trem que me levava cruzou, numa estação, com um outro, transportando soldados que acompanhavam o próprio governador da região. Esses soldados tinham fuzis, cartuchos e açoites para martirizar aqueles infelizes esfomeados.

As surras com açoites para fazer respeitar as decisões das autoridades, embora as penas corporais já tenham sido abolidas há trinta anos, tornam-se cada vez mais frequentes.

Já havia ouvido falar de coisas semelhantes; havia também lido nos jornais a relação das execuções ocorridas em Cernigov, em Tambov, em Saratov, em Astracã e em Orel, e daquelas de que se vangloriou o governador de Nijni-Novgorod, Baranov. Nunca, porém, me havia acontecido, como naquele dia, ver os homens em ação. Assim, vi russos bons e compenetrados do espírito cristão armados de fuzis, cartuchos e açoites, que iriam martirizar seus irmãos famintos!

O motivo pelo qual viajavam era este: numa das mais belas propriedades da região, os camponeses mantinham uma floresta numa terra comum a eles e a um dos mais ricos proprietários do entorno, quando este atribuiu a si toda a floresta e começou a derrubá-la. Os camponeses, que havia muito desfrutavam da floresta que consideravam, ao menos, uma propriedade comum, apresentaram queixa. Em primeira instância, os juízes pronunciaram uma sentença injusta. (Digo *injusta* de acordo com o governador e o procurador, que assim declararam.) O juiz deu razão ao proprietário.

Todas as outras sentenças que se seguiram, inclusive a do Senado, embora todos vissem claramente que a primeira sentença havia sido injusta, confirmaram-na, e a floresta foi entregue ao proprietário.

O proprietário continuou a derrubá-la, mas os camponeses, não podendo crer que tão flagrante injustiça pudesse ser cometida pelos poderes supremos, não se submeteram. Expulsaram os operários vindos para os cortes, declarando que a floresta lhes pertencia, que iriam até o czar, mas que não deixariam que tocassem na floresta.

O fato foi referido em Petersburgo, de onde foi transmitida uma ordem ao governador para executar a sentença, e este pediu a tropa, e ei-los, os soldados com sua provisão de fuzis, cartuchos e feixes de açoites expressamente preparados para a ocasião, tudo isto desordenadamente, no vagão, ei-los enviados para fazer executar a decisão suprema.

A execução da decisão das autoridades superiores traduz-se no homicídio, no suplício e na ameaça de um ou outro, conforme as pessoas se revoltem ou se submetam.

No primeiro caso, isto é, se o camponês se revolta, tudo acontece na Rússia (como em todos os países nos quais existe o direito de propriedade), e tudo acontece do seguinte modo: o governador pronuncia um discurso em que pede a submissão. A multidão, superexcitada e naturalmente envolvida pelos mais exaltados, nada compreende da linguagem pomposa do funcionário; o governador pede, então, a sujeição da multidão e ordena sua dispersão, caso contrário será obrigado a recorrer à força.

Se a multidão não se sujeita e não se dispersa, o governador ordena que se dispare para o ar. Se a multidão, ainda assim, não cumpre o ordenado, o governador torna a ordenar que se atire sobre o povo, não importa em quem; o soldado atira, mortos e feridos caem nas ruas. A multidão, então, se dispersa, e os soldados, por ordem do governador, apanham aqueles que julgam mais perigosos e conduzem-nos sob escolta; depois, são recolhidos os moribundos ensanguentados, os mutilados, os mortos, os feridos, por vezes mulheres e crianças. Os mortos são enterrados, os mutilados são mandados para os hospitais.

Os que são considerados os líderes mais exaltados são conduzidos à cidade e julgados por um conselho de guerra. Quando é provado que sua rebelião chegou à violência, são condenados ao enforcamento. Então, a forca é armada. Enforcam-se vítimas sem defesa, como amiúde sucede na Rússia e como não pode deixar de acontecer em todos os lugares onde a ordem social é fundamentada na força. Eis o que acontece em caso de revolta.

No segundo caso, isto é, no caso em que o camponês se submete, acontece algo especial, absolutamente russo. Eis o que acontece: o governador chega ao local designado, pronuncia um discurso no qual reprova o povo por sua insubordinação e, em seguida, ou ordena a ocupação pelo exército das casas do vilarejo onde, por vezes durante um mês, os soldados esgotam os meios de subsistência do camponês, ou, tendo-se limitado às ameaças, vai embora sem praticar maus-tratos, ou, ainda, o que ocorre na maioria das vezes, declara que os líderes devem ser punidos. Escolhem-se a esmo, sem critério, alguns indivíduos, reconhecidos como líderes, que, diante dele, são açoitados.

Para dar uma ideia de como se procede, quero descrever uma execução desse gênero e que recebeu a aprovação das autoridades superiores.

Eis o que aconteceu em Orel:

> Como no governo de Tula, o proprietário resolveu se apropriar dos bens dos camponeses e, assim como lá, os camponeses opuseram-se às suas pretensões. O motivo do litígio era este: o proprietário queria desviar, em favor de seu moinho, um rio que irrigava os campos dos camponeses. Estes rebelaram-se. O proprietário recorreu ao comissário rural que, injustamente (como, aliás, foi depois reconhecido pela justiça), deu razão ao proprietário. Permitiu-lhe desviar a água. O proprietário mandou operários escavarem os canais através dos quais deveria a água chegar até ele. Os camponeses, exasperados por esta sentença iníqua, mandaram suas mulheres impedirem que os operários do proprietário escavassem os canais: nos diques, elas derrubaram as carroças e expulsaram os operários.

O proprietário recorreu contra as mulheres. O comissário rural ordenou que colocassem na prisão uma mulher de cada família.

A ordem não era de fácil execução, pois em cada casa havia várias mulheres e não era possível saber qual delas deveria ser presa; e assim a sentença não foi cumprida. O proprietário lamentou-se da negligência da polícia com o governador que, sem se aprofundar na questão, simplesmente ordenou a execução da sentença do comissário rural.

O comissário do distrito chegou à aldeia e severamente ordenou aos seus agentes que prendessem em cada casa uma mulher qualquer: mas, como eu disse, havendo em cada casa várias mulheres, surgiram discussões; o comissário do distrito ordenou que não se importassem com isto, que prendessem a primeira mulher que encontrassem e que a conduzissem à prisão.

Os camponeses defenderam suas mulheres e suas mães; impediram que a polícia cumprisse sua missão; espancaram os agentes e o comissário do distrito. Um novo delito juntou-se, então, ao primeiro, a rebelião às leis; notícias sobre este fato novo foram levadas à cidade; e eis que aparece, como em Smolensk, o governador do lugar, chefiando um batalhão de soldados, armados de fuzis e açoites, com grande reforço do telégrafo e do telefone, viajando em trem expresso, acompanhado por um douto médico encarregado de inspecionar que as surras fossem aplicadas *higienicamente*; e eis que o governador, encarnando o Gengis Khan moderno previsto por Herzen, chega ao lugar da execução.

Em um município próximo encontravam-se a tropa, um regimento de guardas com revólveres pendentes de seus cinturões vermelhos, os principais camponeses do lugar e, enfim, os culpados. Ao redor, agrupava-se uma multidão de mais de mil pessoas.

O governador, chegando em carruagem, desceu, pronunciou o discurso de costume e pediu que viessem os culpados e um banco. A princípio, seu pedido não foi compreendido, mas um guarda, que o governador conduzia junto a si para todos os lugares e que se ocupava especialmente de organizar tais execuções, repetidas inúmeras vezes naquele governo, explicou que o banco serviria para o flagelo.

O banco foi trazido, assim como os açoites, e foram chamados os carrascos. Os carrascos são preparados antecipadamente, são escolhidos entre os ladrões de cavalos do próprio vilarejo, porque os soldados recusam absolutamente esse gênero de função.

Quando tudo estava pronto, o governador ordenou que fosse retirado da fila o primeiro dos 12 homens indicados pelo proprietário como os mais culpados. Tratava-se de um pai de família honrado, estimado por todos, um homem de 40 anos que defendia energicamente os interesses de sua classe e que, por isso, gozava de muita consideração entre os habitantes. Conduziram-no ao banco, desnudaram-no, estenderam-no sobre o mesmo.

O camponês começou a suplicar mas, vendo que seria inútil, fez um grande sinal da cruz e deitou-se. Dois soldados precipitaram-se para segurá-lo. O médico estava por perto, para o caso em que sua ajuda e sua alta ciência médica fossem necessárias. Os carrascos cuspiram nas mãos, ergueram os açoites e começaram a bater. Acontece que o banco não era suficientemente largo e era difícil nele manter a vítima que se contorcia. O governador ordenou que trouxessem um outro banco e que nele fosse colocada uma prancha. Os soldados – fazendo a saudação militar e repetindo: "Muito bem, excelência" – prepararam-se para executar a ordem, enquanto seminu, pálido, o homem martirizado aguardava, franzindo as sobrancelhas, olhando para o chão, batendo os dentes. Quando o banco foi alargado, recolocaram nele a vítima e, novamente, os ladrões de cavalos começaram a bater. Os ombros e os rins do homem cobriam-se cada vez mais de estrias e manchas, e a cada golpe ouviam-se os gemidos surdos que o torturado não conseguia reprimir.

Na multidão que os circundava, ouviam-se os gritos da mulher, da mãe, dos filhos, dos parentes do martirizado, e de todos aqueles que haviam sido chamados para assistir ao suplício.

O desgraçado governador, ébrio de seu poder, contava nos dedos cada golpe, dobrando-os um depois do outro, sem parar de fumar o charuto que várias pessoas servis se apressavam a acender, oferecendo-lhe velas acesas.

Quando os golpes passaram dos cinquenta, o camponês parou de gritar e de agitar-se, e o médico, que havia feito seus estudos numa instituição do Estado para poder depois colocar sua alta ciência a serviço de seu soberano e de sua pátria, aproximou-se do torturado, tomou-lhe o pulso, auscultou-lhe o coração e declarou ao governador que o homem punido tinha perdido a consciência e que, segundo os dados da Ciência, poderia ser perigoso para a vida do paciente continuar a execução. Mas o desgraçado governador, já ébrio com a visão do sangue, ordenou que continuassem, e a execução prosseguiu até o septuagésimo golpe, limite que ele havia fixado, não se sabe por quê. Só então o governador disse: "Basta! O próximo." E levaram embora o martirizado, com os ombros em frangalhos e sem sentidos;

e trouxeram, então, um outro. Os soluços da multidão aumentavam, mas o representante da autoridade ordenou que continuasse a execução.

Assim foi feito até o décimo segundo, e cada um deles recebeu setenta golpes. Todos imploravam perdão, gritavam e gemiam. Os soluços da multidão e, sobretudo, os das mulheres, tornavam-se dilacerantes. Os rostos dos homens fechavam-se cada vez mais. Mas a tropa rodeava-os e a execução não parou senão quando pareceu suficiente àquele desgraçado meio ébrio e desvairado que se chamava governador. Os funcionários, os oficiais, os soldados não só assistiam àquela execução, mas dela participavam, já que, com sua presença, tornavam impossível qualquer resistência da multidão.

Quando perguntei a um desses governadores o motivo da execução de pessoas já submissas, com a importância de um homem que conhece toda a delicadeza da sabedoria governamental, respondeu-me estar provado pela experiência que, se os camponeses não fossem punidos, se revoltariam novamente e que a execução de alguns atesta para sempre a autoridade do poder.

Por isso, o governador de Tula, com seus funcionários, oficiais e soldados, ia por sua vez cumprir uma execução semelhante. Também ali o homicídio e o suplício deveriam ratificar a decisão da autoridade superior. Tratava-se de dar a possibilidade a um jovem latifundiário que já possuía cem mil rublos de renda de receber outros três mil com a madeira por ele subtraída de toda uma comunidade de camponeses famintos, para poder gastar esse dinheiro, em duas ou três semanas, nos restaurantes de Moscou, Petersburgo ou Paris. Eis a obra que iam realizar as pessoas que encontrei.

Como se houvesse sido feito de propósito, quis o acaso, após dois anos de meditação sobre o mesmo tema, tornar-me testemunha, pela primeira vez em minha vida, de um fato cuja realidade brutal me mostrava, com total evidência, o que eu, havia muito, vira com clareza absoluta em teoria: que nossa ordem social está instituída não como querem dar a entender os homens interessados na ordem atual, em bases jurídicas, mas na mais rude violência, no assassinato e no suplício.

Os homens que possuem grandes quantidades de terras e capitais, ou que recebem altos ordenados sugados da classe mais miserável, a classe operária, e ainda aqueles, como os negociantes, os médicos, os artistas, os empregados, os cientistas, os cocheiros, os cozinheiros, os escritores, os camareiros, os advogados, que se sustentam junto a esses homens ricos, gostam de acreditar que os privilégios de que desfrutam resultam não da violência, mas de uma troca de serviços absolutamente regular e livre. Preferem crer que os privilégios de que desfrutam existem por si só e são o resultado de uma livre convenção entre os homens, e que as violências, existindo também por si mesmas, resultam de não sei quais leis gerais. Eles esforçam-se para não ver que seus privilégios são sempre a consequência da mesma causa, daquela que obriga os camponeses, sob pena de serem açoitados ou mortos, a entregar sua madeira a um proprietário que não precisa e que em nada participou do cultivo da floresta.

Contudo, se é verdade que, graças às ameaças, aos açoites e ao homicídio, aumentou a renda do moinho de Orel e que as florestas cultivadas pelos camponeses foram dadas ao proprietário ocioso, é igualmente verdade que todos os excepcionais privilégios de que gozam os ricos, privando os pobres do necessário, são alicerçados nas mesmas causas.

Se aqueles que precisam de terra para alimentar sua família não podem cultivar a que circunda suas casas e se um único homem, seja quem for, russo, inglês, austríaco, ou qualquer grande proprietário que não cultiva e possui uma extensão capaz de alimentar mil famílias, se o rico comerciante, aproveitando-se da miséria do agricultor, pode comprar o grão por um terço de seu valor e, sem incorrer em punição, conservá-lo em seus armazéns, entre gente faminta a quem ele o revende por três vezes mais, é claro que tudo isso provém da mesma causa.

E se não se podem comprar certos produtos devido a uma linha divisória que se chama fronteira, sem pagar imposto àqueles que não tomaram parte alguma na produção dessas mercadorias, se os camponeses devem vender sua última vaca para pagar os impostos que o governo distribui a seus funcionários ou destina a nutrir os soldados encarregados, por sua vez, de matar esses mesmos espoliados, deveria parecer evidente que tudo isso não é a consequência de qualquer princípio abstrato, mas tem a mesma causa comum com o que acontece em Orel, com o que teria podido acontecer em Tula e que se apresenta, sob uma ou outra forma, no mundo inteiro, onde quer que haja governo, ricos e pobres.

Os homens que desfrutam dos privilégios das classes dirigentes convencem-se e convencem aos outros – somente porque existem casos de violência sem suplícios e sem homicídios – que as vantagens de que gozam não são consequência de martírios e execuções e, sim, de algumas causas gerais e misteriosas. Todavia, se os homens que veem a injustiça de tudo isso (como os operários, hoje) entregam, ainda assim, a maior parte do produto de seu trabalho aos capitalistas, aos latifundiários, e pagam os impostos, sabendo a que mau uso se destinam, é evidente que o fazem não para obedecer a certas leis abstratas, de que não têm ideia alguma, de que nunca ouviram falar, mas porque sabem que serão açoitados e serão mortos, caso se recusem.

E se não se é obrigado a prender, a matar, a justiçar, a cada vez que o proprietário exige seu arrendamento, a cada vez que aqueles que precisam de pão devem pagar três vezes mais seu valor, a cada vez que o operário é forçado a contentar-se com o salário insuficiente, enquanto o patrão ganha o dobro, a cada vez que o pobre é submetido a dar seus últimos rublos para pagar taxas e impostos, isso resulta da seguinte constatação: de um modo ou de outro, os homens já se mataram tanto por suas antigas tentativas de independência que para sempre delas se recordarão. Como um tigre domado que, em sua jaula, não come a carne colocada à sua frente e que pula um bastão quando assim lhe é ordenado, age desse modo porque se lembra da barra de ferro em brasa, ou do jejum com o qual foi castigado por sua desobediência, da mesma forma os homens, que se submetem ao que é contrário a seus interesses e ao que consideram injusto, lembram-se do que sofreram quando tentaram resistir.

Quanto aos homens que se aproveitam das vantagens resultantes das violências anteriores, estes com frequência esquecem, e gostam de esquecer, de como foram adquiridas essas vantagens. Contudo, basta reler a história, não das proezas dos diversos soberanos, mas a verdadeira História, das opressões da maioria pela minoria, para perceber que todos os privilégios dos ricos baseiam-se nos açoites, nas prisões, nos calabouços, nas execuções capitais.

Podem-se citar casos de opressão, raros, é verdade, que não têm o objetivo de granjear vantagens para as classes dirigentes, mas também pode-se dizer, sem hesitação, que, em nossa sociedade, para cada homem que vive na abundância, existem dez consumidos pelo trabalho, invejosos, ávidos e, muitas vezes, sofrendo cruelmente com suas famílias. Todos os privilégios dos ricos, todo o seu luxo e todo o seu supérfluo não são adquiridos e mantidos senão com maus-tratos, com encarceramentos, com execuções capitais.

O trem expresso que encontrei no dia 9 de setembro constituía-se de um vagão de primeira classe para o governador, os funcionários e os oficiais, e de alguns vagões de mercadoria, repletos de soldados. Aquelas autoridades e aqueles soldados dirigiam-se a Tula para cometer uma injustiça flagrante. Este fato prova, claramente, como os homens podem cometer atos absolutamente contrários às suas convicções e à sua consciência, sem disto se aperceberem.

Os soldados, jovens garbosos, em seus uniformes novos e limpos, estavam agrupados em pé ou sentados com as pernas pendentes na grande abertura dos vagões. Uns fumavam, outros, davam-se cotoveladas, brincavam, riam, mostrando todos os dentes; outros, roendo sementes de girassol, cuspiam as películas com ar de importância. Alguns corriam para beber no barril de água que havia na plataforma e, encontrando alguns oficiais, diminuíam o passo, faziam seu gesto idiota, levando a mão à fronte com ar sério, como se fizessem algo muito importante, seguiam adiante e depois recomeçavam a correr ainda mais alegremente, batendo as pranchas da plataforma, rindo e conversando como é natural a jovens de boa saúde e a bons rapazes que viajam em alegre companhia. Iam matar seus pais e seus avós famintos como se se encaminhassem a um divertimento.

Os funcionários, em uniforme de gala, e os oficiais, espalhados pela plataforma e pela sala da primeira classe, produziam a mesma impressão. Defronte a uma mesa repleta de garrafas estava sentado, em traje semimilitar, o governador, chefe de toda a expedição. Comia e conversava tranquilamente sobre o tempo com alguns conhecidos que havia encontrado, como se o objetivo de sua viagem fosse tão simples e corriqueiro que não pudesse perturbar sua tranquilidade e o interesse que demonstrava pela mudança do tempo.

Um pouco distante da mesa sentava-se o general de polícia, com ar impenetrável, mas entediado, como se todas aquelas formalidades o cansassem enormemente. Por toda parte, oficiais, em seus uniformes com galões de ouro, iam e vinham ruidosamente. Alguns, à mesa, terminavam sua garrafa de cerveja, alguns, de pé junto ao banco, comiam um salgado, sacudindo os farelos caídos no uniforme e jogavam o dinheiro com gesto soberbo; alguns, passeando ao lado de nosso trem, olhavam as mulheres graciosas.

Todos eles, indo assassinar ou martirizar pessoas famintas e inofensivas que os alimentavam, tinham o ar de quem sabia muito bem o que fazia, e até se vangloriava.

O que significa tudo isso?

Todos encontravam-se a cerca de meia hora do local onde iriam cometer os mais terríveis atos que se possam imaginar e aproximavam-se desse lugar tranquilamente!

Dizer que todos aqueles funcionários, oficiais e soldados não sabiam o que seria feito é impossível, porque para isso se prepararam. O governador precisou dar ordens relativas aos açoites, os funcionários precisaram discutir seus preços, compará-los e inscrevê-los no livro de despesas; os militares deram ou receberam ordens relativas aos cartuchos. Sabiam todos do martírio de seus irmãos enfraquecidos pela carestia e que, também, começariam sua obra daqui a uma hora, talvez.

Dizer, como em geral se diz e eles próprios repetem, que agem por convicção da necessidade de manter a ordem governamental seria injusto, em primeiro lugar, porque é duvidoso que todos aqueles homens tenham se preocupado com a ordem governamental e sua necessidade; depois, porque não podem estar convencidos de que o ato do qual participam servirá à manutenção e não à destruição do Estado, e, enfim, porque, na realidade, a maioria deles, senão todos, não só nunca sacrificará sua tranquilidade e sua alegria para manter o Estado, como também nunca deixará passar a ocasião de aproveitar, em detrimento deste, tudo o que possa aumentar sua tranquilidade e seu bem-estar. Portanto, não são guiados por princípio algum.

O que significa tudo isso?

Entretanto, conheço todos aqueles homens. Se não os conheço pessoalmente, conheço mais ou menos seus caracteres, seus passados, seus pontos de vista. Todos têm mãe, alguns têm mulher e filhos. A maioria é bom filho, generoso, dócil, por vezes sensível, e detesta qualquer crueldade; sem falar em assassinato, muitos não podem matar ou martirizar um animal e, mais, são cristãos e consideram qualquer violência contra gente inofensiva como uma ação vil e vergonhosa. Na vida normal, nenhum desses homens é capaz de fazer, para seu menor proveito, a centésima parte do que fez o governador de Orel, aliás, se ofenderiam se fossem considerados capazes de atos como aquele. E, no entanto, ei-los a meia hora de distância do local em que podem, necessariamente, ser induzidos a fazê-lo.

O que significa tudo isso?

Não só aqueles homens conduzidos pelo trem estão prontos para o homicídio e a violência, mas também os outros que são a causa de toda essa questão: o proprietário, o gerente, o juiz e aqueles que, de Petersburgo, deram as ordens. Como puderam, aqueles homens, também bons, também cristãos, empreender e ordenar semelhante ato? Como os próprios simples espectadores que dele não participam, que se indignam com qualquer ato de violência na vida privada, ainda que se trate de um cavalo martirizado, como podem deixar perpetrar algo tão terrível? Por que não se indignam, por que não bloqueiam a estrada e gritam: "Não, nós não permitiremos que se espanquem e se matem famintos só porque não cedem os últimos poucos bens que lhes querem tirar indevidamente!" Ao contrário, esses homens e também aqueles que foram a causa do fato, o proprietário, o gerente, o juiz e aqueles que deram as ordens, como o governador, o ministro, têm a consciência absolutamente tranquila. Todos aqueles que iam cometer aquele delito pareciam também tranquilos. Os espectadores, que aparentemente não podiam ter qualquer interesse pessoal no fato, olhavam mais com simpatia do que com repulsa para toda aquela gente que se preparava para cometer uma ação tão atroz. No mesmo vagão que eu, viajava um comerciante de madeira, antigo camponês. Ele exprimia francamente e em voz alta sua aprovação.

"Não se deve desobedecer à autoridade. Ela existe para ser obedecida. Esperai um pouco, sereis bem castigados. Não fareis mais rebeliões. Assim é que se faz!", dizia.

O que significa tudo isso?

Não se pode dizer que todos eles, provocadores, participantes, indiferentes, fossem a tal ponto degradados que agissem contrariamente a suas convicções, uns pelo ordenado, outros por medo de uma punição. Em alguns casos, sabem defender suas convicções. Nenhum desses funcionários roubará uma bolsa, lerá uma carta a si não endereçada, suportará uma ofensa sem exigir um desagravo; nenhum desses oficiais trapaceará no jogo, denunciará um companheiro, fugirá do campo de batalha ou abandonará a bandeira; nenhum desses soldados concordaria em cuspir na hóstia, nem em comer carne na Sexta-feira Santa. Todos estão prontos a suportar toda espécie de privações e sofrimentos antes de consentir em fazer o que consideram uma má ação. Têm, portanto, a força da resistência, quando se trata de suas convicções.

Dizer que todos eles são animais, aos quais não repugna cometer essas crueldades, é ainda menos possível. Basta falar-lhes para ver que todos, o latifundiário, o juiz, o ministro, o soberano, o governador, os oficiais e os soldados, não só em seu coração não aprovam essa ação, mas até mesmo sofrem por serem obrigados a participar dela, quando lhes é recordada sua iniquidade. Procuram apenas não pensar nisso.

Bastaria falar-lhes para percebermos que têm consciência dessa iniquidade, que teriam preferido dela não participar e que sofrem com isso.

Uma senhora que professava opiniões liberais e viajava em nosso trem, tendo visto o governador e os oficiais na sala da primeira classe, e tomando conhecimento da finalidade da viagem, erguendo ostensivamente a voz, pôs-se a criticar violentamente os costumes de nosso tempo e a atacar os homens que eram os instrumentos daquela perversidade. Todos se sentiram pouco à vontade, não se sabia para onde olhar. Mas ninguém a contradisse. Fingiu-se não dar importância alguma a suas palavras, mas o comportamento constrangido dos passageiros comprovava o que sentiam: vergonha. Notei o mesmo embaraço nos soldados. Também eles sabiam que a ação que iam cometer era indigna, mas não queriam pensar.

Quando o comerciante de madeira – sem sinceridade, suponho, mas só para mostrar que não era mais um camponês – pôs-se a dizer o quanto semelhantes medidas eram necessárias, os soldados que o escutaram deram-lhe as costas, franzindo as sobrancelhas e aparentando não tiver ouvido.

Todos aqueles que contribuíam para a execução daquela repressão, como os passageiros de nosso trem que, sem dela participar, somente assistiam aos preparativos, todos sentiam vergonha.

Por que, então, o faziam e o toleravam?

Pergunte a cada um deles. Responderão que isso acontece para assegurar a ordem necessária ao bem do país, indispensável ao progresso de toda sociedade constituída.

Os que obedecem, os que devem cometer a violência com as próprias mãos, os camponeses, os soldados responderão que tudo foi ordenado pela autoridade superior e que a autoridade sabe o que faz. E quanto a saber se a autoridade deve estar nas mãos dos homens que a têm, tal é, para eles, indiscutível. Ainda que pudessem admitir a possibilidade de um erro, não podiam compreendê-lo senão num funcionário inferior; quanto à autoridade superior, esta é, para eles, sempre infalível.

Embora expliquem sua conduta por diversos motivos, os chefes e os subordinados estão de acordo ao dizerem que agem dessa maneira porque a ordem vigente é necessária e porque cada um tem o sagrado dever de contribuir para sua manutenção.

Baseiam-se na necessidade e na imutabilidade dessa ordem para justificar sua participação nas violências do governo. Já que essa organização é imutável, dizem, a recusa à obediência por parte de um indivíduo isolado não poderia trazer a menor mudança. "Apenas aconteceria que a missão, da qual esse insubordinado não se quisesse encarregar, seria confiada a outro, que a cumpriria de um modo talvez mais rigoroso e mais cruel."

É este o argumento que permite a homens, honestos e bons em suas vidas privadas, participarem, com a consciência mais ou menos tranquila, de atos como os ocorridos em Orel e como aqueles para os quais se preparavam os que iam de trem para Tula.

Mas em que se baseia esta afirmação?

Compreende-se facilmente que, para um latifundiário, é prazeroso e desejável acreditar na necessidade e na imutabilidade da ordem atual, que lhe assegura a renda de centenas de milhares de acres de terra e lhe permite viver sua vida habitual, ociosa e luxuosa.

Compreende-se igualmente que o juiz acredite de bom grado na necessidade da ordem que lhe permite receber cinquenta vezes mais do que o operário mais dedicado. Assim é para com todos os outros funcionários públicos. Somente graças a essa ordem o governador, o procurador, os senadores, os membros de todos os conselhos podem receber enormes ordenados sem os quais pereceriam imediatamente com toda a sua família, porque toda a sua inteligência, todo o saber e todo o trabalho não lhes dariam em outras circunstâncias a centésima parte do que ganham. No mesmo caso encontram-se os ministros, o chefe de Estado e todas as autoridades superiores, com a única diferença que, quanto mais altas suas posições, mais sua situação é excepcional e mais devem acreditar que o atual regime seja o único possível porque não só não poderiam ter, fora dele, uma situação equivalente, como até estariam abaixo de todos os outros homens. Um homem engajado voluntariamente como guarda municipal, com uma paga de dez rublos ao mês, que facilmente poderia ganhá-los de qualquer outra forma, está pouco interessado na conservação da ordem atual e, portanto, pode não acreditar em sua necessidade absoluta. Mas um rei ou um imperador, que recebe milhões, que sabe que a seu redor encontram-se milhares de homens invejosos de seu posto, que sabe que em nenhuma posição receberia as mesmas honras e a mesma renda e até, se o derrubassem, poderiam processá-lo por seus abusos de poder, cada rei ou imperador, digo, não pode deixar de acreditar no caráter imutável e sagrado da ordem vigente. Quanto mais alta é a posição de um homem, tanto mais é instável; e quanto mais terrível sua queda pode ser, tanto mais ele tem fé na duração ilimitada da organização existente, que lhe permite cometer violências e crueldades com a maior e a mais perfeita tranquilidade de espírito, como se não agisse por interesse próprio, mas somente por interesse do regime. Tal é a situação de todos os funcionários que ocupam posições mais lucrativas do que as que poderiam ocupar com outra organização; dos mais humildes policiais à mais alta autoridade.

Mas os camponeses, os soldados, os posicionados em graus inferiores da escala social, que não obtêm benefício algum desta ordem, que se encontram na mais ínfima e mais humilde posição, por que, então, acreditam que essa ordem é exatamente a que deve existir e que, portanto, se deve manter, até com o preço de atos contrários à consciência?

Quem os obriga a acreditar nessa imutabilidade, já que é evidente que só é imutável porque eles a mantêm?

Quem obriga esses camponeses, tirados ontem do arado e metidos em trajes desajeitados e inconvenientes, de colete azul e botões dourados, a irem, armados de fuzis e espadas, assassinar seus pais e seus irmãos famintos? Estes já não têm interesse algum na conservação do atual regime e não podem recear perder sua posição, sendo ela bem pior do que aquela da qual foram arrancados.

Os chefes, com frequência bons, humanos, além do proveito que obtêm, são capazes de participar de semelhantes atos porque sua participação limita-se à instigação, às decisões, às ordens. Ademais, sequer veem como são cometidas todas essas atrocidades por eles provocadas ou ordenadas. Mas os desgraçados das classes inferiores que, sem o menor proveito, são, antes, desprezados – arrancam com as próprias mãos homens de suas famílias, amarram-nos, prendem-nos, deportam-nos, vigiam-nos, fuzilam-nos, e por que o fazem?

Todas as violências só podem ser cometidas graças a sua obra. Sem elas, nenhum daqueles homens que assinam as sentenças de morte, de prisão e de reclusão perpétua teria se decidido a, pessoalmente, enforcar, prender, martirizar a milésima parte daqueles que, de seu gabinete, com tanta tranquilidade ordena que se enforque e martirize, apenas porque não o vê, porque não o faz pessoalmente, mas porque o manda fazer a distância, por seus submissos executores.

Todas essas injustiças e crueldades tornam-se habituais somente porque existem pessoas sempre prontas para cometê-las servilmente, pois, se não existissem, aqueles que dão as ordens nunca teriam sequer ousado sonhar com o que ordenam com tamanha desenvoltura, e ninguém ousaria afirmar, como fazem hoje todos os proprietários ociosos, que a terra que rodeia os camponeses miseráveis pertence a um homem que não a cultiva e que as reservas de trigo, debulhadas pelos agricultores, devem ser conservadas intactas em meio a uma população faminta, porque os comerciantes devem ganhar mais.

Se esses executores não existissem, o proprietário nunca teria tido a ideia de roubar aos mujiques a floresta que cultivaram, nem os funcionários públicos a de considerar legítimos seus ordenados, tirados do povo faminto, que ganham oprimindo o povo ou perseguindo homens que rechaçam a mentira e pregam a verdade.

Todas estas ações, como as de todos os tiranos, de Napoleão ao último comandante de companhia que abre fogo contra a multidão, não se explicam senão porque estes estão inebriados pelo poder que lhes confere a submissão de homens prontos a cumprir todas as suas ordens e com os quais sentem contar. Toda a força reside, então, nos homens que cometem com suas próprias mãos os atos de violência, nos homens que servem na polícia, no exército; sobretudo no exército, porque a polícia só age quando sente o exército lhe dando suporte.

O que, então, levou essas massas honestas, das quais tudo depende, a acreditar nessa surpreendente aberração, que um regime tão mortífero deva necessariamente existir?

Quem, então, as fez cair num erro tão grosseiro?

Esses homens, é claro, não se puderam convencer, por si mesmos, que devem fazer o que é contrário à sua consciência, nocivo e mortífero para eles e para toda sua classe, que representa nove décimos da população.

"Como poderei matar homens, quando a lei de Deus diz: 'Não matarás'?", perguntei mais de uma vez a diversos soldados. Deixava-os sempre embaraçados recordando-lhes, com esta pergunta, algo em que não queriam pensar. Sabiam que existe uma lei de Deus obrigatória: *Não matarás*, e sabiam também que existe um serviço militar obrigatório, mas nunca haviam pensado que nisso houvesse uma contradição. O sentido das respostas tímidas que obtinha era sempre que matar na guerra, ou condenar à morte um bandido por ordem da autoridade, não entra na proibição geral. Mas quando eu dizia que essa distinção não está escrita na lei de Deus e recordava a obrigação, para todos, da doutrina cristã, da fraternidade, do perdão às ofensas, do amor, que em caso algum pode se conciliar com o homicídio, os homens do povo davam-me geralmente razão, mas por sua vez perguntavam-me: "Como é então possível que o governo [que, em sua opinião, não pode errar] mande o exército à guerra e faça justiçar os delinquentes?" Quando eu respondia que o governo age mal dando essas ordens, meu interlocutor perturbava-se ainda mais e interrompia a conversa ou se irritava comigo.

"É provável que tenha sido encontrada uma lei para isso, quero acreditar que os arcebispos sejam tão sábios quanto o senhor", respondeu-me um soldado. Depois, absolutamente certo de que seus chefes encontraram uma lei que autorizava seus avós, seus herdeiros e milhões de homens, e a ele próprio a servir o exército, sentiu-se visivelmente tranquilizado e convenceu-se de que eu simplesmente recorria a uma astúcia, que o colocava diante de uma espécie de adivinhação.

Todos os homens de nosso mundo cristão sabem, de forma absoluta e pela tradição, pela revelação, pela consciência, que o homicídio é um dos maiores delitos que pode cometer um homem, como está dito no Evangelho, e que esse delito não é relativo, isto é, que matar seja um pecado para uns e não o seja para outros. Todos sabem que é sempre pecado, qualquer que seja a vítima. É um pecado como o adultério, como o furto ou qualquer outro. Contudo, os homens veem, desde a sua infância, que o homicídio não só é admitido, mas também abençoado por aqueles que são considerados como seus guias espirituais, designados pelo próprio Deus, e veem também os chefes leigos portarem, com perfeita tranquilidade e até com orgulho, armas letais e, em nome da lei, exigirem dos cidadãos, e até mesmo de Deus, sua participação nos assassinatos. Os homens sentem, em tudo isso, uma contradição, mas, não podendo resolvê-la, supõem que seja aparente e que resulte apenas de sua ignorância.

Sua convicção é consolidada pela mesma rudeza e pela evidência dessa contradição. Não podem imaginar que aqueles que caminham à frente da civilização preguem com tanta desenvoltura duas obrigações que lhes parecem tão opostas: a lei cristã e o homicídio. Uma simples criança, não corrupta, depois adolescente, não pode imaginar que homens que ocupam tão alta posição em sua estima possam, por um objetivo qualquer, enganar a todos tão impudicamente.

Entretanto, isso é feito, e não deixa de sê-lo. Isso é feito, primeiro, porque a todos os trabalhadores, que não têm tempo para examinar eles mesmos as questões morais e religiosas, é sugerido, desde a infância, pelo exemplo e pelo ensinamento, que a tortura e o homicídio são conciliáveis com o cristianismo e que, em determinados casos, não só podem como devem ser usados; segundo, porque, para alguns deles, alistados no exército, seja para o serviço obrigatório, seja voluntariamente, se sugere que aplicar com as próprias mãos a tortura e cometer homicídio é um dever sagrado e também um feito glorioso, digno de louvor e recompensa.

Esta mentira universal é difundida por todos os catecismos e por livros que os substituem e que servem, hoje, a instrução obrigatória. Neles se diz que a violência, a tortura, o aprisionamento e as execuções capitais, como também o assassinato durante a guerra civil ou estrangeira, que têm o objetivo de manter e defender a ordem social existente, seja qual for – monarquia absoluta ou constitucional, convenção, consulado, império, república ou comunas –, são absolutamente legítimos e não contradizem a moral ou o cristianismo.

E os homens convencem-se tão bem de tudo isso que crescem, vivem e morrem nessa convicção, sem nunca duvidar um só instante.

Esta é a mentira universal, mas existe também a mentira especial, própria para os soldados e policiais que cometem as crueldades e os homicídios necessários à manutenção da ordem atual.

Em todos os códigos militares se diz, mais ou menos nos mesmos termos, o que se lê no código militar russo:

> § 87. Cumprir rigorosamente e sem observações as ordens superiores, quer dizer, cumpri-las sem discutir se são boas ou más ou se sua execução é possível. Somente o chefe é responsável pelas consequências de sua ordem.
>
> § 88. O subordinado não deve desobedecer às ordens do chefe, exceto no caso em que veja claramente que, obedecendo, viola... [espera que se diga, no caso em que viole a lei de Deus? Absolutamente.] *viola o juramento de fidelidade ao czar*.

Nesse código está dito que o homem, quando é soldado, pode e deve executar, sem exceção, *todas* as ordens do chefe; ora, constituindo-se essas ordens, sobretudo, em homicídios, ele deve, consequentemente, violar todas as leis divinas e humanas, mas não deve violar seu juramento de fidelidade àquele que, em um dado momento, se encontra por acaso no poder.

E não pode ser diferente, pois todo o poder do Estado repousa sobre essa mentira. Eis aqui a razão da estranha crença das classes inferiores de que a ordem atual, para elas tão mortífera, é exatamente a que deve existir, e que se deve mantê-la com a tortura e com o homicídio.

Essa crença está fundada em um artifício usado conscientemente pelas classes mais altas sobre as mais baixas. E não poderia ser diferente. Para subjugar as classes mais baixas, que são mais numerosas, para oprimi-las e guiá-las, inclusive a ações contrárias às suas consciências, foi necessário usar de artifícios. E isso foi feito de comum acordo.

Nos últimos dias, fui novamente testemunha dessa mentira desavergonhada e cínica e, de novo, admirei-me de que ela possa ser perpetrada tão despudoradamente.

No princípio do mês de novembro, passando por uma cidade do interior, vi outra vez, às portas desta, a multidão que tão bem conheço e a cujo burburinho se mesclavam as vozes embriagadas dos homens e os lamentos das mães e das mulheres. Era o conselho de revisão. Jamais consigo passar diante desse espetáculo sem parar; ele parece atrair-me a contragosto, como por fascínio. Misturei-me então à multidão, olhando, interrogando, e fui surpreendido pela liberdade com que se comete esse grande delito em plena luz do dia e no coração de uma cidade.

Como em todos os anos, a 1º de novembro, em todos os burgos e em todos os vilarejos desta Rússia de cem milhões de habitantes, os estarostes* reuniram os homens inscritos em determinadas listas, às vezes até os próprios filhos, e conduziram-nos à cidade. Pela estrada, bebia-se, sem que os recrutas fossem impedidos pelos anciãos, porque dispor-se a executar algo tão insensato, abandonando mulher, filhos, mães e tudo

---

*Chefe da administração, na Rússia czarista, das comunidades rurais. (*N. do E.*)

o que se tem de mais caro, simplesmente para se transformar numa arma passiva de destruição, seria demasiado cruel se não se atordoassem com vinho.

Ei-los, portanto, escorregando nos trenós, fazendo festa, blasfemando, cantando, empurrando-se e passando a noite nas tabernas. Pela manhã, armaram-se de coragem, esvaziando novos copos, e reuniram-se diante dos muros do município. Lá estão, cobertos de casacos de pele de carneiro, novos em folha, com cachecóis de lã no pescoço, olhos inchados pela bebida, uns gritando selvagemente para excitar-se, outros calmos e tristes; aglomeram-se junto à porta, esperando seu turno, cercados pelas mães e mulheres com os olhos cheios de lágrimas. Outros comprimem-se no vestíbulo do escritório de recrutamento.

Lá dentro, nesse ínterim, o trabalho avança rapidamente. A porta abre-se e o guarda chama Petro Sidorov. Este estremece, faz o sinal da cruz e entra num pequeno quarto com uma porta de vidro, onde se desnudam os recrutados. Um companheiro de Petro Sidorov, que àquela altura havia sido declarado apto para o serviço e saiu completamente nu da sala do conselho de revisão, com os maxilares tremendo, veste-se apressadamente. Sidorov já percebeu e, aliás, vê, pelo rosto de seu companheiro, que ele foi declarado apto para o serviço.

Quer interrogá-lo, mas chamam-no e ordenam-lhe que se dispa o mais depressa possível. Ele tira o casaco de pele de carneiro, as botas, descalçando um pé com o outro, depois o colete; tira a camisa, virando-a pelo avesso, e com os quadris sobressaindo, inteiramente nu, o corpo todo tremendo e exalando odor de vinho, de tabaco e de suor, entra na sala do conselho, não sabendo onde colocar os braços musculosos.

Na sala, em evidência, está suspenso na parede, numa moldura dourada, o retrato do imperador, em uniforme de gala, com um grande cordão ao pescoço, e, num canto, um pequeno retrato de Cristo, sem camisa e coroado de espinhos. No meio da sala está colocada uma mesa coberta por um pano verde, sobre a qual estão papéis e um bibelô triangular, encimado por uma águia, chamado o espelho da justiça.

Ao redor da mesa estão sentados os membros do conselho, com ar desenvolto e tranquilo. Um fuma um charuto, um outro consulta documentos.

Tão logo Sidorov entra, o guarda aproxima-se e o coloca de braços abertos, erguendo-lhe bruscamente o queixo e em seguida arrumando-lhe os pés. O homem do charuto aproxima-se – é o médico – e, sem olhar para seu rosto, apalpa com repugnância o corpo do recrutado, mede-o, ausculta-o, ordena que o guarda abra a sua boca, manda que ele respire, fale. Alguém escreve algo. Enfim, sem tê-lo encarado uma só vez, diz: "Apto! Que venha outro." E, com ar cansado, vira o corpo e senta-se.

Novamente, o guarda empurra o rapaz, apressa-o. Este recoloca rapidamente, como pode, a camisa, mal encontrando a abertura das mangas, abotoa precipitadamente as calças, recoloca as botas, procura o cachecol, o gorro, põe o casaco sob o braço e reconduzem-no à sala do conselho, separando-o dos outros por um banco. Ali esperam os recrutados reconhecidos aptos ao serviço. Um jovem, camponês como ele, mas de uma província longínqua, já soldado, armado de um fuzil com uma baioneta na ponta, vigia-o, pronto a trespassá-lo caso lhe viesse a ideia de fugir.

Entrementes, a multidão de pais, mães e mulheres, empurrada pela guarda municipal, comprime-se à porta, ansiosa para saber quem é declarado apto e quem está salvo.

Sai um reformado que declara que Petro está retido e, no mesmo instante, ouve-se um grito da jovem esposa dele, para quem a palavra "retido" significa separação por quatro ou cinco anos e uma vida de mulher de soldado, como serva, na devassidão.

Mas eis que naquele momento chega a coche um homem de cabelos longos e vestido com um traje que o distingue dos outros; aproxima-se da porta da sede do município. A guarda municipal abre-lhe uma passagem em meio à multidão. É o "padre" que veio para fazer prestar o juramento. E então esse "padre", a quem se fez crer que é o servidor particular, exclusivo, de Cristo, e que na maior parte do tempo não vê, ele mesmo, a mentira que o cerca, entra na sala do conselho onde o esperam os recrutados. Ele veste por sobre o hábito, à guisa de veste, um cortinado de brocado, solta os longos cabelos, abre aquele mesmo Evangelho onde está proibido o juramento, segura a cruz, a mesma cruz em que foi pregado Cristo por não ter querido fazer o que ordena seu suposto servidor, coloca-os na estante, e todos aqueles jovens infelizes, sem defesa e enganados, repetem depois dele a mentira que pronuncia em tom firme e habitual. Lê e os outros repetem: "Prometo e juro por Deus onipotente e diante de seu Santo Evangelho etc..." defender (isto é, com homicídio) todos aqueles que me serão indicados e fazer tudo o que me ordenarão meus superiores (homens que não conheço e que precisam de mim para oprimir os meus irmãos e cometer os delitos que os conservem em suas posições).

Todos os recrutados repetem estupidamente essas palavras selvagens. Depois esse pretenso "padre" se vai, persuadido de ter conscienciosa e corretamente cumprido seu dever, enquanto aqueles jovens enganados estão convencidos de que as palavras néscias, ininteligíveis que pronunciaram, os dispensam, por todo o tempo de seu serviço, de qualquer obrigação humana, e lhes criam outras, novas e mais rigorosas: as obrigações do soldado.

E esse ato é cometido publicamente e ninguém grita aos enganadores e aos enganados: "Reflitam! É uma mentira, a mais vil e mais pérfida mentira que perde não só vossos corpos, mas também vossas almas."

Ninguém o faz. Aliás, concluída a operação, como para zombar dos recrutados, o coronel entra com ar solene na sala onde estão trancafiados e grita-lhes militarmente: "Bom dia, jovens! Felicito-os por vê-los entrarem *ao serviço do czar*." E os desventurados (alguém já lhes ensinou) balbuciam com a língua inábil e ainda pesada pelos excessos da véspera algumas palavras que parecem querer manifestar contentamento.

Lá fora, a multidão de parentes continua esperando, à porta. As mulheres, com os olhos vermelhos de lágrimas, têm o olhar fixo na porta. Esta finalmente se abre e os recrutados reconhecidos aptos ao serviço saem cambaleantes, mas aparentando coragem. Evitam olhar para seus parentes. De repente, irrompem os gritos e gemidos das mães e mulheres. Alguns atiram-se em seus braços e choram, outros conseguem conter-se, outros consolam-nas. As mães, as mulheres, sabendo que agora ficarão abandonadas, sem sustento, por três, quatro ou cinco anos, gritam e lamentam-se em voz alta. Os pais falam pouco. Estalam a língua com tristeza e suspiram. Cada um deles sabe que não verá mais o companheiro, o ajudante criado e formado com tanto sacrifício; cada um deles sabe que, na maioria das vezes, esses jovens não retornarão mais como são agora, agricultores, dóceis e trabalhadores, e sim dissolutos e velhacos desabituados da vida simples.

Enfim, a multidão sobe novamente nos trenós e segue pela estrada em direção às tascas e tabernas e mais e mais alto ainda ecoam confusamente os cantos, o pranto, os gritos bêbados, os lamentos das mães e das mulheres, os sons dos órgãos e as blasfêmias. Vão gastar seu dinheiro nas tabernas e nos empórios, cujo comércio constitui uma das rendas do governo. E já começa a festa que sufoca, neles, o sentimento de injustiça do qual são vítimas.

Permanecem duas ou três semanas em casa, onde se embriagam quase diariamente.

Então, no dia marcado, são reunidos como um rebanho e começam a ensinar-lhes os exercícios militares.

Os instrutores são homens iguais a eles, mas que foram enganados e embrutecidos um, dois ou três anos antes. Os métodos para instruí-los são a mentira, o embrutecimento, as surras e a aguardente. Em menos de um ano, aqueles jovens, sãos de corpo e alma, inteligentes, bons, tornam-se seres selvagens como seus instrutores.

– Muito bem! E se teu pai, preso, quisesse fugir, o que farias? – perguntei a um jovem soldado.

– Iria trespassá-lo com minha baioneta – respondeu-me ele com a voz estúpida, própria dos soldados – e, se ele "escapar", eu *deverei* abrir fogo contra ele – acrescentou, visivelmente orgulhoso por saber o que deveria fazer caso seu pai escapasse.

Então, quando o bom rapaz descer mais baixo que as feras, se tornará aquilo que deve ser para os que o usaram como instrumento de violência. Ele está pronto: o homem está perdido e o novo instrumento de violência foi fabricado. E tudo isso é cometido a cada outono, por toda parte, em toda a Rússia, à luz do dia, no meio da cidade, diante e com o conhecimento de todos, e o engano é tão hábil que, mesmo conhecendo no fundo da alma toda a sua infâmia, todos o temem e não se podem libertar dele.

Quando os olhos se abrem para essa terrível mentira, ficamos estupefatos ao ver os pregadores da religião cristã, da moral, os mestres da juventude ou simplesmente os bons pais inteligentes, que sempre se encontram em qualquer sociedade, pregar qualquer doutrina moral nessa sociedade em que se reconhece abertamente que a tortura e o homicídio constituem a condição indispensável da existência dos homens, e que dentre nós devem-se sempre encontrar seres especiais, prontos para matar seus irmãos, e aos quais cada um de nós pode se tornar semelhante.

Como, então, ensinar às crianças, aos adolescentes, a todos em geral, sem sequer falar da instrução cristã, de alguma doutrina moral, doutrina social que prega ser o assassinato necessário para manter-se o bem-estar geral e que, por isso mesmo, legitimamente, existem homens (entre os quais poderemos estar também nós) que são obrigados a violentar e matar os seus semelhantes, por vontade daqueles que detêm o poder? Se tal doutrina é possível, não há e não pode haver qualquer doutrina moral, não há senão o direito do mais forte. Na realidade, essa doutrina, justificada por alguns como teoria da luta pela existência, é dominante em nossa sociedade.

De fato, como pode uma doutrina moral admitir a necessidade do homicídio por um objetivo qualquer? Isto é tão absurdo quanto uma teoria matemática que admitisse que dois é igual a três. Reconhecer como sagrada a vida de cada homem é a primeira e a única base de qualquer moral.

A doutrina do olho por olho, dente por dente e vida por vida é exatamente anulada pelo cristianismo porque nada mais é do que a justificação da imoralidade e uma aparência de equidade sem sentido algum. A vida é um valor que não tem peso nem medida e não pode ser comparado a qualquer outro e, portanto, a destruição da vida pela vida não faz sentido algum. Ademais, toda lei social tem como objetivo a melhoria da existência. Como, então, a destruição da vida de alguns homens poderia melhorar a dos outros em geral? A destruição de uma vida não é um ato de melhoria, mas um suicídio.

Esse ato é semelhante ao que cometeria um homem que, desejando remediar a desgraça que lhe adveio de perder um braço, para ser justo cortasse também o outro.

Sem falar da mentira que permite considerar o crime mais terrível como uma obrigação; sem falar do estarrecedor abuso que se faz do nome e da autoridade de Cristo para legitimar uma ação por ele condenada; sem falar da tentação com que se mata não só o corpo, mas também a alma "dos pequeninos"; como podem os homens tolerar, ainda que para sua própria segurança, essa força estúpida, cruel e mortífera que representa todo governo organizado que se apoia no exército? A quadrilha dos mais ferozes bandidos oferece uma ordem menos terrível. O poder de todo chefe de bandidos é, por si mesmo, limitado pelo fato que aqueles que formam a quadrilha gozam ao menos de um pouco de liberdade e podem se opor ao cumprimento dos atos contrários à sua consciência. No entanto, graças ao apoio do exército, nenhum obstáculo incomoda os homens que fazem parte de um governo organizado – seja pela vontade de alguém como Boulanger, Napoleão ou Pugachev. Não existe delito que os homens pertencentes ao governo e ao exército não estejam prontos a cometer à mera ordem daquele que o acaso colocou no comando. Muitas vezes, quando se assiste à convocação de recrutas, aos exercícios militares, às manobras, ou quando se vê guardas com revólveres carregados, sentinelas com fuzis armados de baionetas, quando se ouve por dias inteiros (como ouço em Khamovniki, onde moro) o sibilo das balas e o barulho delas no alvo, e quando, no centro da cidade, onde qualquer tentativa de violência pessoal, de venda de munição, de comércio ilícito de medicamentos, de exercício da medicina sem diploma etc. é proibida, se veem milhares de homens disciplinados, submetidos a um único homem, exercitarem-se no homicídio, devemos nos perguntar: como podem os homens que prezam sua segurança admitir e suportar tudo isso com tranquilidade? Porque, sem falar da imoralidade, nada é mais perigoso. Que fazem então todos aqueles – não digo cristãos, pastores cristãos, filantropos, moralistas –, mas simplesmente aqueles que prezam sua vida, sua segurança, seu bem-estar? Essa organização social funcionará do mesmo modo nas mãos de um chefe de Estado moderado; mas amanhã ela pode passar para as mãos de alguém como Biron, Elisabeth, Catarina, Pugachev, Napoleão I ou Napoleão III. E até o chefe moderado que hoje detém nas mãos o poder pode, amanhã, transformar-se numa fera, ou pode ter como herdeiro um louco ou um extravagante, como o rei da Baviera ou Paulo I.

E não apenas o chefe de Estado, mas todos os pequenos déspotas que estão espalhados por toda parte, os governadores, os chefes de polícia, até os comissários, os chefes das companhias podem cometer os mais graves delitos antes que se tenha tempo de substituí-los. E isso realmente acontece!

Perguntamo-nos, então, a contragosto, como podem os homens tolerar tudo isso, mesmo prezando sua própria segurança?

Pode-se responder que essa situação não é tolerada por todos os homens (a maioria, enganada e submissa, nada tem a tolerar ou a proibir). É tolerada unicamente por aqueles que, em tal organização, ocupam uma posição vantajosa. E a toleram porque as desvantagens que lhes adviriam da presença de um louco à frente do governo e do exército são sempre menores do que as que para eles resultariam do desaparecimento da própria organização.

Um juiz, um comissário de polícia, um governador, um oficial, ocuparão indiferentemente sua posição numa monarquia ou numa república; mas a perderiam certamente se desaparecesse a ordem que a assegura. Por isso, todos esses indivíduos não receiam ver quem quer que seja à frente da organização da violência: serão bem acolhidos por todos. Por isso, sustentam sempre o governo e, muitas vezes, inconscientemente.

Deve causar assombro ver homens livres, que não serão de modo algum obrigados – porquanto são a fina flor da sociedade –, tornarem-se militares na Rússia, na Inglaterra, na Alemanha, na Áustria e até mesmo na França, e desejarem ocasiões de massacre. Por que os pais, pessoas honestas, colocam seus filhos nas escolas militares? Por que as mães lhes compram, como brinquedos, capacetes, fuzis, espadas? (É preciso notar que os filhos dos camponeses nunca brincam de soldados.) Por que homens bons e até mulheres que nada têm a ver com o militarismo, com os feitos de Skobelev* e outros, não param de falar quando começam a louvá-los? Por que homens que não são,

---

*General russo que em 1877 comandou a conquista, para seu país, do Turquestão. (*N. do E.*)

de modo algum, obrigados, que não recebem por necessidade ordenado algum, como por exemplo os marechais da nobreza na Rússia, dedicam meses inteiros a um trabalho fisicamente penoso e moralmente doloroso, qual seja o recrutamento? Por que todos os imperadores e reis usam o traje militar? Por que são feitas manobras, revistas, distribuídas recompensas aos militares e erguidos monumentos aos generais e aos conquistadores? Por que homens livres, ricos, consideram uma honra as funções de lacaio junto aos soberanos, humilhando-se diante deles, adulando-os e fingindo acreditar em sua superioridade particular? Por que homens que há muito não creem em superstições religiosas da Idade Média fingem crer seriamente na cruel instituição da Igreja, e a sustentam? Por que não só os governos, mas também as classes superiores, procuram tão zelosamente manter os homens na ignorância? Por que os historiadores, os romancistas, os poetas, que nada podem obter em troca de suas lisonjas, pintam como heróis certos imperadores, reis, chefes militares há muito mortos? Por que homens que se dizem inteligentes dedicam vidas inteiras à criação de teorias segundo as quais a violência cometida contra o povo pelo poder é uma violência legítima, um direito?

Causa assombro ver uma senhora de alta classe, ou um artista, que não parecem se interessar pelas questões sociais ou militares, condenarem as greves dos operários, pregarem a guerra e sempre, sem hesitação, atacarem um campo e defenderem o outro.

Mas não causa assombro até o momento em que se compreenda que isso acontece apenas porque todos os membros das classes dirigentes sentem instintivamente o que mantém e o que destrói a organização graças à qual podem desfrutar de privilégios.

A senhora de alta classe nem sequer pensou que, se não existissem capitalistas ou exércitos para defendê-los, seu marido não teria dinheiro e ela não teria um salão e ricos vestidos; nem o pintor pensou nos capitalistas defendidos pelo exército, que lhe são necessários para a venda de seus quadros; mas o instinto, que nesse caso substitui o raciocínio, é o guia mais seguro. E é o mesmo instinto que guia, salvo raras exceções, todos os homens que sustentam as instituições políticas, religiosas, econômicas, por lhes serem estas úteis.

Mas podem, talvez, os homens das classes superiores realmente sustentar essa organização somente por nela estarem interessados? Eles não podem deixar de ver que essa organização é irracional, que não mais corresponde ao grau de desenvolvimento moral dos homens, da opinião pública, e que está repleta de perigos. Os homens das classes dirigentes, honestos, bons, inteligentes, não podem deixar de sofrer com essas contradições e de ver os perigos que os ameaçam. Podem, talvez, os milhões de homens das classes inferiores cometer, com a consciência tranquila, todos os atos evidentemente maus que cometem apenas por temor ao castigo? Na verdade, isto não poderia acontecer, nem uns nem outros poderiam deixar de ver a demência de seus atos, se os articuladores da organização social não a escondessem de seus olhos.

Tanto instigadores e cúmplices quanto indiferentes colaboram para cada um desses atos pelos quais ninguém se considera moralmente responsável.

Os assassinos obrigam todas as testemunhas do homicídio a ferir a vítima já morta, com o intuito de dividir a responsabilidade entre o maior número possível de pessoas. O mesmo acontece na ordem social quando se cometem todos os delitos sem os quais a mesma não poderia existir. Os governantes procuram sempre englobar o maior número de cidadãos na realização de todos os atos criminosos que têm interesse em cometer.

Nestes últimos tempos, este fato manifestou-se de um modo bastante evidente, com a convocação dos cidadãos aos tribunais na qualidade de jurados, ao exército na qualidade de soldados e à administração comunal ou legisladora na qualidade de eleitores ou eleitos.

Graças à organização governamental, como num cesto de vime onde as pontas estão tão bem escondidas que se torna difícil encontrá-las, as responsabilidades são tão bem dissimuladas que os homens, sem se aperceberem, cometem os mais terríveis atos.

Nos tempos antigos, acusavam-se os tiranos dos delitos cometidos, enquanto hoje cometem-se atrocidades, impossíveis na época de Nero, sem que se possa acusar alguém.

Uns pediram, outros propuseram, outros, ainda, relataram e assim, sucessivamente, os demais decidiram, confirmaram, ordenaram e, finalmente, executaram. Enforcam-se, açoitam-se até a morte mulheres, velhos, inocentes, como recentemente entre nós, na Rússia, na fábrica de Iusov – ou, como se faz por toda parte na Europa e nos Estados Unidos, na luta contra os anarquistas e outros revolucionários: fuzilam-se, matam-se centenas, milhares de homens; ou como se faz na guerra: massacram-se milhões de homens; ou, como se faz sempre: arruínam-se homens na cela solitária, com a desonestidade das casernas, e ninguém é responsável.

No mais baixo grau da escala social, os soldados, armados de fuzis, pistolas, espadas, violentam, matam e, com essas violências e assassinatos, obrigam os homens a entrar no serviço militar, e estão absolutamente certos de que a responsabilidade por esses atos cabe unicamente aos chefes que os comandam.

No grau mais alto, o rei, o presidente, os ministros, os Parlamentos, ordenam as violências, as mortes e o recrutamento, e estão absolutamente certos de que, tendo sido postos no poder pela graça de Deus, ou pela sociedade que governam e que lhes pede exatamente aquilo que ordenam, não podem ser responsáveis.

Entre uns e outros encontra-se uma classe intermediária que inspeciona a execução das violências e está absolutamente convencida de que sua responsabilidade é anulada, em parte, pela ordem dos superiores, em parte, pelo fato de que as ordens são solicitadas por todos aqueles que se situam no grau inferior da escala.

A autoridade que comanda e a autoridade que executa, situadas nas duas extremidades da ordem governamental, unem-se como as duas pontas de um elo: dependem uma da outra e mantêm-se reciprocamente.

Sem a convicção de que uma ou mais pessoas assumem a responsabilidade pelos atos cometidos, soldado algum ousaria erguer o braço para cometer uma violência. Sem a convicção de que isso é pedido por todo o povo, nenhum imperador, rei, presidente, nenhuma assembleia ousaria ordenar semelhantes violências. Sem a convicção de que existem superiores que assumem a responsabilidade por tais atos e inferiores que os pedem para seu bem, nenhum homem da classe intermediária ousaria cooperar com a execução dos atos de que é encarregado.

A organização governamental é tal que, em qualquer grau da escala social que se encontre, a responsabilidade de cada homem é sempre a mesma. Quanto mais alto está situado na escala, mais sofre a influência das exigências de baixo e menos é submetido à influência das ordens de cima.

Mas, além dos homens interligados pela ordem governamental, atribuem-se mutuamente a responsabilidade dos atos cometidos – o camponês, alistado como soldado, às ordens de nobres e às ordens de negociantes saídos das escolas como oficiais; o oficial, às ordens do nobre que ocupa o cargo de governador; o governador, às ordens do ministro; o ministro, às ordens do soberano; o soberano, por sua vez, às de todos: funcionários, nobres, negociantes, camponeses. Perdem todos a consciência de sua responsabilidade, até porque, formando-se numa organização governamental, convencem-se mutuamente e convencem aos outros, por tanto tempo e de forma tão constante, de que não são iguais entre si, e acabam eles mesmos acreditando sinceramente nisso. Assim, garante-se a uns que são homens especiais, que devem ser especialmente honrados; a outros sugere-se por todos os meios possíveis que estão abaixo de todos os outros homens e que, portanto, devem se submeter, sem reclamar, às ordens dos superiores.

Sobre essa desigualdade, sobre a elevação de uns e a humilhação de outros, baseia-se, sobretudo, a faculdade dos homens de não se aperceberem da loucura da vida atual, de sua crueldade e das mentiras que cometem uns e de que são vítimas, outros.

Uns – aqueles a quem foi sugerido estarem empossados de uma grandeza e importância especiais – estão a tal ponto inebriados com essa grandeza imaginária que não veem sua responsabilidade nos atos que cometem; outros – aqueles a quem, ao contrário, faz-se acreditar que são seres inferiores que a tudo devem se submeter e, por consequência, sofrem uma humilhação constante – caem num estranho estado de servilismo embrutecido e, sob a influência desse embrutecimento, sequer veem a importância de seus atos e perdem a consciência da responsabilidade. A classe intermediária, em parte submissa aos superiores, em parte considerando-se ela própria superior, está simultaneamente inebriada pelo poder e pelo servilismo e, em consequência, perde a consciência de sua responsabilidade.

Basta lançar um olhar, durante uma revista, ao comandante superior, todo orgulhoso de sua importância, acompanhado de seu séquito em cavalos magníficos e paramentados, todos os oficiais em esplêndidos uniformes, ornados de condecorações, quando, ao som das trombetas harmoniosas e solenes, esse comandante passa diante das tropas que, petrificadas de servilismo, apresentam-lhe as armas, basta ver tudo isso para compreender que, naquele momento, encontrando-se naquele estado de embriaguez máximo, o comandante, os oficiais e os soldados podem cometer atos tais que jamais teriam ousado em outras circunstâncias.

A embriaguez que experimentam os homens sob influência dessas excitantes revistas, paradas militares, solenidades religiosas, coroações é um estado agudo e provisório, mas existem outros estados de embriaguez crônica: o dos homens que detêm uma partícula qualquer do poder, do soberano ao mais humilde policial, e o dos homens que se submetem ao poder e que estão tão embrutecidos pelo servilismo que, para justificar esse estado, atribuem sempre, como todos os escravos, a maior importância e a mais alta dignidade àqueles a quem obedecem.

Repousa principalmente sobre esta mentira, da desigualdade entre os homens, e sobre a embriaguez do poder e do servilismo que dela resulta, a capacidade dos homens, constituídos em organização social, de cometerem sem remorso atos contrários à sua consciência.

Sob a influência dessa embriaguez, os homens acreditam-se seres especiais – nobres, comerciantes, governadores, juízes, oficiais, soberanos, ministros, soldados – que não mais têm deveres humanos ordinários mas, antes de tudo, os deveres da classe à qual pertencem.

Assim, aquele latifundiário, que abriu o processo relativo à floresta, agiu porque não se acreditava mais um homem comum como os camponeses, seus vizinhos, com os mesmos direitos de viver, mas um grande proprietário, um membro da nobreza e, então, sob a influência da embriaguez do poder, sentia-se ofendido com a resistência dos camponeses. Foi unicamente por este motivo que, não obstante as possíveis consequências, apresentou o pedido de reintegração de seus supostos direitos. Assim, também os juízes, que atribuíram injustamente a propriedade da floresta ao latifundiário, fizeram-no apenas porque não se consideram homens como os outros, que se devem deixar guiar unicamente pela verdade, mas, sob a influência da embriaguez do poder, acreditam-se representantes de uma justiça que não se pode enganar e, simultaneamente, sob a influência do servilismo, sentem-se obrigados a aplicar determinados textos de um certo livro chamado Código. Assim, também, todas as outras pessoas que participaram desse caso, dos representantes das autoridades superiores ao último soldado pronto a disparar contra seus irmãos, também eles se consideram personagens convencionais. Nenhum deles se pergunta se deve ou não participar de um ato que sua consciência reprova, mas cada um se acredita investido de uma missão especial; um, czar, ungido pelo Senhor, ser excepcional chamado a velar pela felicidade de cem milhões de homens; outro, representante da nobreza; outro, padre, que recebeu a graça pela ordenação; outro, soldado, obrigado pelo juramento a fazer sem raciocinar tudo que lhe é ordenado.

As posições convencionais, estabelecidas há centenas de anos, reconhecidas há séculos, indicadas por nomes e trajes especiais e sancionadas por diferentes solenidades, impõem-se a tal ponto aos homens que estes, esquecendo as condições normais da vida, não julgam suas ações e as dos outros senão do ponto de vista convencional.

Deste modo, um homem absolutamente são de espírito e já velho, pelo único fato de que lhe penduram alguns berloques, ou lhe fazem vestir um traje ridículo, no qual se colocam chaves, ou sobre o peito um cordão azul, como conviria somente a uma mocinha vaidosa, e lhe dizem que é general, dignitário da corte, cavaleiro de Santo André, ou outra bobagem semelhante, torna-se subitamente orgulhoso, arrogante e todo contente; e, ao contrário, se perde ou não obtém o berloque ou a designação esperados, torna-se melancólico e infeliz, até a ponto de adoecer. Ou, ainda mais surpreendente, um jovem de mente sã, livre e inteiramente a salvo das necessidades, pelo simples fato de que o nomearam juiz instrutor, prende uma pobre viúva, separa-a dos seus filhinhos, que ficam abandonados – e por quê? Porque aquela infeliz vendia vinho escondido e frustrava assim o Tesouro de uma renda de 25 rublos; e ele não sente remorso algum. Ou, então, o que é ainda espantoso, um homem honesto e dócil em todas as outras situações, pelo único fato de estar vestido com um uniforme, ou porque traz ao peito uma medalha, ou porque disseram-lhe que é guarda campestre ou guarda alfandegário, põe-se a disparar contra as pessoas; e aqueles que o rodeiam não só não o responsabilizam, mas até o considerariam culpado se não atirasse. E tudo isso sem falar dos juízes e dos jurados que condenam à morte, e dos militares que matam milhares de homens sem o menor remorso, apenas porque lhes foi sugerido não serem mais simplesmente homens, mas jurados, juízes, generais, soldados. Esse estado anormal e estranho exprime-se com as seguintes palavras: "Como homem, ele causa-me piedade; como guarda campestre, juiz, general, governador, soberano, soldado, devo matá-lo ou martirizá-lo."

Assim, por exemplo, no caso atual, certos homens, que vão violentar e matar os famintos, reconhecem que, no conflito entre os camponeses e o latifundiário, são os primeiros que têm razão (todos os chefes assim me confirmaram). Eles sabem que os camponeses são infelizes, pobres, famintos e que o proprietário é rico e não inspira a menor simpatia. E todos aqueles homens vão, ainda assim, matar os camponeses para assegurar ao latifundiário a posse de três mil rublos, só porque aqueles homens se acreditavam, naquele momento, já não homens, mas governadores, funcionários, generais de polícia, oficiais, soldados, e porque consideram seu dever obedecer, não às exigências eternas da consciência, mas a solicitações temporárias, ocasionais, de sua posição.

Por mais estranho que possa parecer, a única explicação para esses fenômenos surpreendentes é que esses homens se encontram no mesmo estado daqueles que são hipnotizados e que acreditam estar na posição sugerida pelo hipnotizador. Como, por exemplo, se fosse sugerido ao hipnotizado que é coxo e ele começasse a mancar, que é cego e ele não mais enxergasse, que é uma fera e ele começasse a morder, na mesma posição estão todos aqueles que cumprem seus deveres sociais e governamentais antes e em detrimento dos deveres humanos.

A diferença entre os hipnotizados por métodos usuais e aqueles que se encontram sob a influência da sujeição governamental está em que, de repente, aos primeiros é sugerida uma posição imaginária, por uma só pessoa e por pouquíssimo tempo, e que, por conseguinte, essa posição se nos apresenta de uma forma que nos surpreende por sua rapidez brusca; enquanto a sujeição governamental se desenvolve pouco a pouco, insensivelmente, desde a infância, e algumas vezes não apenas durante anos, mas durante várias gerações, e não por meio de uma só pessoa, mas por meio de todos aqueles que nos rodeiam.

Mas, se poderá objetar, sempre, em todas as sociedades, que a maioria dos homens, todos os jovens, todas as mulheres, absortas nos deveres e nos cuidados da maternidade, toda a grande massa de trabalhadores, absortos em seu trabalho, todos os seres de mente fraca, anormais, todos os enfraquecidos intoxicados pela nicotina, pelo álcool, pelo ópio e por outras causas encontram-se, todos, na condição de não poderem pensar com independência e submetem-se àqueles que ocupam um grau intelectual mais alto, ou, continuando sob a influência das tradições domésticas e sociais, sujeitam-se ao que se chama de opinião pública, e nada existe de anormal e de contraditório nessa submissão.

E, de fato, nada há de anormal nisso: a tendência dos homens, que pouco raciocinam, para se submeterem às indicações daqueles com um grau mais alto de consciência, é um fenômeno constante e necessário à vida em sociedade. Uns – a minoria – sujeitam-se constantemente aos princípios racionais, sempre os mesmos, em consequência de sua concordância com a razão; outros – a maioria – submetem-se aos mesmos princípios, inconscientemente, apenas porque a opinião pública o exige.

Tal submissão à opinião pública, por parte de homens que raciocinam pouco, não oferece nenhum caráter anormal, enquanto a opinião pública não se divide em duas. Mas chega um momento em que a consciência de uma verdade mais alta, após ter sido revelada a algumas pessoas, impõe-se gradativamente a um número tão grande de homens que a antiga opinião pública começa a vacilar para dar lugar à nova, já pronta para se estabelecer. Chega um momento em que os homens começam a ponderar seus atos, segundo os novos princípios, enquanto, na vida geral, por inércia, por tradição, continuam a aplicar os princípios que nos tempos antigos formavam o grau superior da consciência pensante, mas que, hoje, já se encontram em evidente contradição com ela.

Daí resulta uma situação anormal para todos, pertençam às classes superiores, privilegiadas, ou às classes inferiores, submetidas a todas as ordens.

Os homens das classes dirigentes, não tendo mais a explicação sensata para seus privilégios, são obrigados, para conservá-los, a sufocar dentro deles os sentimentos superiores de amor e a reconhecer a necessidade de suas condições excepcionais, pois aqueles das classes trabalhadoras, oprimidas pelo trabalho e propositadamente embrutecidas, permanecem sob a constante influência das classes superiores.

Só assim se explica o surpreendente fenômeno do qual fui testemunha naquele dia 9 de setembro: homens honestos e pacatos, viajando em perfeita paz de espírito, para ir cometer o delito mais atroz, mais estúpido, mais vil.

Isto não significa que neles haja a total ausência de consciência que os proíba de fazer o mal que se preparam para cometer; não, a consciência existe, mas está somente adormecida nos chefes, por aquilo que os psicólogos chamam de autossugestão, e nos executores e nos soldados, pelo hipnotismo das classes superiores.

Por mais adormecida que esteja, a consciência manifesta-se também por meio da autossugestão, e a sugestão começa a falar e, dentro em pouco, despertará a consciência.

Todos aqueles homens encontram-se na situação de um hipnotizado ao qual fosse ordenado um ato contrário a suas noções do bem e da justiça, como, por exemplo, matar sua mãe ou seu filho; sentindo-se vinculado à sugestão, parece-lhe que não pode parar, mas, por outro lado, quanto mais se aproxima do momento e do lugar da execução, mais a voz da consciência sufocada nele desperta e mais procura reagir, acordar. E não se pode dizer antecipadamente se cometerá ou não o ato sugerido; não se pode saber se vencerá a consciência racional ou a sugestão irracional: tudo depende da força relativa de uma e de outra.

Este é, exatamente, o caso dos homens do trem para Tula e dos homens em geral que agem de forma violenta nos nossos dias.

Houve um tempo em que os homens, partindo com um objetivo de violência e de morte, para dar um exemplo, não retornavam senão após ter cumprido essa missão, sem remorsos ou dúvidas, mas tranquilamente; e, depois de desferidos os golpes, retornavam a suas famílias, acariciavam as crianças, brincavam, riam, abandonavam-se a todas as alegrias puras do aconchego doméstico. Naquele tempo, os homens que se beneficiavam de tais violências, os proprietários de terra e os capitalistas, sequer suspeitavam que seus interesses tivessem uma ligação direta com essas crueldades. Hoje, os homens já sabem, ou estão perto de saber o que fazem e com que finalidade. Podem fechar os olhos e fazer calar a consciência, mas uma vez abertos os olhos e a consciência liberta, não mais podem – nem aqueles que dão as ordens – deixar de ver a importância dos atos cometidos. Acontece que os homens não compreendem a importância do que fizeram senão depois de tê-lo feito; pode também acontecer que o compreendam imediatamente antes de fazê-lo. Assim, os homens que ordenaram as violências de Nijni-Novgorod, de Saratov, de Orel, da fábrica de Iusov, não compreenderam o significado de seus atos senão após tê-los cometido, e atualmente se envergonham deles, diante da opinião pública e diante de sua consciência, tanto os homens que deram quanto os que executaram as ordens. Falei sobre isso com alguns soldados, que se apressavam a mudar de assunto ou só falavam a respeito com repugnância.

Mas há casos em que os homens recuperam a noção exata dos fatos, imediatamente antes de cometer o ato. Conheço o caso de um sargento que havia sido espancado por dois mujiques durante a repressão de desordens e que fizera seu relatório; mas na manhã seguinte, quando viu como eram maltratados outros camponeses, suplicou ao chefe de sua companhia que rasgasse o relatório e pusesse em liberdade os mujiques que o haviam espancado. Conheço um caso em que alguns soldados, designados para uma execução militar, recusaram-se a obedecer, e conheço muitos casos de oficiais que se recusaram a comandar execuções.

Os homens que viajavam no trem, em 9 de setembro, encaminhavam-se para matar e violentar seus irmãos, mas ninguém sabia se o fariam ou não. Por mais oculta que estivesse para cada um a sua cota de responsabilidade nesse fato, por mais fortes que fossem suas convicções de que não eram homens, mas funcionários ou soldados, e que, como tais, podiam violar todas as obrigações humanas, quanto mais se aproximavam do lugar da execução, mais devem ter hesitado.

O governador poderia deter-se no momento de dar a ordem decisiva. Sabia que a atitude do governador de Orel havia provocado a indignação dos homens mais honrados e, já ele próprio, sob a influência da opinião pública, havia mais de uma vez expressado sua desaprovação a propósito. Sabia que o procurador que deveria ter vindo também havia se recusado a ir porque considerava a ação vergonhosa; sabia, ainda, que, nas esferas governamentais, podem ocorrer mudanças, e que aqueles que podiam fazê-lo progredir ontem podem se tornar amanhã uma causa de desgraça; sabia que existe uma imprensa, senão na Rússia, pelo menos no exterior, que poderia falar desse caso e desonrá-lo para toda a vida. Já pressentia uma mudança na opinião pública condenando o que antes era glorificado. Ademais, ele não podia estar absolutamente certo da obediência, no último momento, de seus subordinados. Hesitava e não lhe era possível saber de que modo agiria.

Todos os funcionários ou oficiais que o acompanhavam experimentavam mais ou menos os mesmos sentimentos;

sabiam todos, em seus corações, que o ato que iam cometer era vergonhoso, degradante aos olhos de certos homens cuja opinião respeitavam; sabiam que se sente vergonha de se apresentar à própria noiva ou à mulher amada, depois de haver cometido um homicídio ou violentado homens sem defesa; enfim, como o governador, duvidavam da obediência absoluta dos soldados. Como tudo isso difere da desenvoltura com que passeavam todas as autoridades na esplanada e nas salas da estação! No fundo, eles não só sofriam, mas hesitavam. Entretanto, assumiam um tom desenvolto e seguro para acalmar sua hesitação interna. E esse sentimento aumentava à medida que se aproximava o local da ação.

E, por imperceptível que fosse, por estranho que pareça, todos aqueles jovens soldados, que pareciam tão submissos, encontravam-se nas mesmas condições de ânimo.

Não são mais os antigos soldados que haviam abandonado a vida natural do trabalho, para dedicar suas existências à orgia, à rapina, ao homicídio, como os legionários romanos ou os combatentes da Guerra dos Trinta Anos, ou mesmo os soldados mais recentes que deviam cumprir 25 anos de serviço. Os de hoje são, em sua maioria, homens há pouco arrancados a suas famílias, ainda cheios de recordações da vida boa, natural, racional, da qual foram tirados. Todos aqueles jovens, em sua maioria camponeses, sabem o que vão fazer; sabem que os proprietários de terra exploram sempre seus irmãos camponeses e que, também dessa vez, o mesmo fato é provável. Ademais, a maioria dentre eles já sabe ler e os livros que leem nem sempre tecem elogios ao militarismo; alguns, aliás, demonstram toda a sua imoralidade. Entre eles encontram-se com frequência camaradas livres-pensadores, alistados voluntários e jovens oficiais liberais, e a semente da dúvida quanto à legitimidade absoluta e ao mérito do que irão fazer já está aninhada em sua consciência.

É verdade que todos passaram pela educação hábil, terrível, elaborada durante séculos, que mata qualquer iniciativa, e que eles estão a tal ponto habituados à obediência mecânica que, ao comando: "Fogo em toda a linha!... Fogo! ...", seus fuzis se erguem sozinhos e os gestos habituais são gerados. Mas esse "fogo" não mais significará atirar contra os pais, contra os irmãos esgotados, explorados, que eles veem na multidão, junto com mulheres, e crianças, gritando não se sabe o quê, gesticulando. Ei-los, uns de *cáftan** todo remendado, *laptos*** nos pés, barbicha rala, retrato do pai deixado no vilarejo, em Kazan ou Riazan; outros, com os ombros curvados, apoiados num longo bastão, a barba toda branca, o retrato do avô; o jovem de botas e camisa vermelha é o retrato do que ele próprio era há um ano, do soldado que agora deve disparar contra eles. Eis até a mulher de *laptos* e *paneva*,*** o retrato da mãe...

E deve-se disparar contra eles!

E Deus sabe o que fará cada soldado naquele momento supremo. Uma só palavra, uma alusão bastaria para detê-lo.

No momento de agir, todos aqueles homens encontram-se na mesma situação do hipnotizado a quem se sugere partir ao meio uma trave e que, já tendo se aproximado do objeto que lhe foi indicado como trave e já tendo erguido o machado, percebe que não é uma trave, mas o seu irmão adormecido. Ele pode cometer o ato que lhe foi ordenado, mas pode acordar no momento de fazê-lo. Do mesmo modo, todos aqueles homens podem recuperar os sentidos ou ir até o fim. Se forem até o fim, o ato terrível será realizado, como em Orel, e, então, a sugestão que conduz à submissão estará mais forte do que nunca em todos os outros homens; se param, não só esse ato terrível não será executado, como também muitos daqueles que tiverem consciência se libertarão da sugestão sob cuja influência se encontram ou, ao menos, pensarão em libertar-se.

Se somente alguns se detêm e exprimem audaciosamente aos outros o que há de criminoso naquela ação, a influência

---

*Veste dos camponeses.
**Calçado de tília trançada.
***Saia de camponesa.

desses poucos homens pode levar os outros a despertarem da sugestão sob cuja influência agem, e o ato criminoso não será cometido.

Melhor ainda, imaginemos que alguns homens, mesmo dentre os que não colaboram para esse ato, mas que são simples testemunhas dos preparativos, ou que, tendo conhecimento de fatos similares, não permanecem indiferentes e exprimem franca e audaciosamente toda a aversão que sentem por aqueles que deles participaram; isso exercerá uma influência salutar.

Foi o que aconteceu em Tula. Bastou que algumas pessoas exprimissem sua repugnância em participar do ato, bastou que uma passageira e outras pessoas manifestassem, na estação, sua indignação, bastou que um dos comandantes aos quais haviam sido pedidas tropas para reprimir a desordem dissesse que os militares não são carrascos, para que, graças a estes pequenos fatos e a outras influências que parecem de pouca importância, o caso tomasse outro rumo e as tropas, reunidas em seu posto, não cometessem violências e se limitassem a cortar a madeira e a entregá-la ao proprietário.

Se a consciência do que é ruim não existisse em certos homens, e se, então, não houvesse, neste sentido, a influência de uns sobre os outros, o que aconteceu em Orel poderia ter ocorrido novamente. Se essa consciência tivesse sido ainda mais forte, é muito provável que o governador e as tropas não tivessem sequer tomado a decisão de cortar a madeira e entregá-la ao proprietário, ou que o governador não tivesse sequer se dirigido ao palco dos acontecimentos, que o ministro não houvesse tomado tal decisão e que o soberano não a tivesse confirmado.

Tudo, portanto, depende do grau de consciência da verdade cristã.

A ação de todos os homens de nosso tempo, que afirmam desejar o bem-estar humano, deveria, portanto, estar voltada para o desenvolvimento dessa consciência.

Mas, que estranho! Exatamente os homens que falam mais do que os outros sobre as melhorias das condições de vida, e que são considerados como os exploradores de opinião pública, afirmam que não é necessário fazer precisamente isso, e que não existem outros meios mais eficazes para melhorar a condição dos homens. Afirmam que a melhoria das condições da vida humana não é o resultado de esforços morais isolados, nem da propagação da verdade, mas de progressivas modificações das condições gerais e materiais da vida e que, portanto, os esforços de cada indivíduo isolado devem ser dirigidos nesse sentido, enquanto cada confissão individual da verdade contrária à ordem de coisas vigentes, longe de ser útil, é nociva, porque provoca por parte do poder uma oposição que impede que o indivíduo isolado continue sua ação útil à sociedade. Segundo esta tese, todas as modificações da vida humana produzem-se por meio das mesmas leis que regem a vida dos animais.

Desta teoria resultaria que todos os fundadores de religião, como Moisés e os profetas, Confúcio, Lao-Tsé, Buda, Cristo e outros, pregaram suas doutrinas e que seus seguidores as aceitaram não porque amassem a verdade, mas porque as condições políticas, sociais e, sobretudo, econômicas dos povos em meio dos quais essas doutrinas floresceram eram favoráveis a sua manifestação e a seu desenvolvimento.

A ação do homem que deseja servir à sociedade e melhorar as condições da vida não deve, portanto, segundo essa tese, estar voltada para a apuração e a observância da verdade, mas para a melhoria das condições externas, políticas, sociais e, sobretudo, econômicas. E a modificação dessas condições é feita, em parte, servindo-se o governo e introduzindo-se na administração princípios de liberalismo e progresso, em parte, favorecendo o desenvolvimento da indústria e propagando as ideias socialistas e, principalmente, colaborando para a propagação da ciência.

O que importa, segundo essa doutrina, não é professar a verdade revelada e, em consequência, aplicá-la à vida ou, ao menos, não cometer atos que lhes sejam contrários: servir o governo, apoiar o poder se for nocivo, aproveitar-se da organização do capital se for ruim, demonstrar respeito em relação a determinadas cerimônias se forem consideradas supersticiosas, sentar nos tribunais se suas leis forem falsas, servir o exército, jurar, mentir, humilhar-se em geral; mas o que importa é, sem mudar as formas atuais da vida e a elas submetendo-se contrariamente às próprias convicções, introduzir o liberalismo nas instituições existentes. Segundo essa teoria, é possível, permanecendo proprietário, negociante, dono de fábrica, juiz, funcionário público, oficial, soldado, ser, ao mesmo tempo, não só humano, mas também socialista e revolucionário.

A hipocrisia que, antes, era apenas religiosa, com a doutrina do pecado original, da redenção e da Igreja, transformou-se, por intermédio dessa nova doutrina científica, e prendeu, em suas redes, todos os homens cujo desenvolvimento intelectual não mais permitia apoiarem-se na hipocrisia religiosa. Como, outrora, o homem que professava a doutrina religiosa oficial podia, mesmo acreditando-se isento de qualquer pecado, participar de todos os delitos do Estado e deles se beneficiar, desde que cumprisse as práticas externas de sua religião, os homens que, atualmente, não creem no cristianismo oficial, encontram na ciência as mesmas razões para considerarem-se puros e até de elevado grau de moralidade, apesar de suas participações nos delitos governamentais e das vantagens que dele obtêm.

Um rico latifundiário, seja russo, francês, inglês, alemão ou norte-americano, vive para os tributos, dízimos que subtrai aos homens que vivem em sua terra, a maioria miserável e de quem ele toma tudo o que pode. Seu direito de propriedade está assegurado pelo fato de que, a cada tentativa dos oprimidos de desfrutar, sem seu consentimento, das terras que acreditam suas, chegam as tropas e submetem-nos a todo tipo de violência. Deveria parecer evidente que o homem que assim vive é um ser cruel, egoísta e, de modo algum, pode ser considerado cristão ou liberal. Deveria parecer evidente que a primeira coisa a fazer caso se deseje, de alguma maneira, adequar-se ao espírito do cristianismo e do liberalismo, seria parar de espoliar e arruinar os homens com o auxílio das violências governamentais que asseguram o direito sobre a terra. Isso de fato ocorreria se não existisse uma metafísica hipócrita, que afirma que, do ponto de vista da religião, a posse ou não posse da terra é indiferente para a salvação e, do ponto de vista científico, que o abandono da terra seria um sacrifício individual inútil, visto que a melhoria do bem-estar dos homens é realizada não desse modo, mas pelas modificações progressivas das formas exteriores da vida. E, portanto, esse homem, sem a menor inquietação e a menor dúvida, organizando uma exposição agrícola, fundando uma sociedade comedida, ou enviando, por sua mulher e seus filhos, cobertores e sopa a três anciãs, prega audaciosamente, na família, nos salões, nos comitês e na imprensa, o amor evangélico ou humanitário ao próximo em geral, e, em particular, aos trabalhadores agrícolas, que não param de ser explorados e oprimidos. E os homens que ocupam a mesma posição nele acreditam, louvam-no e examinam seriamente, com ele, outros métodos de melhoria do destino do povo trabalhador, métodos de livrá-lo da exploração, inventando para tanto diferentes formas de proceder, salvo esta, a única, sem a qual qualquer melhoria das condições do povo é impossível, ou seja: parar de tomar-lhe a terra necessária à sua existência. (Como exemplo notável dessa hipocrisia podem ser citados os cuidados dos latifundiários russos durante o último ano de carestia, a luta contra essa carestia gerada por eles próprios, e da qual se aproveitaram vendendo aos camponeses não só o pão a um preço mais elevado, mas também as folhas das batatas à razão de cinco rublos por cerca de um hectare, como combustível.)

Um negociante, cujo comércio – como aliás qualquer comércio – baseia-se inteiramente numa série de trapaças, aproveita-se da ignorância ou da necessidade: ele compra as mercadorias abaixo de seu valor e revende-as muito acima. Seria natural que o homem, cuja atividade é inteiramente alicerçada no que ele mesmo chama de trapaça, devesse se envergonhar de sua posição e não mais pudesse, continuando seu comércio, dizer-se cristão ou liberal. Mas a metafísica da hipocrisia lhe diz que ele pode passar por um homem virtuoso e continuar sua ação perniciosa: o homem religioso deve somente crer, o liberal deve somente ajudar a mudança das condições externas, o progresso da indústria. E, portanto, aquele comerciante (que, além de tudo, vende mercadoria ruim, engana quanto ao peso, quanto à medida, ou vende produtos nocivos à saúde, como o álcool, o ópio) considera-se e é pelos outros considerado, contanto que não engane seus colegas, como um modelo de honestidade e integridade. E se gasta apenas a milésima parte do dinheiro roubado com qualquer instituição pública – um hospital, um museu, uma escola –, é considerado um benfeitor do povo, o qual explora, e de onde tira toda a sua riqueza; e, se dá uma pequena parte do dinheiro roubado às Igrejas e aos pobres, é ainda mais um cristão exemplar.

Um dono de fábrica é um homem cuja renda é toda constituída do salário extorquido dos operários e cuja ação é inteiramente fundamentada no trabalho forçado e anormal que consome gerações inteiras. Seria natural que, se professa princípios cristãos ou liberais, devesse, antes de tudo, parar de arruinar, em seu benefício, vidas humanas; mas, segundo a teoria vigente, ele colabora para o progresso da indústria, e não deve deixar de agir dessa forma, porque isso seria prejudicial à sociedade. E, então, esse homem, esse rude senhor de escravos, após ter construído para os operários mutilados em sua fábrica casinholas com quintaizinhos de 2 metros, um fundo de pensões e um hospital, está absolutamente certo de ter pago, com esses sacrifícios, por um valor mais alto do que real, as vidas humanas que arruinou física e moralmente, e continua a viver tranquilo, orgulhoso de sua obra.

Um funcionário, civil, religioso ou militar, que serve o Estado para satisfazer sua ambição ou, como acontece com maior frequência, por um ordenado retirado do produto do trabalho do povo, ou, ainda, o que não é bastante raro, que rouba também, diretamente, o dinheiro do Tesouro, considera-se e é considerado por seus semelhantes o membro mais útil e mais virtuoso da sociedade.

Um juiz, um procurador, que sabe que, por sua decisão ou solicitação, centenas e milhares de infelizes, arrancados a suas famílias, são encerrados em prisões, calabouços e enlouquecem, ou se matam com pedaços de vidro, ou se deixam morrer de fome; que sabe terem eles, também, mães, mulheres, filhos desolados pela separação, desonrados mendicantes inúteis do perdão ou mesmo da melhoria da sorte de seus pais, filhos, maridos, irmãos; esse juiz, esse procurador, está tão inebriado de hipocrisia que ele próprio e seus semelhantes, suas mulheres e seus amigos estão absolutamente certos de que são, apesar de tudo, pessoas boníssimas e sensíveis. Segundo a metafísica da hipocrisia, eles cumprem uma missão social muito útil. E esses homens, causa da perda de milhares de outros, com a crença no bem e com a fé em Deus, vão à igreja com ar radiante, ouvem o Evangelho, pronunciam discursos humanitários, acariciam seus filhos, pregam-lhes a moralidade e enternecem-se a propósito de sofrimentos imaginários.

Todos esses homens e aqueles que vivem a seu redor, suas mulheres, seus filhos, professores, cozinheiros, atores, nutrem-se do sangue que, deste ou daquele modo, como um ou outro tipo de sanguessuga, chupam das veias do trabalhador, e cada um de seus dias de prazer custa milhares de dias de trabalho. Veem as privações e sofrimentos desses operários, de seus filhos, de suas mulheres, de seus velhos, de seus doentes; sabem a que punições se expõem aqueles que querem resistir a essa espoliação organizada, e não só não diminuem seus luxos, não só não o dissimulam, como ostentam-no indecorosamente diante dos operários oprimidos, pelos quais são odiados, como se fosse para deliberadamente excitá-los. E, por outro lado, continuam a acreditar e a fazer acreditar que se interessam muito pelo bem-estar do povo que continuam pisoteando e, aos domingos, cobertos de trajes ricos, dirigem-se, em carruagens luxuosas, à casa de Cristo, erguida pela hipocrisia, e lá escutam os homens, instruídos para essa mentira, a pregar o amor que todos renegam com toda a sua existência. E aqueles homens desempenham tão bem seus papéis que acabam acreditando, eles mesmos, na sinceridade de suas atitudes.

A hipocrisia geral penetrou a tal ponto no corpo e na alma de todas as classes da sociedade atual, que nada mais pode indignar quem quer que seja. Não é à toa que a hipocrisia, em seu sentido próprio, significa representar um papel: e representar um papel, qualquer que seja, é sempre possível. Fatos como estes: ver os representantes de Cristo abençoar os assassinos que se enfileiram, armados contra seus irmãos, apresentando os fuzis *para a bênção*; ver os padres de todos os credos cristãos participarem, necessariamente, como carrascos, das execuções capitais, reconhecerem, com sua presença, que o homicídio é conciliável com o cristianismo (um pastor assistiu à experiência da execução pela eletricidade), nenhum destes fatos surpreende mais ninguém.

Uma exposição internacional penitenciária aconteceu, recentemente, em Petersburgo. Estavam ali expostos os instrumentos de tortura, as correntes, os modelos de prisões celulares, ou seja, instrumentos de suplício ainda piores que o *knut* e os açoites, e senhoras e senhores sensíveis iam ver tudo aquilo, e divertiam-se.

Ninguém mais se surpreende sequer com o fato de que a ciência liberal, mesmo reconhecendo a igualdade, a fraternidade e a liberdade, demonstra a necessidade do exército, das execuções capitais, das alfândegas, da censura, da prostituição, da expulsão dos operários estrangeiros que aviltam os salários, da proibição da emigração, da colonização baseada no envenenamento, do saque, do extermínio de raças inteiras de homens chamados selvagens etc.

Fala-se do que acontecerá quando todos os homens professarem o que chamam de cristianismo (ou seja, diferentes crenças, hostis, umas às outras) e quando todos puderem se vestir e comer à saciedade, quando todos os habitantes da Terra estiverem unidos entre si por meio do telégrafo, do telefone, e viajarem em balões, quando todos os operários estiverem imbuídos das teorias socialistas e as sociedades operárias reunirem milhões de adeptos e possuírem milhões de rublos, quando todos forem instruídos, lerem os jornais e conhecerem todas as ciências.

Mas o que de bom e útil pode resultar de todos esses aperfeiçoamentos se os homens não dizem e não fazem o que consideram verdade?

A desventura dos homens provém da desunião, e a desunião provém do fato de que eles não seguem a verdade, que é única, e sim a mentira, que é múltipla.

O único meio de união é, portanto, unir-se na verdade. Por isso, quanto mais os homens procuram sinceramente a verdade, mais se aproximam da união.

Mas como podem se unir os homens na verdade ou dela se aproximarem, quando não só não exprimem a verdade que conhecem, mas consideram-na inútil e fingem reconhecer como verdade o que sabem ser uma mentira?

Assim, nenhuma melhoria será possível na condição dos homens enquanto eles ocultarem de si mesmos a verdade, enquanto não reconhecerem que sua união e, por conseguinte, a felicidade, não é possível sem a verdade, e enquanto não colocarem, acima de tudo, o reconhecimento e a prática da verdade que lhes é revelada.

Todos os aperfeiçoamentos externos com que podem sonhar os homens religiosos ou os homens de ciência realizam-se então; todos os homens convertem-se ao cristianismo e todas as melhorias desejadas por Bellamy e por Richet confirmam-se além de seus desejos: se subsistir a hipocrisia que hoje reina, se os homens não professarem a verdade que conhecem, mas continuarem a simular a crença no que não creem, a estima no que não estimam, sua condição não só permanecerá a mesma, como se tornará pior. Quanto mais os homens estiverem a salvo das necessidades, mais aumentarão os telégrafos, os telefones, os livros, os jornais, as revistas; mais crescerão os meios de propagação das mentiras e hipocrisias contraditórias, e mais os homens serão desunidos, portanto, infelizes, como acontece no presente.

Ocorram, então, todas essas modificações materiais e a situação da humanidade não será, com isso, melhorada. Que todo homem, na medida de suas forças, siga pessoalmente a verdade que conhece ou, ao menos, não defenda a mentira, e já agora, neste mesmo ano de 1893, acontecerão mudanças com que não ousamos sonhar em cem anos: a libertação dos homens e o estabelecimento da verdade sobre a Terra.

Não sem razão a única palavra dura e ameaçadora de Cristo foi dirigida aos hipócritas. Não é o furto, o saque, o homicídio, o adultério, a falsidade, mas a mentira, a mentira especial da hipocrisia, que cancela na consciência dos homens a distinção entre o bem e o mal, os corrompe, os torna maus e semelhantes às feras, os impede de fugir do mal e procurar o bem, lhes tira o que constitui o sentido da verdadeira vida humana e, portanto, bloqueia-lhes o caminho da perfeição.

Os homens que ignoram a verdade e fazem o mal provocam nos outros a piedade para com suas vítimas e a repugnância para com eles mesmos; fazem o mal unicamente àqueles a quem atacam; mas os homens que conhecem a verdade e fazem o mal sob o véu da hipocrisia fazem-no a si mesmos e a suas vítimas, e a milhares e milhares de outros homens, tentados pela mentira que oculta esse mal.

Os ladrões, os assassinos, os enganadores, que cometem atos considerados maus por eles mesmos e por todos os outros homens, são o exemplo do que não se deve fazer e causam repulsa a todos. Ao contrário, aqueles que cometem os mesmos furtos, violências, homicídios, dissimulando-os com justificativas religiosas ou científicas, como fazem todos os proprietários, comerciantes, donos de fábrica e funcionários, provocam a imitação e fazem mal não somente aos que sofrem diretamente, mas também a milhares e milhões de homens que se pervertem e se perdem, fazendo desaparecer qualquer distinção entre o bem e o mal.

Um único patrimônio conquistado com o comércio de produtos necessários ao povo ou de produtos que o corrompem, ou conquistado com operações de Bolsa, ou com a compra, a preço aviltado, da terra que aumenta de valor devido às necessidades do povo, ou com uma indústria que arruína a saúde e compromete a vida, ou com o serviço civil ou militar ao Estado, ou com alguma ocupação que encoraje os maus instintos – um patrimônio assim conquistado, não só com a autorização, mas também com a aprovação dos governantes, e mascarado por uma filantropia ostensiva –, perverte os homens incomparavelmente mais do que milhões de furtos, trapaças, saques cometidos contra as leis estabelecidas e contra os quais se procede criminalmente.

Uma única execução capital, cometida por homens cultos com o pretexto da necessidade e não sob o impulso da paixão, com a aprovação e a participação dos padres cristãos, e levada adiante como algo necessário e até justo, perverte e torna ferozes os homens, mais do que podem fazê-lo centenas e milhares de homicídios cometidos por ignorantes e muitas vezes sob o ímpeto da paixão. A execução capital como a que propôs adotar Jukovski,* graças à qual os homens experimentariam até mesmo uma comoção religiosa, seria o ato mais corruptor que se possa imaginar (ver o volume IV das *Obras completas* de Jukovski).

Qualquer guerra, a mais benigna, com todas as suas consequências ordinárias: a destruição das massas, os furtos, os raptos, a desonestidade, o homicídio, com as justificativas de

---

*Jukovski, Vassili Andreivitch; célebre poeta russo. (*N. do E.*)

sua necessidade e de sua legitimidade, com a exaltação dos comportamentos militares, o amor à bandeira, à pátria, com a falsa solicitude para com os feridos etc., perverte, num só ano, mais gente do que milhares de assaltos, incêndios e homicídios cometidos durante um século por indivíduos isolados, impelidos pela paixão.

Uma única existência luxuosa, até os limites usuais, de uma família dita honesta e virtuosa, que gasta para suas necessidades o produto de um trabalho que seria suficiente para alimentar milhares de homens a seu redor, definhados pela miséria, perverte mais gente do que inumeráveis orgias de rudes mercadores, oficiais e operários entregues à embriaguez e à libertinagem, que quebram, por simples divertimento, espelhos, louças etc.

Uma única procissão solene, um ofício ou, do alto do púlpito da mentira, um sermão no qual o próprio pregador não acredita, produzem, sem comparação possível, mais mal do que milhares de falsificações de produtos alimentícios etc.

Fala-se da hipocrisia dos fariseus. Mas a hipocrisia dos homens de nosso tempo supera em muito aquela, relativamente inócua, dos fariseus. Estes, ao menos, possuíam uma lei religiosa externa, cuja observância impedia que vissem suas verdadeiras obrigações para com seus semelhantes. Por outro lado, as obrigações não eram, então, claramente definidas. Hoje semelhante lei não existe (não falo da gente rude e estúpida que ainda crê que os sacramentos ou as dispensas do papa absolvem-na de todo pecado). Ao contrário, a lei evangélica que professamos, de uma forma ou de outra, prescreve diretamente nossas obrigações; ademais, essas mesmas obrigações, que eram outrora expressas apenas por alguns profetas em termos vagos, são hoje tão claramente formuladas, tornaram-se a tal ponto axiomas, que são repetidas até por jovens saídos dos colégios e por jornalistas. Assim, os homens de nosso tempo não deveriam fingir ignorá-las.

O homem moderno, que se aproveita da ordem atual, calcada na violência e, ao mesmo tempo, afirma amar seus semelhantes, não percebendo que toda a sua existência é prejudicial a seu próximo, assemelha-se ao bandido que, ao ser surpreendido com a faca erguida sobre a vítima que grita desesperadamente pedindo socorro, afirmasse não saber que o que fazia desagradava aquele a quem roubava e a quem estava prestes a degolar. Assim como o bandido não poderia negar um fato tão evidente, da mesma forma o homem moderno, que vive em detrimento dos oprimidos, não poderia, ao que parece, convencer-se e convencer aos outros de que deseja o bem daqueles a quem rouba sem cessar e que ignora como foi conquistado o patrimônio do qual desfruta.

Não podemos mais fingir ignorar a existência dos cem mil homens que, na Rússia, são encerrados nas prisões ou nos calabouços com o objetivo de garantir nossa propriedade e nossa tranquilidade; nem fingir ignorar a existência dos tribunais, dos quais nós mesmos fazemos parte, e que, a nosso pedido, condenam os que lesaram nossa propriedade ou nossa segurança à prisão, à deportação, aos trabalhos forçados, onde homens, que não são piores do que aqueles que os julgam, perdem-se e corrompem-se; nem ignorar que tudo o que temos possuímos apenas porque foi conquistado e defendido com o homicídio e com a violência. Não podemos fingir que não nos apercebemos da presença de policiais que, armados de revólveres, andam de um lado para outro, sob nossas janelas, para preservar nossa segurança, enquanto comemos nossas suculentas iguarias ou assistimos a uma nova obra teatral; ou da existência de soldados que apareceriam armados de fuzis e cartuchos tão logo se verificasse alguma agressão a nossa propriedade.

Sabemos muito bem que, se terminamos em paz nossa refeição, ou vemos o final da nova obra teatral, ou acabamos de nos divertir no baile, na festa em volta à árvore de Natal, no passeio, nas corridas ou na caçada, é apenas graças à bala do revólver do policial, ou graças ao fuzil do soldado que perfurará o ventre faminto do desventurado que, de longe, com água na boca, observa nossos prazeres e os interromperia se o policial ou os soldados não estivessem ali para acorrer a nosso primeiro chamado.

Por isso, assim como um bandido preso à luz do dia, em flagrante delito, não pode afirmar que não ergueu a faca para se apoderar da bolsa de sua vítima, não podemos, por nossa vez, afirmar que os soldados e os policiais não nos rodeiam para nos proteger contra os desventurados e sim para nos defender contra o inimigo externo, para garantir a ordem, para as festividades e as revistas; não podemos afirmar que ignorávamos que os homens não gostam de morrer de fome, não tendo o direito de ganhar seu pão com a terra onde vivem, que não se divertem trabalhando debaixo da terra, na água, numa temperatura opressiva, de dez a 14 horas por dia, mesmo à noite, para fabricar os objetos de nossos prazeres. Negar esta evidência parece impossível. E, contudo, ela é negada.

Encontram-se, todavia, entre os ricos, sobretudo entre os jovens e entre as mulheres, pessoas que felizmente encontro cada vez mais; quando lhes é mostrado com que e como são comprados seus prazeres, não procuram esconder a verdade e, com a cabeça entre as mãos, dizem: "Ah! não me fale disso. Se é assim, a vida é impossível." Mas se existem pessoas sinceras que percebem sua culpa e a ela não podem renunciar, a grande maioria dos homens de nosso tempo está a tal ponto mergulhada em seu lado hipócrita que, audaciosamente, negam o que salta aos olhos de todos aqueles que enxergam.

Tudo isso é injusto. Dizem:

> Ninguém obriga o povo a trabalhar para o proprietário de terras ou para o dono da fábrica. É questão de livre-arbítrio. A grande propriedade e os capitais são necessários porque organizam o trabalho para a classe operária. Ademais, o trabalho nas fábricas e nas usinas não é assim tão terrível como dizem. Se existem, contudo,

certos abusos, o governo e a sociedade tomarão medidas para impedi-los e tornar o trabalho do operário mais fácil e até agradável. A classe trabalhadora está habituada aos trabalhos de força física e é incapaz, no momento, de fazer outra coisa.

Quanto à pobreza do povo, esta não é o resultado do grande latifúndio nem da concentração dos capitais, mas de outras causas: da ignorância, da desordem, da embriaguez. E nós, homens de governo, que reagimos contra esse empobrecimento com uma sábia administração, nós capitalistas, que reagimos com a ampliação das invenções úteis, nós, padres, com a instrução religiosa, nós, liberais, com a formação de sociedades operárias, com a difusão da cultura, aumentamos com esses meios, sem mudar nossa posição, o bem-estar do povo. Desejamos que todos sejam ricos como os ricos. Quanto à afirmação de que se violentam e matam homens para obrigá-los a trabalhar em benefício dos ricos, isto não é senão um sofisma. O exército não é mandado contra o povo, exceto quando, sem compreender seu interesse, este se revolta e compromete a tranquilidade necessária ao bem-estar geral. Da mesma forma, é necessário levar em consideração malfeitores, para os quais temos as prisões, os patíbulos e os calabouços. Nós mesmos desejamos suprimi-los, e trabalhamos nesse sentido.

A hipocrisia é mantida, em nossos tempos, por duas coisas: a quase religião e a quase ciência, e atingiu tamanhas proporções que, se não vivêssemos neste ambiente, não poderíamos acreditar que os homens possam chegar a semelhante grau de aberração. Os homens chegaram a um estado tão surpreendente, seu coração endureceu a tal ponto, que eles olham e não veem, escutam e não ouvem nem compreendem.

Os homens vivem, já há muito tempo, contrariamente a sua consciência. Se não houvesse hipocrisia, não poderiam viver assim. Essa organização social, contrária a sua consciência, só continua a existir porque está oculta pela hipocrisia.

E quanto mais aumenta a distância entre a realidade e a consciência dos homens, mais cresce a hipocrisia; mas até esta tem um limite. E parece-me que já o atingimos hoje. Todo homem de nosso tempo, com a moral cristã assimilada mesmo a contragosto, encontra-se inteiramente na posição de um homem adormecido que, em sonho, se vê constrangido a fazer algo que, mesmo em sonhos, ele sabe que não deve ser feito. Sabe, sente em seu íntimo, e no entanto parece-lhe não poder mudar sua posição e deixar de agir contrariamente à sua consciência.

E, como acontece nos sonhos, tornando-se sua situação cada vez mais dolorosa, ele chega a duvidar da realidade daquilo que vê e faz um esforço moral para se livrar da obsessão que o domina.

Na mesma situação encontra-se o homem comum de nosso mundo cristão. Ele sente que tudo o que se faz a seu redor é absurdo, infame, intolerável e contrário à sua consciência; ele sente que a situação torna-se cada vez mais dolorosa e que atingiu o paroxismo.

É impossível que nós, homens modernos, com a consciência cristã da dignidade humana e da igualdade que já nos invadiu o corpo e a alma, com nossa necessidade de comunhão pacífica, de união entre os povos, possamos viver de modo que cada uma de nossas alegrias ou de nossas satisfações seja comprada ao preço do sofrimento e da vida de nossos irmãos, e que, ainda, estejamos sempre, como feras, a ponto de travar uma batalha enfurecida, homem contra homem, povo contra povo, destruindo sem piedade os pertences e os homens, simplesmente porque um diplomata desatinado ou o chefe de Estado dirá ou escreverá alguma tolice a um outro diplomata ou ao chefe de um outro Estado.

É impossível. E no entanto todos os homens de nosso tempo assistem a esse espetáculo e preveem essa catástrofe.

E a situação torna-se cada vez mais dolorosa.

E, assim, o homem que sonha não acredita que aquilo que vê seja a realidade e quer acordar para retornar à verdadeira vida; assim o homem médio de nosso tempo não pode crer, no fundo, que a situação terrível em que se encontra e que piora cada vez mais seja real, e quer despertar para retornar à verdadeira vida.

E, dessa maneira, como basta ao homem adormecido fazer um esforço de inteligência e perguntar-se: "Não será isso um sonho?", para que a situação que lhe parecia tão desesperada suma instantaneamente e ele desperte na realidade tranquila e feliz, também o homem de nosso tempo precisa apenas duvidar do que sua própria hipocrisia e a hipocrisia geral lhe apresentam como realidade, e perguntar-se: "Não é essa uma ilusão?", para sentir-se de imediato como o homem adormecido, transportado do mundo imaginário e assustador para a realidade verdadeira, tranquila e feliz.

E, para isso, o homem não precisa de ações gloriosas, nem de heroísmo, precisa somente de um simples esforço moral.

Mas pode o homem fazer esse esforço?

Segundo a teoria atual, necessária hipocrisia, o homem não é livre e não pode mudar sua vida.

"O homem não pode mudar sua vida porque não é livre, e não é livre porque todos os seus atos são consequências de causas antigas. E, faça o homem o que fizer, seus atos têm sempre uma causa, à qual ele obedece. Por isso, o homem não é livre para modificar seu modo de viver", dizem os defensores da metafísica da hipocrisia. E teriam toda razão se o homem fosse um ser inconsciente, incapaz de, após ter reconhecido a verdade, elevar-se a um grau moral superior. Mas o homem, ao contrário, é um ser consciente e que, a despeito de tudo, se eleva cada vez mais em direção à verdade. Portanto, ainda que não seja livre em seus atos, pode dominar as próprias causas de seus atos, que consistem no reconhecimento desta ou daquela verdade.

O homem que não é livre para realizar certos atos é livre para trabalhar a fim de suprimir-lhe as causas. Assim como um mecânico que, se não é livre para modificar o movimento de sua locomotiva, já executado ou que se está executando, é livre para, futuramente, regular com antecipação esse movimento.

Faça o que fizer o homem consciente, ele age deste, e não de outro modo, ou porque reconhece estar vivendo na verdade, ou já o reconheceu antes e agora age por hábito.

Coma ou não coma, trabalhe ou descanse, fuja do perigo ou procure-o, se o homem é consciente, assim age porque considera sensato fazer dessa maneira, porque reconhece que a verdade o leva a agir assim e não de outro modo, ou porque já o reconheceu antes.

O reconhecimento ou o não conhecimento de determinada verdade depende não de causas externas, mas da própria consciência do homem. De modo que, às vezes, nas condições externas mais favoráveis ao reconhecimento da verdade, existem homens que não a reconhecem, e outros que, ao contrário, nas condições mais desfavoráveis, reconhecem-na sem motivos aparentes, como foi dito no Evangelho: "E ninguém virá a Mim, se não for ao Pai." Isto significa que o reconhecimento da verdade, que é a causa de todas as manifestações da vida humana, não depende dos fenômenos externos, mas de algumas faculdades internas do homem, que fogem à observação.

Por isso, o homem que não é livre em seus atos sente-se sempre livre naquilo que é a causa de seus atos, no reconhecimento ou no não reconhecimento da verdade.

Assim, o homem que cometeu, sob a influência da paixão, um ato contrário à verdade da qual tem consciência, permanece, apesar de tudo, livre para reconhecê-la ou não, ou seja, pode, não reconhecendo a verdade, considerar seu ato necessário e justificá-lo, e pode, reconhecendo a verdade, considerar seu ato cruel e sentir remorso.

Dessa maneira, um jogador ou um bêbado que não conseguiu dominar sua paixão tem absoluta liberdade para reconhecer o jogo ou a embriaguez, seja como um mal, seja como um divertimento inconsequente. No primeiro caso, ainda que não renuncie de imediato à sua paixão, liberta-se dela com mais facilidade quando reconhece sinceramente que é nociva; no segundo caso, sua paixão aumenta e ele não tem mais possibilidade alguma de dela se libertar.

O homem que não teve forças para enfrentar um incêndio a fim de salvar outro homem e que fugiu sozinho da casa em chamas, reconhecendo a verdade de que o homem deve, com o risco da própria vida, socorrer seu semelhante, permanece livre para considerar seu ato como mau e reprová-lo ou, não reconhecendo esta verdade, para considerar seu ato como natural, necessário, e justificá-lo. No primeiro caso, ele prepara, para o futuro, uma série de atos de abnegação que derivam necessariamente do reconhecimento da verdade; no segundo caso, uma série de atos egoístas.

Não digo que o homem seja sempre livre para reconhecer ou não cada verdade. Existem verdades reconhecidas há longo tempo que nos são transmitidas pela educação, pela tradição, e que a tal ponto penetraram na alma que se tornaram naturais; e existem verdades que se apresentam mal definidas, vagas. O homem não é livre para deixar de reconhecer as primeiras e não é livre para reconhecer as segundas. Mas existe uma terceira categoria de verdades que ainda não se puderam tornar os motivos não raciocinados de sua ação, mas que já lhe são reveladas com tal clareza que ele não pode deixar de tomar partido e precisa reconhecê-las ou rejeitá-las. A liberdade do homem manifesta-se precisamente na presença dessas verdades.

Todo homem encontra-se, durante sua vida, em relação à verdade, na posição de um viajante que caminha pela escuridão ao clarão de uma lanterna cuja luz ele projeta à sua frente; não vê o que a lanterna ainda não ilumina; não vê sequer a estrada percorrida e que já recaiu na escuridão; mas, em qualquer lugar que se encontre, vê o que está sendo iluminado pela lanterna, e é sempre livre para escolher um ou outro lado da estrada.

Existem sempre verdades invisíveis que ainda não foram reveladas, já vividas, esquecidas e assimiladas pelo homem, e certas verdades que surgem diante dele, à luz de sua inteligência, e que ele não pode deixar de reconhecer. E aquilo que chamamos liberdade manifesta-se pelo reconhecimento ou pelo não reconhecimento dessas verdades.

Toda a aparente dificuldade da questão da liberdade provém do fato de que os homens, que devem resolvê-la, representam o próprio homem como imóvel diante da verdade.

O homem não é certamente livre, se nós o representamos como imóvel, se esquecemos que a vida da humanidade é um movimento contínuo da escuridão em direção à luz, da verdade inferior à verdade superior, da verdade mesclada de erros à verdade mais pura.

O homem não seria livre se não conhecesse verdade alguma, e não seria igualmente livre, e sequer teria a noção de liberdade, se a verdade lhe fosse revelada em toda a sua pureza, sem mistura de erros.

Mas o homem não está imóvel diante da verdade e sempre, à medida que avança na vida, a verdade lhe é revelada cada vez melhor, e ele liberta-se cada vez mais do erro.

A liberdade do homem não consiste em sua faculdade de agir independentemente do curso da vida e das causas que nela influem, mas em poder, reconhecendo e professando a verdade que lhe foi revelada, tornar-se livre e feliz artesão da obra eterna realizada por Deus ou pela humanidade, ou, fechando os olhos a essa verdade, tornar-se seu escravo e ser dolorosamente arrastado para onde não deseja ir.

A verdade abre para nós o único caminho que a humanidade pode percorrer. Por isso, os homens, necessariamente, seguirão, livres ou não, o caminho da verdade: uns, por sua própria iniciativa, cumprindo a missão que se impuseram, outros, submetendo-se, à revelia, à lei da vida. A liberdade do homem reside nessa escolha.

Essa liberdade, em limites tão restritos, parece aos homens tão insignificante que eles não a observam; uns – os deterministas – consideram essa partícula tão ínfima que em absoluto não a reconhecem; outros – os defensores da liberdade perfeita –, visando sua liberdade imaginária, desprezam uma liberdade que lhes parece imperfeita. Encerrada entre os limites da ignorância absoluta da verdade e do reconhecimento de uma parte dessa verdade, essa liberdade é pouco aparente, porque os homens, reconheçam ou não a verdade revelada, são obrigados a adequar a mesma à sua vida.

O cavalo atrelado com outros cavalos a uma carroça não é livre para andar senão à frente da carroça. Porém, se não andar, a carroça irá empurrá-lo, e ele será forçado a seguir adiante.

Mas, apesar dessa liberdade limitada, ele é livre para puxar a carroça ou ser por ela empurrado. Da mesma forma, o homem.

Essa liberdade, comparada à liberdade fantástica que desejamos, seja grande ou não, não importa; somente ela existe de fato, e nela consiste a felicidade acessível ao homem. E não só dá aos homens a felicidade, como é ainda o único meio de realizar a obra pela qual anseia a humanidade.

Segundo a doutrina de Cristo, o homem que vê o sentido da vida no campo em que esta não é livre, no campo dos efeitos, ou seja, dos atos, não vive verdadeiramente. Só vive verdadeiramente aquele que transportou sua vida para o campo em que ela é livre, o campo das causas, isto é, o reconhecimento e a prática da verdade revelada.

Dedicando sua vida aos atos sensoriais, o homem realiza atos sempre dependentes de causas temporárias, que se encontram fora dele. Para si mesmo, nada faz, tem a impressão de agir, mas, na realidade, todos os seus atos são executados sob a influência de uma força maior; ele não é o criador da vida, é seu escravo. Colocando sua razão de viver no reconhecimento e na prática da verdade que lhe é revelada, executa, identificando-se com a fonte da vida universal, atos já não pessoais, que dependem das condições de espaço e tempo, mas que, sendo inexplicáveis, constituem as causas de todo o resto e têm um significado infinito que nada limita.

Negando a essência da verdadeira vida, que consiste no reconhecimento e na prática da verdade, e fazendo esforços para melhorar a vida material, os homens com conceitos pagãos assemelham-se a passageiros de um navio que, para chegar ao fim da viagem, apagassem o fogo das máquinas e procurassem, durante a tempestade, seguir adiante por meio de remos que não tocam a água, em vez de seguir viagem com o auxílio do vapor e da hélice de que já dispõem.

"Conquista-se o reino de Deus com o esforço, e somente aqueles que fazem esforços o alcançam." E esse esforço do sacrifício das condições materiais para reconhecer e praticar a verdade, esse esforço, com o qual se alcança o reino de Deus, deve e pode ser feito em nossos tempos. Bastaria que os homens o compreendessem, que deixassem de se preocupar com a vida material, onde não são livres, e dedicassem, na esfera em que podem agir livremente, apenas a centésima parte de sua energia ao reconhecimento e à prática da verdade que está à sua frente, para sua própria libertação da mentira e da hipocrisia, que escondem a verdade, para que, sem esforço ou luta, desapareça de imediato a falsa ordem social que torna os homens infelizes no futuro. E, então, se concretizaria o reino de Deus, ou ao menos a primeira etapa em sua direção, para a qual os homens já estão preparados pelo desenvolvimento da consciência.

Assim como basta uma sacudidela para que o sal com que está saturado um líquido cristalize-se instantaneamente, assim talvez bastasse hoje um mínimo esforço para que a verdade já revelada se difundisse entre centenas, milhares e milhões de homens, para que se estabelecesse uma opinião pública correspondente à consciência existente e para que, portanto, toda a ordem social se modificasse. E depende de nós fazer esse esforço.

Que cada um de nós busque apenas compreender e reconhecer a verdade cristã que, sob as mais variadas formas, nos cerca por todos os lados e nos instiga; que cada um de nós pare de mentir, como se não a visse ou desejasse praticá-la, não àquilo que ela nos pede em primeiro lugar; que cada um de nós reconheça essa verdade que nos chama, e logo perceberemos que centenas, milhares, milhões de homens estão na mesma situação, que, como nós, veem a verdade, mas temem, como nós, ser os únicos a praticá-la e apenas esperam que os outros a reconheçam.

Que os homens deixem de ser hipócritas, e logo verão que a dura ordem social, que somente os prende e que parece a seus olhos algo indestrutível, necessário, sagrado, vindo de Deus, já vacila e só se mantém com a mentira e com a hipocrisia, e que permanece de pé unicamente por obra nossa.

Mas, se assim é, se é verdade que depende de nós abolir o atual regime, temos nós o direito de fazê-lo, não sabendo claramente o que colocaremos em seu lugar? Em que se transformaria a sociedade?

> O que encontraremos do outro lado do muro do mundo que abandonamos?
> O medo nos domina – vazio, espaço, liberdade... –, como prosseguir sem saber o que há adiante? Como perder, com a esperança de nada obter?
> Se Colombo tivesse assim raciocinado, nunca teria levantado âncora. Era uma loucura lançar-se no oceano sem conhecer o caminho, no oceano onde nunca homem algum havia se arriscado, para navegar em direção a uma terra cuja existência era hipotética. Graças a essa loucura, ele descobriu um novo mundo. Sem dúvida, se os povos pudessem se deslocar de uma estalagem para outra, melhor, seria mais fácil, mas infelizmente não há ninguém para preparar o novo alojamento. O futuro é ainda mais incerto que o oceano – nada existe nele. Será como o farão as circunstâncias e os homens.

Se estais contentes com o velho mundo, procurai conservá-lo, porque está gravemente doente e não viverá por muito tempo; mas se vos é insuportável viver em eterno desacordo entre vossa convicção e a vida, pensar de um modo e agir de outro, apressai-vos a deixar o refúgio das brancas abóbadas da Idade Média, haja o que houver. Bem sei que não é fácil. Não é, sem dúvida, pequeno o sacrifício de abandonar tudo aquilo a que estamos habituados desde a infância, tudo aquilo em cujo seio crescemos. Os homens estão preparados para grandes sacrifícios, mas não para aqueles que dele exigem uma nova vida. Estarão preparados para sacrificar a civilização moderna, seu modo de viver, e a religião, sua moral convencional? Estaremos nós preparados para abandonar todos os frutos produzidos com tanto esforço e dos quais nos vangloriamos há três séculos, para *abandonar* todas as comodidades, todos os atrativos da existência, para preferir a juventude selvagem à senilidade refinada, para derrubar o palácio erguido por nossos pais somente pelo prazer de participar dos alicerces de uma nova casa que será construída muito tempo depois de nós?

Herzen, vol. V, p. 55

Assim falava este escritor russo, que já via, com seu espírito profético, o que hoje vê qualquer homem que reflita um pouco; a impossibilidade de continuar a existência sobre suas antigas bases e a necessidade de estabelecer novas formas de vida.

Já é evidente para o homem mais simples, para o menos inteligente, que seria loucura permanecer sob o teto de uma casa que ameaça desmoronar, que é preciso sair dela. E, na realidade, seria difícil inventar uma situação mais infeliz do que aquela em que se encontra, hoje, o mundo cristão, com seus povos armados uns contra os outros, com seus impostos sempre mais altos, com o ódio sempre crescente das classes operárias contra os ricos, com a guerra suspensa sobre todos como a espada de Dâmocles, prestes a cair a qualquer instante e que, de fato, cairá, um dia ou outro.

Há dúvidas de que qualquer revolução possa ser mais perniciosa para o povo do que a ordem, ou melhor, a desordem atual, com suas habituais vítimas do trabalho sobre-humano, da miséria, da embriaguez, da depravação, e com todos os horrores da próxima guerra que fará em um ano mais vítimas do que todas as revoluções do século XIX.

O que acontecerá à humanidade se cada um de nós realizar o que Deus lhe pede por meio da consciência que está em nós?

Será, talvez, pernicioso que, por ordem de um mestre, eu execute, na escola por ele criada e por ele dirigida, aquilo que me diz para fazer, embora aquilo me pareça estranho, a mim que não conheço o objetivo final a que se propôs? Mas os homens não estão sequer preocupados com esta pergunta: "O que acontecerá?", quando hesitam em cumprir a vontade do mestre, ao se perguntarem como viver fora das condições habituais da vida que chamamos de civilização, cultura, ciências, artes? Sentimos pessoalmente todo o peso da vida presente, percebemos até que a ordem desta vida, caso continue, nos arruinará infalivelmente; mas, ao mesmo tempo, desejamos que as condições de nossa vida – civilização, cultura, ciências, artes – permaneçam as mesmas, apesar das mudanças havidas na ordem das coisas. Seria como se o homem que habita uma velha casa onde sofre com o frio e mil outros inconvenientes, sabendo que ela desabará de um momento para outro, só consentisse em sua reconstrução mediante o acordo de não sair dela, acordo que equivaleria à recusa de reconstruí-la.

"E o que acontecerá se, saindo de casa, eu me privo de todas as suas vantagens e se não for construída uma nova, ou se a construírem de outro modo, e nela nada se encontre daquilo a que estou acostumado?" Mas, uma vez que os materiais existem, uma vez que os construtores existem, tudo nos leva a crer que a nova casa será construída, e em melhores condições do que a antiga. Por outro lado, não só é provável como certo que a velha casa desabará e enterrará sob suas ruínas aqueles que nela permanecerem. Que as antigas condições de vida desapareçam, que se estabeleçam novas, melhores, porque, de qualquer modo, é inevitável que se abandone as antigas, tornadas impossíveis e mortais, e se caminhe ao encontro do futuro.

"Mas as ciências, a arte, a civilização, tudo desaparecerá!" Posto que todas essas coisas são apenas diferentes manifestações da verdade, posto que a mudança a ser feita tem como objetivo a aproximação da verdade e sua realização, como poderiam as manifestações da verdade desaparecer em consequência de sua execução? Elas serão outras, melhores e superiores, mas não desaparecerão. Desaparecerá, unicamente, o que nelas havia de mentiroso, o que continham de verdadeiro apenas resplandecerá ainda mais.

Caiam em si, homens, e creiam no Evangelho, na doutrina da felicidade. Se não caírem em si, perecerão todos, como pereceram os homens mortos por Pilatos, como pereceram aqueles que foram esmagados pela mítica Semíramis, como pereceram milhões e milhões de homens assassinados e que haviam assassinado, condenados à morte que haviam condenado à morte, martirizados e que haviam martirizado, e como... pereceu estupidamente o homem que murou os celeiros e esperava neles viver por muito tempo, ali morreu na mesma noite em que quis começar aquela vida.

"Voltem a si, homens, e creiam no Evangelho", disse Cristo há 18 séculos; e ele o diz com maior força hoje que a desgraça por ele predita já ocorreu e que nossa vida atinge o último grau de loucura e sofrimento.

Após tantos séculos de vãs tentativas para tornar nossa vida tranquila, com a ajuda da ordem pagã da violência, deveria parecer evidente que todos os esforços voltados para esse objetivo trazem apenas novos perigos para a vida pessoal e social, em vez de torná-las mais seguras.

Seja qual for o nome que nos damos, sejam quais forem as roupas que vistamos, seja qual for o padre que nos dê a unção, seja qual for a quantidade de nossos milhões, o número de sentinelas a postos em nosso caminho, o número dos policiais encarregados de proteger nossa riqueza, o número dos supostos malfeitores, revolucionários ou anarquistas que condenamos à morte, sejam quais forem nossos gestos, o Estado que fundamos, as fortalezas e as torres que erguemos, da Torre de Babel à Torre Eiffel, duas condições inevitáveis estão sempre à nossa frente e eliminam por completo o sentido da vida: 1º – a morte, que pode nos atingir a qualquer instante; 2º – a fragilidade de todas as nossas obras, que desaparecem depressa demais e sem deixar rastro algum. Façamos o que fizermos: quer ergamos palácios e monumentos, quer escrevamos poemas e cantos, nada disso dura por muito tempo, tudo passa sem deixar vestígio algum. Por isso, embora o escondamos cuidadosamente de nós mesmos, podemos ver que o sentido de nossa vida não pode residir nem em nossa existência material, sujeita a sofrimentos inevitáveis e à morte, nem em qualquer instituição ou ordem social.

Quem quer que sejas tu que lês estas linhas, pensa na tua situação e em teus deveres, não em tua situação de proprietário, de negociante, de juiz, de rei, de presidente, de ministro, de padre, de soldado, que te dão provisoriamente os homens, e não nos deveres imaginários que essa situação te cria, mas na situação verdadeira, eterna, do ser que, por vontade de Alguém, após toda uma eternidade de não existência, saiu da inconsciência, e que pode a qualquer instante, pela mesma vontade, a ela retornar; e pensa em teus verdadeiros deveres, que resultam de tua verdadeira situação de ser chamado à vida e dotado de inteligência e de amor. Fazes realmente aquilo que te pede Aquele que te mandou ao mundo e ao qual retornarás dentro em breve? Fazes realmente aquilo que Ele te pede? Fazes isto quando, proprietário, dono de fábrica, tiras dos pobres o fruto de seus trabalhos, baseando tua vida nessa espoliação, ou quando, governante, juiz, violentas os homens, os condenas e os mandas à morte, ou quando, militar, te preparas para a guerra e a fazes, e saqueias e matas?

Dizes que o mundo está assim organizado, que tudo isso é inevitável, que o fazes contra a tua vontade. Mas com tão forte repugnância pelos sofrimentos dos homens, pelas violências e pelo homicídio, com tão irresistível necessidade de amor recíproco, vendo claramente que apenas a igualdade entre todos os homens e seu desejo de ajuda mútua podem realizar a maior soma de felicidade possível, quando o coração, o intelecto, a fé te dizem o mesmo, e quando a ciência te repete, é possível que sejas obrigado, por não sei que argumentos confusos e emaranhados, a fazer exatamente o contrário: proprietário ou capitalista, a basear tua vida na opressão do trabalhador; rei ou presidente, a comandar o exército, isto é, a ser chefe e guia de matanças; funcionários, a tirar dos pobres seus últimos pertences para deles te beneficiar pessoalmente ou dá-los aos ricos; juiz ou jurado, a condenar ao sofrimento ou à morte homens desencaminhados, porque não lhes foi mostrada a verdade, ou, sobretudo, e esta é a base de todo o mal, que tu, jovem, sejas obrigado a te fazer soldado e, renunciando à tua vontade e a todos os teus sentimentos humanos, te empenhes em matar, segundo a vontade de estranhos, todos aqueles que te ordenarem matar?

Isto é impossível.

Se ainda te é dito que tudo isto é necessário para a manutenção da atual ordem, e que essa ordem, com a penúria, com os espancamentos, com as prisões, com os patíbulos, com os exércitos, com as guerras, é necessária à sociedade; que, se essa ordem desaparecesse, haveria desventuras maiores, isto te é dito por aqueles que se beneficiam com essa ordem, enquanto todos aqueles que sofrem devido a ela – e são dez vezes mais numerosos – pensam e dizem o contrário. E tu mesmo, no íntimo de teu coração, sabes que isso não é verdade, e que a ordem atual já teve seu tempo, que deve ser inevitavelmente reconstituída sobre novas bases e que, portanto, nada te obriga a sustentá-la, sacrificando os sentimentos humanos.

Mesmo admitindo que essa ordem seja necessária, por que te crês no dever de sustentá-la, pisoteando teus melhores sentimentos? Quem te fez ama-seca dessa ordem que se desagrega? Nem a sociedade nem o Estado; ninguém jamais te pediu que ocupes a posição de proprietário, de negociante, de soberano, de padre ou de soldado; e sabes muito bem que ocupas tua posição não pelo fim desinteressado de manter a ordem da vida necessária à felicidade dos homens, mas sim em teu próprio interesse: a satisfação de tua cobiça, de tua vaidade, de tua ambição, de tua preguiça e de tua vilania. Se tu não desejasses essa situação, não farias de tudo para mantê-la. Experimenta não mais cometer os atos cruéis, pérfidos e abjetos que cometes para conservar tua posição, e logo a perderás. Experimenta, chefe de Estado ou funcionário, não mais mentir, não mais participar das violências e das execuções à morte; padre, não mais enganar; militar, não mais matar; proprietário ou dono de fábrica, não mais defender tua propriedade com fraudes e com violências, e logo perderás a situação que supões te tenha sido imposta e que parece pesar-te.

É impossível que o homem seja colocado, contra a sua vontade, numa situação oposta à sua consciência.

Se te encontras em tua situação, não é porque isso seja necessário a quem quer que seja, mas simplesmente porque assim desejas. Por isso, sabendo que essa posição repugna enormemente teu coração, tua razão e tua fé, e até a ciência na qual tens fé, é impossível não insistir na questão de saber se, conservando-a e, sobretudo, procurando justificá-la, fazes realmente aquilo que deves fazer.

Poderias tentar a aventura, se houvesse tempo para recuperar tua culpa e expiá-la, e se corresses tal risco por algo de valor. Mas quando sabes, sem sombra de dúvida, que podes desaparecer de um momento para outro, sem a mínima possibilidade, nem para ti, nem para aqueles que arrastas em tua culpa, de expiá-la, quando sabes, ainda, que o que quer que faças na ordem material do mundo, tudo desaparecerá depressa e infalivelmente, como tu mesmo, sem deixar vestígio algum, é evidente que não tens nenhuma razão para assumir a responsabilidade de uma culpa tão terrível.

Isso seria, assim, tão simples e tão claro, se nossa hipocrisia não obscurecesse a verdade que nos é indiscutivelmente revelada.

Divide com os outros o que tens, não acumules riquezas, não te ensoberbeças, não roubes, não faças sofrer, não mates, não faças aos outros o que não gostarias que te fosse feito. Tudo isto foi dito não há cinquenta anos, mas há 18 séculos, e não poderia haver dúvidas quanto à verdade dessa lei se não existisse a hipocrisia. Ainda que não fosse posta em prática, não teria sido possível, ao menos, deixar de reconhecê-la e não dizer que quem a pratica age mal.

Mas dizes que existe a felicidade universal, que, por ela, não podemos e não devemos nos conformar com essas regras: para o bem-estar geral pode-se matar, violentar, assaltar. É melhor que um só homem pereça do que um povo inteiro, dizes como Caifás e subscreves a condenação à morte de um homem, de outro, de um terceiro; carregas teu fuzil contra aquele homem que deve perecer pelo bem geral, o colocas na prisão, lhe retiras tudo o que possui. Dizes que cometes essas crueldades porque fazes parte da sociedade, do Estado, porque tens o dever de servi-los, e, como proprietário, juiz, soberano, soldado, deves agir conforme suas leis.

Mas se tu pertences ao Estado e se essa posição te cria deveres, pertences também à vida eterna e a Deus, e isso também te impõe deveres. E como teus deveres de família e de sociedade estão sujeitos aos deveres superiores do Estado, do mesmo modo estes últimos devem necessariamente estar subordinados àqueles que te são ditados pela vida eterna e por Deus. E, assim como será insensato derrubar os postes dos fios telegráficos para fornecer combustível a uma família ou a uma sociedade a fim de aumentar-lhe seu bem-estar, o que comprometeria os interesses gerais, do mesmo modo é insensato violentar, justiçar, matar, para aumentar o bem-estar da nação, porque isso compromete os interesses da humanidade.

Teus deveres de cidadão não podem deixar de ser subordinados aos deveres superiores da vida eterna de Deus e não podem contradizê-los, como disseram, há 18 séculos, os discípulos de Cristo: "Julgai se é justo aos olhos de Deus obedecer mais a vós do que a Deus" (At 4,19) e "É preciso obedecer antes a Deus que aos homens." (At 5,29)

Afirmam-te que deves, para que a ordem instável, estabelecida em qualquer parte do mundo por alguns homens, não seja destruída, cometer violências que destroem a ordem eterna e imutável estabelecida por Deus e pela razão. Será isso possível?

Por isso, não podes deixar de refletir sobre tua posição de proprietário, negociante, juiz, rei, presidente, ministro, padre, soldado, que é inerente à opressão, à violência, à mentira, ao homicídio, e não reconhecer sua ilegitimidade.

Não digo que, se és proprietário, devas entregar imediatamente tua terra aos pobres; capitalista ou industrial, teu dinheiro aos operários; que, soberano, ministro, funcionário, juiz, general, tu devas renunciar de imediato às vantagens de tua posição, e, soldado (em quem estão calcadas todas as violências), recusar-te imediatamente a obedecer, não obstante todo o perigo de tua insubordinação.

Se o fizeres, será um ato heroico. Mas pode acontecer – e é o mais provável – que não tenhas a força: tens relações, uma família, subordinados e chefes, estás sob uma influência tão forte que não te podes libertar, mas sempre podes reconhecer a verdade e não mentir. Não afirmarás que permaneces proprietário, fabricante, negociante, artista, escritor, porque isso é útil aos homens, que és governador, procurador, soberano, não porque te agrada, porque estás habituado, mas para o bem público, que continuas a ser soldado, não por receio de uma punição, mas porque consideras o exército necessário à sociedade. Sempre podes não mentir desta forma a ti mesmo e aos outros, aliás não deves, porque o único objetivo de tua vida deve ser o de libertar-te da mentira e de professar a verdade. E bastaria que o fizesses para que a situação mudasse rapidamente, por si mesma.

És livre para realizar apenas isto: reconhecer e professar a verdade.

Por isso, pelo simples fato de que homens, como tu, desvirtuados e miseráveis, te fizeram soldado, soberano, proprietário, capitalista, padre, general, te pões a cometer violências evidentemente contrárias a tua razão e a teu coração, a basear tua vida na desventura alheia, e, sobretudo, em vez de cumprir o único dever de tua vida, reconhecer e professar a verdade, finges não conhecê-la e a ocultas de ti mesmo e dos outros.

E em que condições o fazes? Tu, que podes morrer de um momento para outro, assinas sentenças de morte, declaras a guerra, nela tomas parte, julgas, martirizas, exploras os operários, vives no luxo em meio a pobres e ensinas aos homens fracos, que têm fé em ti, que assim deve ser e que este é o dever dos homens; e pode, contudo, acontecer que, no momento em que assim ages, um bacilo ou uma bala te atinja e caias e morras, perdendo para sempre a possibilidade de reparar o mal que fizeste aos outros e, sobretudo, a ti mesmo, consumando inutilmente uma vida que te foi dada uma só vez em toda a eternidade, e sem haver realizado a única coisa que deverias realizar.

Por mais comum e antigo que nos possa parecer, por mais perturbados que estejamos pela hipocrisia e pela autossugestão hipnótica resultante dela, nada pode destruir a certeza desta verdade simples e clara: nenhuma condição material pode garantir nossa vida, que os inevitáveis sofrimentos acompanham e à qual a morte infalivelmente põe fim, e que, portanto, não pode haver qualquer outro sentido exceto o cumprimento constante daquilo que nos pede o Poder que nos pôs na vida com um único guia certo, a razão consciente.

Eis por que esse Poder não nos pode pedir o que é irracional e impossível; a ordem de nossa vida temporária material, a vida da sociedade e do Estado. Esse Poder pede-nos, apenas, o que é racional, certo e possível: servir ao reino de Deus, ou seja, colaborar para o estabelecimento da maior união entre todos os seres vivos – união somente possível na verdade revelada, o que sempre está em nosso poder.

"Buscai, em primeiro lugar, o reino de Deus e a sua justiça, e todas essas coisas vos serão acrescentadas." (Mt 6,33) O único sentido da vida é servir a humanidade, colaborando para o estabelecimento do reino de Deus, o que não poderá ser feito se cada um dos homens não reconhecer e não professar a verdade.

"A vinda do reino de Deus não é observável. Não se poderá dizer: 'Ei-lo aqui! Ei-lo ali!', pois eis que o reino de Deus está em vós." (Lc 17,20-21)

Iásnaia Poliana
14/26 de maio de 1893

fim

EDIÇÕES
BestBolso

Este livro foi composto na tipologia Minion Pro, em
corpo 10,5/13, e impresso em papel off-set no Sistema Digital
Instant Duplex da Divisão Gráfica da Distribuidora Record.